번역자들을 위한 실천 지침

번역학총서 08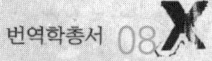

번역자들을 위한 실천 지침
A Practical Guide for Translators

Geoffrey Samuelsson-Brown 지음
배만호 옮김

도서출판 동인

* 이 번역학 총서는 2단계 두뇌한국(BK)21 사업에 의하여 지원되었음
 (부산대 영상산업 번역전문인력 양성사업단 번역학 총서)

이번에 나온 『번역자들을 위한 실천 지침』(*A Practical Guide for Translators*) 4판에는 초판 이래로 많이 달라진 번역가 양성 및 번역가의 작업 상황을 담고 있다.

　1993년 초판이 출간되자 비로소 영국의 교육기관들은 대학수준에서 번역가를 양성해야 한다는 언어학자들의 말을 인정하기 시작했다. 대학교의 교육과정은 학생 번역가들이 전문 번역가가 되기 위해 지녀야 할 전문적인 요구사항을 충족시키는 방향으로 한층 더 나아갔다. 비록 언어학자협회와 번역을 전공한 대학원 학위가 번역이라는 전문직에 필요한 조건들을 이미 암시하고 있었지만 1986년 통번역협회가 설립되었을 때 번역가의 특별한 언어 능력은 더욱 더 강조되었다.

　4판에는 이미 전문가로 입지를 굳힌 활동 중인 번역가들이 등장하고 있다. 그들은 앞선 판들이 출간될 때마다 수년에 걸쳐 대학교의 번역가 양성과 실제의 번역 경험에서 오는 차이를 메울 방법에 대해 아낌없는 조언과 지침을 해주었다. 그들 중 한 분인 제프리 사무엘슨브라운

(Geoffrey Samuelsson-Brown)은 이전에 번역회사에서 매니저로 일한 경험이 있는, 현재 활동 중인 번역가이다.

오늘날 경제발달과 언어발달이 상충한 결과, 21세기의 여명은 번역가들에게 새로운 것을 요구하고 있다. 조직이나 기업은 사업상 번역가가 필요하기 때문에 급증하는 프리랜서 번역가들을 이용하고 있다.

유럽의 맥락에서 볼 때 덜 알려진 언어를 사용하는 신생국가들이 결과적으로 유럽연합(EU)의 발달을 촉진하듯 번역가에 대한 필요성도 그러하다. 또한 힘에서의 발달은 영어의 힘을 뜻하는데, 영어는 유럽의 링구아 프랑카(*lingua franca*: 국제혼성어, 공통 언어가 없는 집단이 서로 의사를 전달하기 위해 쓰는 보조언어)이자 전 세계의 통신수단이다. 머지않아 번역가들은 새로운 도전에 직면하게 될 것이다. 즉 기술 전문 저자 및 편집자들처럼 번역가들은 번역가로서의 역할을 확장해야 하고, 또 언어 중재자로서 현재의 작업 범위를 더 넓혀가야 할 것이다.

4판에는 서리 대학의 번역학 센터가 번역가들을 실습시키기 위해 개설한 수년 동안 전문적인 개발 교육과정과 학부 및 대학원 과정의 프로그램에 공헌한 제프리 사무엘슨-브라운(Geoffrey Samuelsson-Brown)의 최신 경험을 실었기 때문에 번역에 관심 있고 미래에 뛰어난 실력을 갖춘 전문 번역가가 되고 싶어 하는 모든 이에게 도움이 될 것이다.

구닐라 앤더먼(Gunilla Anderman)
서리 대학 번역학 센터
번역학 교수

"가장 뛰어난 현자도 실수할 수 있다."
기원전 525-456, 아이스킬로스

1990년대 초, 영국의 서리대학교 학부와 대학원 과정에서 7년 동안 번역학을 가르친 다음 나는 언어학과 대학 이론을 보완할 실질적인 충고가 필요하다는 것을 느꼈다. 이런 생각에서 『번역자들을 위한 실천 지침』이 나오게 되었다. 초판은 1993년 4월에 출간되었고, 그때 독자와 비평가들이 준 반응이 큰 힘이 되었다. 모든 비평에 진심으로 감사드리며, 이전과 이번의 4판 개정판에 이들의 비평을 모두 담고자 노력했다.

나는 1974년 이래로 기술 전문 저자와 편집자 및 번역가로 일했지만 1982년 이후 본격적으로 전임제 번역가로 일하기 시작했다. 그 후 정규직 및 프리랜서 번역가로 활동하기도 하고 번역회사를 차려 일하기도 했는데, 번역회사는 1999년에 처분했다. 이로 인해 전문 번역가, 프로젝트 매니저, 번역회사 사장으로서 번역의 다양한 면을 보게 되었다. 이런 것에 기초한 나의 경험을 나누어보고 싶었다. 번역가가 만드는 창조성을 즐기기 위해 지금 프리랜서로 일하기 때문에 내가 다 안다고 말할지도 모른다. 또한 프리랜서가 번역대행사나 고객에게 번역을 넘긴 후 무슨 일이 생기는지도 알고 있다.

과학기술의 발달에 발맞추어 장비를 갖추기가 쉽지 않다. 초판에서 나는 최소한 40MB의 하드디스크를 사용했다. 3년이 지나도 여전히 믿을 수 있는 서비스를 제공하는 현재의 내 컴퓨터는 20GB의 하드디스크, 펜티엄 III 프로세서, CD 리라이터(rewriter), DVD, ISDN(종합정보통신망)과 꽤 정교한 오디오 시스템까지 갖추고 있다. 내가 가진 노트북도 컴퓨터와 비슷한 기능을 가지는 것으로, 몇 년 전에는 상상도 못했던 일이다. 사실 노트북을 이동하는 사무실로 불러도 무방할 정도이다. 몇 년 전에 쓴 논문들을 훑어보다가 우연히 오늘날 개인용 컴퓨터의 동시대 워드프로세서와 이전의 워드프로세스들의 성능을 비교한 논문을 보게 되었다. 아래의 표는 바로 그 논문에서 나온 것이다. DFE는 워드프로세서 이름이고 나머지는 그 당시 마이크로프로세서로 불리던 것들이다. 1979년에 작성된 것이다.

시스템	램(kB)	디스크의 수용 능력		포함된 소프트웨어		
		표준 (kB)	옵션 (kB)	텍스트 처리	정보 검색	연산
코모도 (워드크래프트 80)	32	950	22	있음	없음	없음
이글(스펠바인더)	64	769	–	있음	제한적	없음
올림피아(BOSS)	64	2x140	1x600+ 1x5 MB	있음	없음	없음
DFE	64	2x121	192 MB 까지	있음	있음	있음

1979년 DFE를 약 5,400 파운드에 구입했지만 수정이 가능했던 골프볼 타이프라이터와 비교할 때 장점이 상당히 많았다. 그 당시의 5,400

파운드가 순현재가치로 얼마인지, 또 그 돈으로 살 수 있는 연산력이 얼마인지 상상해보자.

이 개정판은 번역을 직업이라는 관점에서 상세히 다루고 있다. 영국에는 일에 대한 보상이라는 법률 조항이 존재해왔고, 그것을 나는 환영한다. 아주 많은 프리랜서 번역가들이 고객들(번역대행사와 회사도 포함)이 강요한 번역료를 받고 있다. 이것에 대해서는 4장 — 번역사업 경영 — 에서 자세히 다룬다. 또 번역가에게 도움이 되는 정보 기술이 얼마나 변화하고 있는지 알아보려고 노력했으며, 그 결과 뛰어난 도구를 찾기 위해 인터넷을 사용할 수 있다는 것도 알아냈다. 이 책이 직업적으로 번역에 뛰어들지 못하거나 실제로 번역 경험이 거의 없는 이들을 위해 마련되었다는 점에서는 기본 개념에는 변화가 없다. 일부 내용은 기본적이고 쉬울 것이다. 또한 독자가 개인용 컴퓨터에 대한 기초 지식을 알고 있다고 가정했다.

부록에 유용한 웹사이트 주소 목록을 기록하고 싶었지만 번역가마다 선호가 다르기 때문에 생략했다. 나는 덴마크어와 노르웨이어 및 스웨덴어를 영어로 번역하기 때문에 스칸디나비아적인 성향을 선호한다. 그럼에도 불구하고 그런 유혹을 뿌리쳤다. 대신 적절한 장(章)마다 보통 관심을 끌만한 웹사이트 주소들을 기록했다.

번역가의 지위가 나아지고 번역의 필요성에 대한 인식이 높아졌지만 전문직으로서의 번역은 아직도 과소평가되고 있다. '지식근로자'란 개념이 경영진의 발언에서 나왔다. 외국어 구사 능력이 있다는 단순한 사실만으로는 번역 능력을 입증할 수 없다. 물론 구사 능력이 필요하지만 말이다. 꽤 자주 "얼마나 많은 언어를 구사합니까?"라는 질문을 받을 것이다. 언어 구사 능력이 없어도 번역이 꽤 가능하기 때문이다. 물론 이런 사실이 놀랍지만 말이다.

번역은 창조적이지만 자동적으로 이루어지는 과정은 아니다. 이 말은 많은 경우의 원저자가 쓴 원천 텍스트가 모든 것을 명백히 밝히고 있지 않기 때문에 번역가가 원천 텍스트를 해석하고 편집하는 기술을 터득해야 한다는 것을 의미한다. 원저자가 말하고 싶은 바를 이해하여 목표 언어로 분명히 표현할 수 있는 능력을 배양하는 것이 직업으로서의 번역가가 갖춰야 할 부분이다.

지난 수년 동안 더욱 두드러진 문제는 번역용으로 제공된 원천 텍스트의 질이 하락한 사실이다. 이유가 많겠지만 번역용으로 제공된 원천 텍스트를 완전히 이해하고자 하는 번역가에게는 많이 힘든 일이다. 이해의 결핍은 번역가의 언어 능력과 기술력 문제가 아니라 원저자의 원천 텍스트에 나타난 엉성한 품질관리 때문이다. 번역가가 번역시 생기는 의문을 원저자와 바로 통신하여 해결하지 않고 자신의 판단으로 해결해야 하는 것이 어려운 점이다.

제품이나 서비스에 대한 사용 설명서나 문서는 회사나 기관 또는 기업이 팔려고 시도하는 것이 무엇인지 알리는 처음이자 유일한 기회이다. 원칙적으로 사용 설명서나 문서는 제품이나 서비스의 초기 단계에 미리 계획되어져야 한다. 제품이나 서비스를 시장에 내놓을 때 비로소 필요하여 첨부하는 그런 것이 아니란 뜻이다. 마찬가지로 번역도 최후의 마지막 단계에서 생각하는 그 무언가가 되어서는 안 된다.

사용설명서나 번역은 제품이나 서비스를 위해 없어서는 안 될 부분이기 때문에 당연히 주의와 시간과 관심을 쏟아야 한다. 예를 들어, 기계 장치 명령 98/37/EC/EEC는 건강과 안정 등에 관한 사용설명서가 그 제품을 사용할 나라에서는 그 나라의 공식 언어로 표기될 필요가 있다는 점을 명시한다. 사실, 일부 제품이나 서비스에 대한 지불 조건에는 적절한 사용설명서의 배달도 지불금액에 포함되는 것으로 진술된다.

번역가는 언어 능력 및 문제 파악 능력에다 사용설명서나 문서 작성시 언어를 바르게 사용하고 문장을 심미적으로 표현할 수 있는 능력도 갖추어야 한다.

번역가로서 갖추어야 할 가장 중요한 두 가지 자격은 평소 사용하는 언어인 목표 언어로 유창하게 표현하는 능력과 번역 중인 원천 텍스트에 대한 완전한 이해력이다. 여기에다 전문가로서 문제를 파악하는 능력을 더한다면 금상첨화다. 번역가로서 갖추어야 할 능력이 2쪽의 그림 1에 표시되어 있다.

번역가는 기본적으로 문학과 비문학이라는 두 범주로 나뉜다. 이런 구분이 완전히 정확하진 않지만 일반적으로 통용된다. 접근하는 문제 방식이 다르다 하더라도 실제적인 면에서 번역을 두 개의 범주로 나누는 것은 적절하다. 대다수의 번역가가 비문학에 속하고 나도 비문학 번역가이기 때문에 이 책의 내용이 유용한 조언을 줄 수 있으리라 여긴다. 하지만 이 책의 대부분은 두 범주 모두와 관련되어 있다.

특히 문학 번역에 관심 있는 분들은 클리포드 E. 랜더즈(Clifford E. Landers)의 책 『문학 번역 — 실용 지침서』를 읽으면 아주 유용하다.

번역이론에 관한 책이 많지만 말 그대로 내용은 이론적이다. 다른 책들은 회의 논문들을 편집한 것들이다. 이런 책들은 주로 전문 번역가에게만 중요하며 이론과 실용에 대한 지침을 모두 포함한다.

이 책은 완전히 실용적인 면을 고려한 것이다. 또한 책을 통해 개인적으로 성차별하지 않았음을 밝히고자 한다.

정보가 진부해지기는 매우 쉽다. 그러므로 책에 기록된 일부 세부사항과 가격들이 독자가 책을 읽을 때의 그것들과 다름은 어쩔 수 없다. 하지만 비교하는 데는 도움이 될 것이다.

이 책은 학생이나 초보 번역가가 번역이라는 '실제' 세계에 대한 통찰력을 가지도록 하는 방향으로 유도되었다. 나는 정규직 번역가와 프리랜서 번역가 및 번역회사 사장으로 활동해왔다. 또한 근 10년 동안 영국의 서리대학교에서 강사로 활동해왔다. 이 책을 읽는 독자들은 내가 했던 실수를 되풀이하지 않기를 바란다.

출판사의 마감일을 지키느라 밤새워 일하면서 번역의 한계를 뼈저리게 느껴보았다. 매일 듣고 읽고를 되풀이하면서 번역에 관련된 정보를 알아내려고 노력했다. 웹사이트의 구조와 형식, 번역회사 운영, 여러 언어로 된 대형 번역 프로젝트 관리, 경영 전략, 국제적인 직업 문화 및 많은 다른 관련 문제들에 대해 쓰고 싶은 유혹을 많이 받았다.

하지만 유혹을 뿌리쳤기 때문에 평론가들이 비판하는 냉소적인 태도도 받아들일 수 있었다. 이제는 5판을 준비해야 할 때이므로 나 스스로를 위로해야 한다. 번역가라면 모두 공감할 존 스타인벡(John Stein-beck)의 말이 떠오른다.

"마친다는 것은 작가에게는 슬픈 일이다— 죽음과도 같으니까. 마지막 말을 쓰면 끝이 나니까. 하지만 정말로 끝이 나는 건 아니다. 이야기는 한 번도 끝이 난 적이 없기 때문에, 이야기는 계속되고 작가만 죽을 뿐이다."

제프리 사무엘슨 브라운
2003년 7월, 브랙넬에서

감사의 말

이 책은 동료와 친구들의 소중한 도움과 정보 및 그들의 자유 시간을 활용한 덕분에 편집되었다.

다른 출판사들에서 사용한 인용구를 재판하도록 허락해준 다음 분들께 감사드린다.

영국표준협회, 빌딩서비스연구정보협회, 볼보자동차회사.

『1993년 기네스북』에서 발췌한 인용구, 저작권 ⓒ기네스출판사.

통번역협회; 언어학자협회; 번역가전문협회에서 발행된 출간물의 내용을 자유롭게 인용하도록 허락한 국제번역협회.

아슬립(ASLIB)이 1996년 레이철 오웬스(Rachel Owens)가 편집하고 저작권 ⓒ아슬립과 공헌자들이 출간한 『번역가 입문서』의 내용 발췌를 허락함.

작가협회 소속 번역가협회 전직 비서였던 고든 필덴(Gordon Fielden)에게 특별히 감사드리는데, 번역 저작권에 관한 그의 논문에서 유익한 발췌와 재판을 허락했기 때문이다.

마지막으로, 항상 그렇듯 나의 아내이자 가장 친한 친구인 제랄딘(Geraldine, 번역가가 아님. 가족 안에 번역가가 두 명이라는 것은 견디기 힘듦)에게 고마움을 표한다. 한 번도 고려해본 적이 없는 전문직에 대한 질문을 해대며 그녀가 실험재료로 활동했기 때문이다. 내가 갑자기 옆으로 빗나갈 때 귀를 기울여 들어주고 심리학자처럼 분석적인 관점을 보여준 것에 대해서도 고마움을 표한다.

C O N T E N T S  차례

1.

번역가가 되는 방법

> *"사람들은 배우는 방법을 아는 자를 잘 알고 있다"*
> *1836-1918, 헨리 아담스(Henry Adams)*

사람들은 보통 두 가지 방법 중 하나로 번역가가 된다. 설계나 환경에 의해서다. 번역가로 일하기 위해 대학교육의 공식적인 자격증이 필요한 것은 아니다. 하지만 신문과 전문 저널에 실린 번역가 구인광고를 보면 전문적인 자질을 갖춘 대학졸업생에다 3년의 경험을 요구하는 경향이 있다.

　　많은 나라들이 번역가를 위한 전문기관을 가지고 있는데, 그 기관이 국제번역가협회(FIT – Fédération Internationale des Traducteurs)의 회원이라면 회원이 갖춰야 할 특별한 기준과 대학교육 수준을 만족시킨다는 것을 증명하는 결과가 된다. 국제번역가협회에 가입된 번역가협회는 국제번역가협회의 웹사이트 www.fit-fit.org에서 찾을 수 있다. 영국에서는 두 개의 기관이 전문 회원을 뽑기 위해 시험을 실시한다. 언어학자협회(the Institute of Linguists)와 통번역협회(the Institute of Translation and Interpreting)가 바로 그것이다. 이런 기관을 통해 공인된 전문 자격증을 획득하려면 여기서 시행하는 일정한 기준을 만족시켜야 한다. 영국의 전문기관들에 대한 총괄적인 세부사항은 10장에 나온다.

기본적인 교육과정을 이수하고 번역가가 되기 위한 교육과정을 마친 상태라면 경험을 쌓을 필요가 있다. 번역가는 가능한 모든 문제를 항상 번역해야 하기 때문이다. "번역을 맡지 않고 어떻게 경험을 쌓지? 또는 경험을 쌓기 위해 번역을 맡아야 하나?"라는 딜레마에 빠지기 때문에 자신이 한계를 가졌다는 사실을 받아들이기 무척 어렵다. 초보 번역자라면 경험이 많은 동료의 지도를 받으며 일하는 것이 이상적이다.

1.1 '아, 번역가군요 – 흥미롭네요!'

사교나 직업적인 모임에서 상대방이 직업을 물어오면 대화의 물꼬가 트인다. 상대방이 내 직업을 알았을 때 나오는 반응은 필연적으로 "아, 번역가군요 – 흥미롭네요!"이다. 하지만 무슨 대꾸를 하기도 전에 상대방의 다음 대답은 "책이나 편지 같은 걸 외국어로 번역하나 보죠?"이다. "조만간 컴퓨터가 대신 번역할 거잖아요?"라는 말을 들으면 대꾸도 하기 전에 기부터 죽는다. 그런 공격적인 말을 들으면 응대하고 싶은 기분이 나지 않는다.

번역가가 갖춰야 할 번역 능력 무리가 아래 그림에 나타나있다.

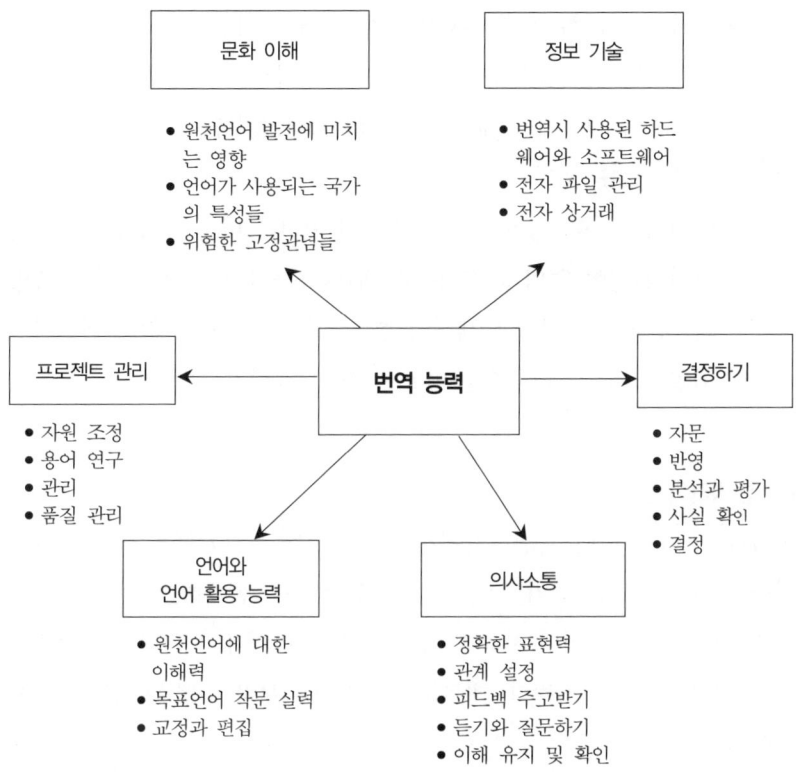

그림 1. 번역 능력 무리

안타깝게도 고객을 포함한 대다수 사람들이 전문 번역가에게 요구되는 조건을 많이 오해하고 있다. 이런 오해에는 다음과 같은 것들이 있다.

- 번역가는 모든 문제를 번역할 수 있다.
- 외국어 구사 능력이 있으면 자동적으로 번역할 수 있다.

- 외국어로 대화할 수 있다면 2개 국어를 사용한다.
- 번역가는 독심술사이기 때문에 원천 텍스트가 애매하거나 다의적이거나 엉망이라 해도 원저자와 상담하지 않아도 번역을 완벽하게 할 수 있다.
- 이전에 얼마나 많은 원천 텍스트의 번역본 버전이 나왔든지 또는 그런 과정이 얼마나 걸렸든지, 번역가는 맡은 일을 주어진 촉박한 시간 내에 단번에 해내야 한다. 점검이나 교정 없이 번역가가 제일 먼저 일하기 때문이다. 사실, 컴퓨터가 모든 일을 한다.

1.2 번역가의 일상

번역가, 특히 프리랜서 번역가에게 하루하루는 늘 다르다. 그래서 많은 일을 처리해야 하는 번역가에게 전형적인 하루란 존재하지 않는다. 나는 보통 아침 7시쯤 일어나 샤워한 뒤 아침을 먹고 아내가 직장으로 출발하는 8시쯤에 책상에 앉는다. 대부분의 프리랜서처럼 나도 내 집이 내 사무실이다.

50분간 일한 다음 휴식을 취한다. 휴식이라 해봤자 집 주위를 도는 정도지만 말이다. 점심시간은 최소한 30분 정도 잡으며 급한 일이 아닌 이상 오후 5시쯤에 일을 마친다. 급한 일이 있으면 저녁에 1시간 정도 더 일한다. 하지만 이런 일은 초과금을 지급받고 또 그 일이 하고 싶을 때만 한다. 대학교에서 학기 중에는 일주일에 하루 시간을 내어 강사로 일한다.

한 달 중 가능한 22일의 평균 근무일을 분석했을 때 다음과 같은 표가 나왔다.

시간이 걸린 일이나 항목	작업 시간
프로젝트 관리, 조사, 초벌번역, 교정과 편집, 의문점 해결 및 관리	13일 반
강의 연구와 준비, 과제 부여와 채점, 대학교 왕복, 관리와 강의 (일 년 중 강의하는 약 28주를 기준)	2일
송장, 구매, 편지를 포함한 사무실 관리 (세금 문제와 부기는 회계사가 담당)	2일
정보교환과 마케팅 같은 대외 활동	1일
전문성을 향상시킬지도 모를 관련 TV 프로그램을 시청하거나 문제에 맞는 기사 읽기를 포함한 연속적인 개인적 개발 - 농담 아님 -	1일
공휴일 또는 휴일 (공휴일이 7일이면 21일이 남음)	2일 반

유효일 13일 반에 대한 월평균 출력량은 약 34,000 단어이다. 유효 근무일당 8시간 일한다고 가정할 때(실제로 8×50분) 실제 번역률은 시간당 315단어이다. 이것은 별로 많은 것 같지 않지만 하루 8시간씩 일주일에 5일 동안 방해받지 않고 번역만 한다고 가정한다면 대단하다는 걸 알 수 있다. 육체적으로 정신적으로 일할 수 없는 때도 있다. 프리랜서로서 예측 못할 그런 사건에 대해 얼마나 고려해야 할까?

1.3 '수호천사' 찾기

통번역협회(Institute of Translation and Interpreting)의 후원이나 '수호천사'의 계획 하에 초보 번역가는 통번역협회의 워크샵과 세미나, 언어 문제와 실습을 포함한 연속적 교육과정을 통해 노련한 번역가들과 접촉함으로써 자신이 실질적 기준에 합당한지 측정할 기회를 가질 수 있다. 통번역협회의 지도 계획 하에 경력을 쌓으면서 같은 언어로 일하는 노련한 번역가로부터 조언을 받을 수 있다.

조언으로 취할 몇 가지 점들에는 다음과 같은 것들이 있다.

- 일에 대한 프레젠테이션, 합리적인 마감 시간, 역주를 넣을 것인지 아닌지에 대한 결정, 직역과 의역에 대한 제안, 단어나 행 또는 쪽수로 예상가능하거나 요구할 수 있는 번역료 산정.
- 일을 시작하는데 필요한 최소한의 장비는 무엇인지, 어떤 사전과 참고 서적이 실제로 유용한지, 또 어떤 것은 구입할 가치가 있고 어떤 것은 구입할 가치가 없는지, 서비스에 대한 홍보를 하는 게 가치 있는지, 있다면 어떻게 해야 하는지.
- 취업 지원서를 멋지게 작성하기, 취업 면접 기술, 전화 예절 및 일에 대한 송장 발송.
- 끝낸 일의 품질에 대해 도움 되고 친절하며 정직한 피드백, 장점을 인정하고 한계를 느낀 것에 대해 무엇을 할 수 있는지 조언 구하기.

수호천사가 직접 고용하거나 일을 찾아주긴 힘들어도 일에 수반되는 현실적 개념들을 획득할 때 도움이 될 수 있다. 또한 좋은 점과 좋지 않은 점에 대해 평가할 때도 지지하고 긍정적으로 봐 줄 수 있으며 초기의 어려움을 극복하는 방법들을 암시해줄 수도 있다.

1.4 문학 또는 비문학 번역가?

꽤 일반적으로 사용된다 할지라도 이런 용어들은 실제 만족스럽지 않다. 하지만 그것들은 비문학 작품을 포함한 출간용 책을 번역하는 번역가와 매일의 상업적, 과학기술적, 법률적 목적을 가진 텍스트를 번역하는 번역가를 구별하는 구실을 한다.

1.4.1 문학 번역이란 무엇인가?

문학 번역은 번역가가 일하는 4가지 주요 범주 중 하나이다. 다른 범주들은 통역, 과학과 기술 번역, 그리고 상업용/사업용 번역이다. 이런 범주 안에도 전문 분야들이 있다. 문학 번역이란 위대한 문학 작품의 번역에만 한정되는 것이 아니다. 저작권 법령이 "문학작품"이라고 언급할 때 작품의 문체나 질에 대한 제한은 염두에 두지 않는다. 유머 모음집, 다큐멘터리 원고, 여행 안내책자, 과학 교과서, 오페라 대본과 같은 것을 포함한 모든 종류의 책과 희곡과 시와 단편소설과 작품을 망라한다.

성공적인 문학 번역가가 되는 것은 쉽지 않다. 인정받기는 더욱 어려우며 금전적 보상은 어떤 기준으로 보아도 바닥을 헤매는 수준이다. 좀처럼 보상이 번역가에게 주어지지 않는다. 예를 들면 토머스 만(Thomas Mann)의 번역본 『베니스에서의 죽음』(*Death in Venice*)에는 번역가의 이름조차 없다. 로열티에 대한 보상은 번역의 질과 성공에 따라 달라진다. 작가협회 소속 번역가협회에 연락하여 로열티와 저작권 및 번역권과 같은 문제에 대해 좋은 조언을 받아야 한다.

1.4.2 자격보다 능력 우선

경험 많은 번역가협회 회원들은 문학 번역가의 프로필을 받기 위해 다음과 같은 항목들을 열거한다.

- 번역가는 언어 감각과 언어에 담긴 매력을 느낄 줄 알아야 한다.

- 번역가는 출간하려는 작품에서 다루는 특별 문제에 대한 합리적인 지식과, 원천 언어와 그 지역의 문화 및 문학에 대한 해박한 지식을 가져야 한다.
- 번역가는 원저자의 다른 작품들에 대해서도 알아야 한다.
- 번역가는 목표 언어로 세련되고 창조적인 글을 쓰는 작가여야 하고, 거의 항상 목표 언어의 원어민이 되어야 한다.
- 번역가는 다른 작품을 번역할 때 언어의 한 문체에서 다른 문체로 항상 쉽게 옮겨갈 줄 알아야 한다.
- 번역가의 목적은 단순히 단어를 정확히 번역하기보다 원작의 의미를 옮길 줄 알아야 한다.
- 번역가는 원작의 색깔과 문체를 잘 반영하면서도 가독성이 뛰어난 텍스트를 생산해야 한다. 마치 원저자가 목표 언어로 작품을 쓴 것처럼 말이다.

위의 설명에서 명확하듯 좋은 문학 번역가에게 요구되는 천부적인 재능과 재주 및 경험은 '원' 작가에게 요구되는 자질과 비슷하다. 글쓰기와 번역하기가 종종 밀접한 관련이 있다는 사실이 놀랄 일은 아니다.

1.4.3 직업으로서의 문학 번역
거의 예외 없이 책과 희곡 등을 번역하는 번역가들은 기본적으로 프리랜서로 활동한다. 대부분의 경우 그들은 외국어로 된 작품을 전체 번역하지 않고 '요령껏' 번역한다. 즉, 그들은 출판사나 제작사가 번역을 출간하거나 수행할 것을 보증하고 또 작업 의뢰와 상세한 지불 계약서에 서명을 한 뒤에야 번역을 진행한다.

모든 프리랜서 직업처럼 초보 번역가가 연속적인 번역 의뢰를 받기는 쉬운 일이 아니다. 소수만이 문학 번역만으로 월급과 맞먹는 돈을 번다. 문학 번역가는 예를 들면 외국어 강사나 대학 강사 등을 통해 다른 수입원을 가져야 한다. 가정을 돌보면서 번역할 수도 있다. 다른 작가의 작품을 번역하는 동시에 직접 작품을 쓸 수도 있다. 번역대행사에 등록하여 긴 시간을 잡고 행하는 문학 번역 사이사이에 좀 더 수지맞을 수도 있는 상업용 번역을 맡을 수도 있다.

문학 번역으로 경력을 쌓고 싶다면 이 책에 대한 지침서를 읽어볼 만하다. 제목은 『문학 번역 ― 실용 지침서』(*Literary Translation ― A Practical Guide*(참고문헌 1))이고, 저자는 클리포드 E. 랜더즈(Clifford E. Landers)이다.

클리포드 E. 랜더즈는 깔끔하고 신선한 문체의 글을 쓰는 저자로, 빌 브리슨(Bill Bryson)과 동등한 대접을 받는다. 번역가라면 모두 그의 책을 읽어보아야 한다. 문학 번역을 지망하거나 현재의 문학 번역가에게 실질적인 충고를 많이 줄 뿐만 아니라 비문학에 대해서도 꽤 많은 유사점을 싣고 있기 때문이다.

제목에 실용이라는 구체적 표현을 사용했는데, 이것은 이 책이 무엇에 관한 것인지 상세히 나타내려는 의도 때문이다. 실용적인 면에는 번역가의 도구, 작업 공간과 작업 시간, 재정 문제, 계약이 포함된다. 상식적인 이런 말들을 번역가는 모두 잘 읽고 잘 이해해야 한다. 심지어 창조성이 별로 중요하지 않은 비문학 번역가조차 말이다. 문학 번역가는 최소한 경력을 쌓는 초기 단계에서 입지를 굳혀 안정을 취할 때까지 훨씬 더 어려운 일을 한다. 아마 전화번호부에서 문학번역위원을 찾기는 힘들 것이다. 이런 맥락에서 클리포드 랜더즈는 저작권과 같은 출판과 관련된 문제에 대한 유용한 정보를 제공한다.

선택적으로 실린 목차를 5초 정도 훑어보는 것은 쉽지만 유용한 방법이다. 위에 언급된 것에 덧붙여 이 책이 왜 문학 번역을 고려하는지(간결하고 고무적인 방식으로 해답을 제시함), 시작하기, 번역 준비하기, 궤도에 머물기, 문학 번역가는 정말 무엇을 번역하는지, 작가 보호와 공급, 시와 편(pun: 동음이의어 등을 이용한 말장난)과 말장난 번역시 주석 달기, 함정과 함정 피하는 방법, 어디서 출간할 것인지 등에 대해서 말이다.

1.5 번역과 통역

번역과 통역이란 직업은 상당히 다르지만 겹치는 부분이 있기도 하다. 번역가로서 나는 문자로 된 말을 통역하고 그 통역 결과는 보통 문자로 된 형태가 된다. 이것을 가지고 시간을 두고 깊이 생각하고, 조사하고, 교정과 검토도 하고, 동료와 상의도 하면서 문자로 번역된 것을 고객에게 넘긴다. 통역가는 구두의 말을 통역하기 때문에 통역 결과를 고칠 시간조차 가지지 못한다. 많은 번역가들이 통역도 하겠지만 이것은 문자로 된 번역을 수행하며 행하는 부수적인 일에 지나지 않는다.

번역이란 직업에 대해 좀 더 알기 위해 메어리 펠란(Mary Phelan)이 쓴 『통역가의 자원』(The Interpreter's Resource(참고문헌 2))을 읽어보길 권한다. 이 책은 21세기 전환점에서의 개괄적인 언어 통역에 대해 소개하는데, 현재 활동 중인 야심찬 통역가에게는 귀중한 도구가 된다. (실용을 강조한) 이 지침서는 통역의 역사를 간략히 살펴본 다음 통역에서 사용되는 주요 용어와 맥락을 설명한다. 공동체 통역에 관한 장(章)에서는 전 세계의 공동체, 법원, 의료시설에서 이루어지는 통역에 관련된 상황을 상세히 설명한다. 다른 직업과 마찬가지로 윤리가 중요하다. 그래서

이 책은 서로 다른 전문 통역가 기관에서 발행한 다섯 개의 초기 윤리 강령을 실었다.

이런 토론이 언어 능력이 사용되는 다른 영역에까지 확장될 수 있는 반면 번역의 또 다른 형태는 법언어학 번역이다. 법언어학 번역의 예로, 나와 동료들은 범죄나 징계 절차 동안 사용될 증거를 포착하기 위해 전화 통화 기록을 들은 경험이 있다. 이것은 속어나 방언 같은 다양한 수단이 유죄의 증거를 감추려는 시도로 사용될 때 흥미로운 도전을 제공할 수 있다.

하지만 번역으로 돌아가자.

1.6 번역가로서의 생활시작

비문학 번역가는 번역 능력에다 과학기술적, 상업적, 법률적 능력을 키울 필요가 있다. 프리랜서는 보통 보수를 꽤 빨리 받는 편이다. 또 고정된 비율로 받는 편인데, 예를 들면 보통 원천 텍스트의 천 단어당 얼마의 비율로 말이다.

번역가로서 이제 막 생활을 시작했지만 (언어학자협회나 통번역협회나 승인된 다른 국가기관을 통해) 인증된 전문 자격이나 경험을 갖추지 못했다면 경험이 많은 선배 동료의 지도 아래 초보나 견습 직업 번역가로서 일을 배울 수 있다. 이런 것은 번역가의 특별한 능력을 필요로 하는 번역회사나 다른 기관에서도 함께 할 수 있다.

초기 단계에 지도자나 스승을 두는 것은 매우 중요하다. 곧 알게 되겠지만, 번역에는 원천 언어로 쓰여진 텍스트를 목표 언어의 텍스트로 단순히 옮기는 것 이상의 무언가가 있기 때문이다.

아마 여러분은 자신이 선택한 언어가 사용되는 나라에서 상당한 기간을 보낼지도 모른다. 그 나라의 국민과 문화 및 국가의 특성을 바로 이해하는 것이 아주 중요한 요인이다. 구사 능력이 없는 언어를 번역할 수 있는가에 대한 논란의 여지는 있다. 이것은 아주 밀접하게 관련된 언어에 적용된다. 예를 들면, 불어에 정통하다면 스페인어를 번역할 수도 있다. 하지만 이것에는 어느 정도 곡해된 면이 없지 않아 있다.

속어나 방언, 상품명이나 특허 등록명이 나오면 어떻게 해야 할까? 이런 것은 언어 능력 뿐만 아니라 그 언어를 사용하는 국민들을 이해할 때 가능하다. 원천 언어가 사용되는 나라에서 살거나 일한 경험이 있다면 표준사전에 등록되지 않은 애매한 단어들 때문에 어려움을 겪을 때 사람들과 연락하는 것은 매우 유용하다. 단어나 단어들이 원천 언어로 설명가능하다면 정확한 번역을 제공할 수 있는 더 좋은 기회를 갖는다.

어쩔 수 없이 컴퓨터로 번역 일을 해야 한다. 키보드를 보지 않고 키보드를 칠 수 있도록 인내심을 가지고 키보드 치는 능력을 익혀야 한다. 수입 능력은 키보드 치는 속도와 정비례한다. 어느 정도 적절한 수준까지 올라가면 키보드 치는 속도는 '독수리 타법'보다 훨씬 더 빨라진다. 번역가로서 습득해야 할 실용적인 모든 능력 중에서 이것이 가장 중요하고, 바로 보답하는 방법이다.

의도적으로 번역가가 되기 위해 갖춰야 할 바람직한 요구조건들을 요약해보면 다음과 같다.

- 현대어나 언어학에서 기본 학위를 취득하는 대학 수준의 교육
- 선택한 언어가 사용되는 나라에서 일정 기간 체류하기
- 번역학 전공의 대학원 교육과정 이수하기
- 번역하려는 문제들에 대한 지식이나 경험 쌓기

- 초보나 견습 번역가로서 회사와 일해 보기
- 키보드 활자 익히기
- 평생 공부한다는 마음가짐

이런 것이 번역에 입문하는 첫 단계이다.

1.7 학생 신분으로 경력 일자리 구하기

학생 신분으로 경력 일자리를 구하긴 매우 힘들지만 다행히 그런 기회가 있다면 아주 좋은 기회이다. 내가 경영한 번역회사는 적절한 일을 처리할 적당한 지원자가 있는지 결정하기 위해 지원서를 참고했다. 다음 페이지에 실린 예는 한 프랑스 대학생에게 번역회사가 무슨 일을 하는지 개괄적인 설명을 주기 위해 기획하고 발행한 8주짜리 프로그램에 대한 메모이다.

물론 모든 사람이 해야 하는 일상적인 일도 있는데, 복사와 단어 개수 세기 등이 그런 것이다. 구조화된 프로그램을 제공하는지, 궂은 일만 하는 것은 아닌지, 경험을 통해 무엇을 얻는지 등을 확인해야 한다.

일자리를 제공하는 회사 입장에서는, 최소한 직원 한 명이 학생을 감독하고 또 학생이 사용할 편의시설을 제공해야 하기 때문에, 그 결과 비용이 든다. 그래서 일자리를 구한 학생 신분은 임의로 돈을 받는 경우가 있다 하더라도 봉급을 기대해서는 안 된다. 경험 많은 전문가를 만나고 번역회사에서 행해지는 일을 보는 것만으로도 상당한 이익을 얻기 때문이다. 이 일을 끝낸 뒤 번역이 자신과 맞지 않다고 결정할 수도 있다. 그런 경우 다른 방향으로 계속 공부할 기회를 갖게 되는 것이다.

1996년 여름 일자리 구하기 프로그램 - 세실 X

배포 대상: 전 직원

소개

ATS사의 이번 여름 일자리 구하기의 목적은 학생 세실(Cécile)에게 번역 회사에서 행해지는 다양한 작업에 대한 개괄적인 정보를 제공하고 또 번역가란 고되고 힘든 직업이라는 인식을 주기 위해서이다.

적절한 곳에서 ATS의 품질규정에 관한 관련 절차는 다른 절차들과 (예를 들면 ATS/OPS 02 번역가 선택) 병행하여 연구해야 한다. 충분한 경험이 없는 독자가 절차를 이해할 수 있도록 주석을 달아야 한다.

세실은 7월 1일부터 8월 31일까지 여기에 있으며, 세실의 상사는 FS 가 맡을 예정이다. 이번에는 아래의 다양한 부서에서 세실을 돌보는 사람들이 공동책임을 맡을 것이다.

- 공동 번역 – KN
- 교정과 품질 관리 – AL, AM
- 관리 – JA
- 프리랜서 번역가 평가 – MS

전 직원이 세실이 즐겁고 보람차게 우리와 함께 일할 수 있도록 최선을 다하길 바란다.

정보 제공

회사 관련 정보는 다음과 같다.
- 영어로 된 ATS 전단

- 조직도
- 『번역자들을 위한 실천 지침』

다른 정보는 각 부서의 부장이 제공할 예정이다.

번역, 교정, 편집

- C-C 프로젝트와 친숙해지기
- 불어로 된 ATS 발표 자료 점검
- SH가 산출한 총경비 점검. 정확성에 중점을 둠.

포함된 개념 파악을 위해 불어와 영어로 된 SRDE 매뉴얼 통독하기.

- 교정의 유형이 다르면 SM과 개인적으로 의논
- 영국 표준규격 번호 BS 5261에 따라 교정부호 표시
- 정보 목적으로만 조사하고 검사할 것
- 전체 점검
- 출판용 점검
- 법적 증명서용 문서 점검

데이터베이스 관리

MS가 데이터베이스 관리와 프리랜서 번역가 선발 방법에 대해 소개할 것이다. 엄격한 선발 기준과 정보 관리 방법을 중점적으로 소개할 것이다.

KN이 공동 번역 도구로 데이터베이스가 사용된 방법에 대해 설명할 것이다.

프로젝트 관리

JA와 KN이 번역회사의 주요 성공 요인인 프로젝트 관리와 그것의 중요성에 대해 설명할 것이다. 설명에는 다음과 같은 것이 포함된다.

- XXXX 고객에 대한 품질 관리와 프로젝트 관리 면에 친숙해지기
- YYYY 고객이 원하는 방식으로 프로젝트 관리
- 첫 질문부터 번역물이 고객에게 전달될 때까지 관련된 업무 관리
- 팩스나 이메일 같은 다양한 통신 매체 사용

도서관과 정보 검색

ATS 도서관과 도서관에 소장된 사전, 어휘 사전, 교과서, 참고문헌, 회사 출판물 및 HJ가 제공하는 이전 번역물과 친해지기.

일반 관리

세실은 복사와 단어 개수 세기 등의 일상적인 일을 한다.

고객 방문

기회가 되고 적절하다고 여겨지면 세실은 참관인 자격으로 회사직원과 동행하여 고객을 방문할 수 있다. 하지만 미리 고객의 승인이 있어야 한다.

매주 점검

FS는 세실과 함께 진행과정을 평가하고 발생한 문제에 대한 해답을 찾기 위해 매주 점검을 실시한다.

1996년 6월 28일 브랙넬

1.8 환경에 의한 번역가 되기

환경에 의해 번역가가 되는 것은 전혀 다른 문제이다. 이런 경우의 장점은 이런 사람은 번역가가 되기 전에 이미 수년간의 번역 경험이 있다는 사실이다. 많은 사람들이 외국에서 일하고 있는 동안 번역가가 된다. 즉 회사에서 외국 지사에 파견되거나 외국인과 결혼하여 귀화한 나라로 이민 갈 경우 번역가가 된다는 것이다. 언어를 배우는 가장 좋은 방법은 그 언어를 사용하는 나라에 가서 사는 것이다. 단점은 이런 분야에서 정규 교육을 받은 사람이 획득한 언어학적 이론이 결핍되어 있다는 사실이다.

자신이 번역가로 적합하다고 보는가? 내 유일한 대답은 정말로 번역을 해본 다음 느낌이 어떤지 체험해보라는 것이다. 나의 경우, 스웨덴에서 작업 언어로 영어를 사용하는 한 회사의 기술개발센터에서 기술 편집인으로 일했다. 업무의 한 부분으로 번역을 했고, 그때부터 번역이라는 직업에 관심을 가지게 되었다.

프리랜서 번역가로 일하는 것은 꽤 외로운 직업이다. 특히 마감시간이 매우 촉박한 경우에는 일의 강도가 세어 지치기도 한다. 번역가들은 사교적이지 못한 경향이 있다.

처음에는 모든 문제와 씨름하려고 덤비는 경향이 있다. 무지가 축복일 수 있지만 위험하다. 결국, 일을 해봐야만 경험을 쌓을 수 있다. 이것은 배우가 되는 일과 비슷한 경향이 있다. 즉 자신이 배우조합 소속이 아니라면 일을 하지 못할 것이고, 또 일이 없으면 배우조합에 소속될 수 없기 때문이다. (흥미롭지만 비슷하지 않은 상황이 바로 비일본계 스모 선수 코니시키(Konishiki)에게서 일어났다. 요코즈나(yokozuna: 스모의 최상위 계급)나 그랜드챔피언이 되기 위해 토너먼트에서 필요로 하는 횟수를 이

겼음에도 불구하고 코니시키에게는 그랜드챔피언이 되기 위한 결정적인 요인이 부족했다. 바로 힌카쿠(hinkaku: 품위, 위엄이라는 뜻의 일본어)라는 자질이 부족했다. 대충 번역하면 힌카루는 "위엄 있는 계급"을 뜻하는데, 이것이 바로 스모의 딜레마이다. 스모로 성공하려면 힌카쿠를 가져야만 한다. 하지만 일본인만이 힌카쿠의 진정한 의미를 이해한다고 가정하기 때문에 일본인만이 그랜드챔피언이 될 수 있다.)

풀어야 할 문제가 많지만 직원 번역가로 일하는 기회가 번역가로 나아가는 길에 도움이 될 것이다.

1.9 직원 번역가로 일하기

프리랜서로 일할 생각을 하기 전에 최소한 2년 정도 직원 번역가로 경험을 쌓으라고 충고하고 싶다. 운이 좋아 자리가 있다면 말이다. 여기에는 다음과 같은 장점이 있다.

- 근무 첫 날부터 수입과 경력이 쌓인다.
- 경험 많은 번역가나 편집자의 감독 하에 근무 중에 능력을 개발한다. 능력 개발로 인해 재시도하는 수고를 덜 수 있다.
- 일에 필요한 참고문헌과 사전들에 접근할 수 있다
- 프리랜서로 혼자 일할 때는 보통 불가능한 번역에 대한 토론과 의견을 교환하는 기회를 가진다.
- 거래 도구 사용 방법을 배울 기회를 가진다.

대형 번역회사에서 일한다면 그런 특별한 회사의 사업에 대한 경험과 전문지식을 얻는 기회가 된다. 관련 분야의 전문가를 만날 수도 있고 전문적인 도서관 출입도 가능하다. 운이 좋으면 번역부터 시작해서 교정과 점검 및 탁상 출판에 이르기까지 문서의 모든 단계에 참여할 수 있다. 자신이 번역한 일을 장기간 점검할 수도 있다.

번역회사에서 일한다면 광범위한 문제에는 다가갈 수 있지만 전문가에게 다가서기는 어려운 경향이 있다. 초기에는 보통 점검과 교정 일을 보기 때문에 적절한 번역을 시작하기 전에 번역에 대한 감각을 익힐수 있다. 회사의 규모가 작으면 작을수록 번역에 부수적인 일을 하기 쉽다. 부수적인 일 자체가 일에 대한 흥미와 연관성을 더 높일 수도 있다.

주어진 일과 자신의 능력 및 목표에 따라 선택이 달라진다. 처음에는 산업회사나 광고회사에서 일해보라고 충고하고 싶다. 번역회사는 이제 막 자격을 갖춘 새내기 번역가가 할 수 있는 것보다 더 경험이 많고 노련한 번역가를 찾기 때문이다.

번역가가 하루에 번역하는 단어 수가 얼마나 되는지 궁금할 것이다. 다른 번역회사들과 함께 협의해서 일한다면 직원 번역가가 번역하는 표준은 하루에 약 1,500 단어 또는 한 달에 약 33,000 단어이다. 이 수치가 별로 많아 보이지 않겠지만 처음에는 눈으로 보는 것보다 더 많은 번역이다. 프리랜서 번역가들은 컴퓨터를 이용한 번역 도구를 사용하지 않고도 하루 만에 12,000 단어를 번역한다고 주장한다. 컴퓨터의 도움 없이 내가 제일 많이 일한 적은 사흘 만에 20,000 단어를 번역한 경우이다. 이런 비율로 계속 번역하기는 사실상 힘들다. 일이 고되어 정신적으로 시달리면 품질이 떨어지기 때문이다. TMA(번역기억장치)를 사용하면서 나는 6일 동안 36,000 단어를 번역할 수 있었다. 하지만, 짐작하겠지만, 이것은 동일 단어에 대한 번역 횟수가 아주 높았기 때문이다.

직원 번역가로 일하려면 일에 대한 구조화된 접근방법과 처리하는 일에 따라 달라지는 일을 처리하는 표준 절차를 알아야 한다. 문서 업무는 필요악이거나 적절히 사용한다면 유용한 관리 도구가 될 수 있다. 그래서 문서 업무를 통해 일을 더 쉽게 조직화할 수 있다. 번역을 마치고 나면 형식에 맞춰 기록을 남겨야 한다. 이것은 7장의 7.10 품질관리 운영에서 상세히 다룬다.

1.10 입사 지원서 고려하기

어떤 책이라도 책에 인용된 봉급 수치는 특성상 매우 빨리 과거의 것이 되고 만다. 통번역협회는 때때로 통번역협회 회보에 실린 결과를 가지고 통번역협회에서 지급하는 이율과 봉급에 대한 수입 조사를 실시한다. 2002년 현재의 수치 범위는 가장 낮은 단계의 약 25,000 파운드에서부터 번역가/프로젝트 매니저에게 지급되는 25,000 파운드까지이다.

다른 직업처럼 봉급은 경험, 전문성, 전문지식과 특히 협상 능력에 따라 달라진다. 조사 결과를 가끔 전문가협회들이 발표하기도 한다. 구인광고도 봉급에 대한 암시를 준다.

직업 번역가로서 일자리를 고려한다면 책임감, 개인적 개발과 훈련에 대한 기회, 가능한 업무 진로 등이 기재된 입사 지원서를 동봉한 편지를 준비해야 한다. 미래의 상사가 자신이 찾는 유형의 일과 경력 개발을 제공해주는지 아닌지를 결정하는 인터뷰도 잊어서는 안 된다. 다음은 전문적인 경험이 전혀 없는 신규 대졸자를 위해 만든 구인광고의 실제 예이다. 1997년에 작성되었지만 여전히 의미 있는 광고이다.

지원자 이름   1997. 5. 27.
상세 주소
시, 도, 우편번호

개인별 기밀 내용

고용 제안 – 직원 번역가이자 점검자

친애하는 (지원자 이름)에게,

귀하 방문시 행한, 영리적 조건 하에 실시된 두 개의 번역 시험에 귀하가
합격한 것에 대해 토론한 결과, 브랙넬에 위치한 우리 회사에 일자리를
제안하게 되어 기쁩니다. 이 제안의 기본 조항은 다음과 같습니다.

직위 :   직원 번역가이자 점검자
시작일 :   1997년 9월 1일, 월요일. 상호 협의한 실제 날짜
근무 시간 :   전일제. 일주일에 35시간. 9시~17시까지.
                점심시간 60분 포함. 승인 하에 변경 가능.
휴가 :   매년 20일(1997년에 비례하여)과 모든 공휴일.

신입 사원에게 적용되는 수습 기간은 석 달입니다. 그러므로 귀하의 지위
는 이 기간을 만족스럽게 수료한 경우 1997년 12월 1일에 확정될 예정입
니다. 이 기간 동안 통보 기간은 1주일입니다.

　　다음은 다른 통보가 있을 때까지 1997년 9월 1일로 아드바크
(Aadvark) 번역회사에서 보내게 될 귀하의 근무 조건과 특별 조항입니다.

지위

귀하는 직원 번역가이자 점검자로 고용됩니다.

귀하의 기본 임무는 노르웨이어와 스웨덴어를 영어로 번역하고, 다른 번역가가 한 번역을 점검하는 것입니다. 관련 텍스트를 접하다보면 귀하의 언어 능력이 덴마크어로까지 확대될 것으로 기대합니다.

봉급과 복지

1997년 9월 1일부터 다음 봉급 책정일인 1997년 12월 1일 이전까지 귀하의 봉급은 연간 XX,000 파운드입니다. 봉급은 매달 23일 지급되거나 연체될 수 있습니다. 현재 국민의료보험 외의 질병 수당이나 산재 보험금은 없습니다.

본사는 하이스트리트 은행과 제휴하여 고용주 부담의 연금제도를 실시합니다. 귀하는 입사 12개월이 지난 뒤부터 이 혜택을 받을 수 있습니다. 이것은 시행중인 법정 관리 조항입니다. 병원이나 치과 예약으로 근무할 수 없을 때는 돌아와서 추가 근무한다는 조건으로 허락됩니다.

제안된 근무 시작일

1997년 9월 1일. 실제 날짜는 상호 동의하에 결정됩니다.

근무 시간과 휴가 자격

귀하의 일상 근무 시간은 9시부터 17시 사이이며 점심시간 60분이 여기에 포함됩니다. 그러므로 주당 총 근무 시간은 35시간입니다. 미리 동의를 구하면 시간 변경도 가능합니다.

초기 휴가 자격은 매년 20일의 유급 휴가와 모든 공휴일입니다. 고용기간이 1년 미만이면 일정한 기준에 비례한 휴가일이 주어집니다.

책임 부장

귀하의 책임 부장은 상업 부장 JA입니다. CL이 귀하의 수호천사 역할을 담당합니다. 다른 번역 직원들도 적절하게 상담해줄 겁니다. 저도 일대일 상담을 통해 귀하의 안내자이자 스승 역할을 할 것입니다.

훈련

훈련은 업무 중에 실행되고, 일과 관련된 사내 세미나도 있을 예정입니다.

고용 만료 통보

ATS사가 귀하에게 보낼 고용 만료 통보 기간은 한 달입니다. 귀하가 ATS사에 보낼 고용 만료 통보 기간은 한 달입니다.

성인 교육

귀하가 1998년 8월 31일까지 1년간 전일제 근무를 마치고 나면 본사는 귀하에게 지역 내의 대학이나 방송통신대학 같은 공인된 교육기관에서 수행하는 성인 교육을 후원할 예정입니다. 이것은 귀하가 구조적인 경력을 개발하는 데 도움이 될 것입니다.

후원은 관리책임자의 결정 및 승인에 따릅니다. 이런 성인 교육이 본사에도 이익이 됩니다.

본사가 귀하의 수업비와 필요한 책과 수업에 필요한 물품 구입비를 제공합니다. 본사가 지불한 수업 관련 책들은 본사의 자산이므로 교육과정이 끝나면 본사 도서관에 비치됩니다.

교육과정이 진행 중이거나 종료 1년 안에 귀하의 자유의지로 계속 근무할 수 없다면 귀하는 교육과정에 후원된 총금액을 본사에 상환해야 합니다. 이 조건은 특별한 환경과 관리책임자의 결정에 따라 적용되지 않을 수도 있습니다.

전문가협회 가입비는 본사의 결정에 따라 상환될 것입니다.

서비스 조항과 조건에 동의

나는 이로써 위의 서비스 조항과 조건에 동의하고 승인하는 바입니다.

날짜, ················1997년 8월.
······························

(지원자 이름)

위의 제안에 대한 수락이나 거절 여부를 1997년 8월 15일 금요일까지 알
려주시기 바랍니다.
　　봉인된 서류를 동봉하오니 귀하의 서명을 바랍니다. 귀하가 우리 팀
과 함께 일할 수 있기를 고대합니다.

재배,

관리책임자
ATS사

동봉 : 직원 규정
　　　봉인된 동의서

고용을 논할 때 번역가라는 직업에 대해 일반적인 사항과 특별히 관계없는 사항들에 대해 살펴보아야 한다. 이런 것에 다음과 같은 것들이 있다.

- 고용주는 어떤 유도 순서를 가지는가?
- 직원 교정에는 무엇이 포함되는가?
- 어떤 경력 구조가 적절한가?
- 어떤 개별적 및 숙련 개발이 제공되는가?

고용주가 자신을 인터뷰하는 만큼 자신도 잠재적인 고용주를 인터뷰 한다는 점을 명심하자.

1.11 프리랜서로 일하기
프리랜서 번역가에 대한 비현실적인 기대에는 다음과 같은 것들이 있다.

- 하루 24시간 이상 일할 수 있는 능력
- 공휴일이나 주말 휴무를 원하지 않음.
- 당시 무엇을 하고 있었든지 간에 오늘 오후까지 완성해야 하는 황당한 일을 해내는 능력
- 장기간 수입 없어도 살아갈 수 있는 능력
- ·················

아니다, 이것은 정말 진실이 아니다. 이런 일이 일어나도록 하지 않는 한 말이다. 정말 필요한 본질적인 특성은 일할 시간을 구조화하는 훈련이다. 프리랜서가 하는 번역을 다른 직업과 같이 다루고 생각해야 한

다. '일반적인' 직장 근무 시간 동안 일하려고 노력하고 그 외 시간에는 자동 응답 전화기를 켜두는 것이 좋다.

조심성 없거나 경험이 부족한 번역가를 유인하는 많은 유혹들이 있다. 여가 시간을 즐겨야 하는데도 고객과 일에 대해 논의한다면 고객에게 자신의 시간을 부당하게 뺏기게 된다.

자신이 소비한 정신적 에너지를 충분히 회복할 시간을 가지도록 일하는 시간을 짜야 한다. 물론 일할 시간을 늘려야 할 때도 있다. 이것이 습관화되지 않도록 노력해야 한다. 과로하면 실수가 잦아진다.

휴가를 취하면 고객이 다른 곳으로 갈지도 모른다는 불안감이 생길 수 있다. 고객이 자신이 한 일의 품질을 믿는다면 휴가를 마치고 돌아올 때까지 기다려줄 것이라는 것이 정답이다.

프리랜서 번역가로서 기대할 수 있는 수입은 일을 처리하는 능력과 번역료를 협상하는 능력에 따라 달라진다. 처음에는 세금을 포함한 순수입이 약 20,000 파운드 정도일 것이다. 경험이 쌓이면 쌓일수록 번역 능력은 향상된다. 번역가가 필연적으로 "천 단어에 얼마를 받나요?"라는 질문을 받으면 번역료에 변화가 거의 생기지 않으며, 대략 그 정도이다. 확실히 자질이나 품질 관리라는 명백한 증거가 있기 때문에 경험, 전문 지식에 대한 증거, 지속적인 개인 발전으로 인한 고려는 거의 없다.

1.12 번역회사와 번역대행사의 차이점은 무엇인가?

1단계에서 해야 할 결정은 번역회사와 번역대행사에서 일할 것인지 또는 자신만의 고객을 만들어 쌓아갈 것인지 하는 것이다. 두 가지 접근방법 모두 장점이 있다.

우선 번역회사와 번역대행사에 대한 정의를 간단히 해보는 것도 유용하다. 번역회사는 회사 소속의 상근직 번역가와 소속이 아닌 프리랜서 번역가를 모두 사용한다. 반면 번역대행사는 순전히 대행사나 번역 중개사 역할만 하기 때문에 오직 프리랜서 번역가만 사용한다. (앞으로 번역회사와 번역대행사를 모두 묶어 '대행사'로 언급하겠다. 이것이 고객들이 그것을 인식하는 방법이기 때문이다.) 번역대행사에서 일을 한다면 좋은 관계를 구축할 수도 있다. 이런 관계를 통해 일을 안정적으로 계속할 수 있을 것이다. 일할 시간이 없으면 "고맙지만 못 하겠습니다"라고 말할 선택권도 가진다. 그래서 처리 가능한 낮은 수준까지 관리를 계속할 수 있다.

번역대행사를 통한 번역료는 고객을 통해 직접 받는 번역료보다 일반적으로 적다. 하지만 대행사가 번역물을 획득하기 위해 마케팅부터 시작해서 광고와 판매에 관련된 모든 일을 한다고 생각해보자. 프리랜서가 하는 일은 기본적으로 번역대행사에 등록한 다음 의뢰된 번역물을 수락하거나 거절하는 것뿐이다. 번역대행사에서 일을 하는 것도 경력을 쌓아가는 데 도움이 된다.

평판이 좋은 번역대행사도 프리랜서가 제출한 번역을 추가적으로 점검한다. 고객의 요구에 합당한 번역물을 다시 만들기 위해 상당한 시간을 투자할 것이다. 대행사가 이와 같은 추가 업무를 한다고 해서 자신은 대충 번역해도 된다는 식으로 잘 해야 할 의무를 등한시하면 안 된다.

주의 한 마디
번역대행사의 고객에게 직접 연락하여 그들에게 자신의 서비스를 팔려고 하는 것은 비윤리적이다. 유혹적이겠지만 이것은 엄연히 상업적 해적행위이다. (대행사가 고객을 구하기 위해 행하는 실제적인 모든 관리를 기억하자.) 번역가로 명성을 얻으려면 다소 시간이 걸린다. 상업적 해적

행위를 시도한다면 그런 명성에 돌이킬 수 없는 피해가 생긴다. 번역가의 세계가 꽤 좁기 때문에 전문가답지 못한 행동을 하면 믿을 수 없을 정도로 소문이 빨리 퍼진다.

1.13 고객과 직접 일하기

번역대행사에서 일하기로 결정했다면 자신이 해야 할 일은 몇몇 대행사에 회원으로 등록한 다음 규칙적으로 일을 공급받을 수 있도록 희망하는 것이다. 자신이 알아서 처리해야 할 관리는 별로 없을 것이다. 고객과 직접 일하기를 원하면 광고를 해야 할 필요가 있는데 이것은 전혀 다른 접근방법을 요구한다. 번역시간과 돈을 벌 능력을 빼앗는 부가적 요구들이 있을 것이다. 가능성 있는 고객에게 직접 다가서는 것은 많은 일을 요구한다. 아래의 표는 자신이 직접 결정해야 하는 일에 도움이 될 것이다.

번역대행사와 일하기	고객과 직접 일하기
모든 주요 대행사는 '전화번호부'에 광고되어 있어 쉽게 접근이 가능하다.	가능성 있는 고객을 알아보는 방법은? 자신을 알리는 방법은?
편지로 평가 형식을 완성하고 테스트 번역을 수행하면 자신에 대한 소개가 충분하다.	회사의 누구와 접촉할 것인가? 적임자를 찾기 전에 수많은 전화통화를 해야 한다. 한 명의 고객을 얻기 위해 사실 백 통의 전화를 해야 할 때도 있다.
테스트 번역을 만족스럽게 행했다면 프리랜서로 명단에 오를 것이고, 잘 되면 능력에 어울리는 적당한 일을 규칙적으로 받을 수 있다.	번역가를 찾지 못한 가능성 있는 고객을 만나면 행운이다. 가능성 있는 고객에게 번역을 할 특별한 능력이 있다는 것을 확신시켜야 한다.
대부분의 대행사는 미리 조정된 때에 번역료를 준다. 번역 가능한 기간을 협상해야 한다.	일부 고객은 번역료 지불에 시간이 걸린다. 문서 작성시 번역료에 대한 것도 확실히 해야 한다.
휴가를 "허락" 받는다.	휴가 동안 무슨 일이 생길까?
번역 대행사에서 준 일에 대한 결정권을 가진다.	고객의 요구에 불편할 수 있다.

표 1. 대행사와 일할지 또는 고객과 직접 일할지 선택하기

1.14 테스트 번역물

일부 사람들은 테스트 번역물에 대해 화를 낸다. 필경 학위를 가지고 있다고 주장하면서 그것으로 충분하지 않느냐고 반문할지도 모른다. 테스트 번역물에 소비되는 시간이 얼마 되지 않음을 상기하자. 아주 긴 시간을 요하지 않는다. (컴퓨터나 차를 살 때 테스트를 먼저 한 다음 사는 것을 상기하자.) 테스트는 보통 한 페이지 정도이다. 하지만 잠재적인 고객이 책의 한 장(章) 모두를 무료로 테스트하는 경우도 보았다. 그런 고객은 필요한 수의 번역가에게 서로 다른 장(章)을 하나씩 보내 무료로 테스트 하는 건 아닐까 종종 궁금해진다. 테스트 번역물을 잘 번역함으로써 빛나는 기회를 잡을 수도 있고 잘 되면 장기간에 걸친 업무 동의도 얻어낼 수 있다.

대부분의 고객은 번역대행사가 (종종 몇몇 번역가에게 같은 언어로 된 여러 개의) 테스트 번역물을 실시하길 요구한다. 대행사가 견본 제공을 꺼린다면 잠재적인 고객이 줄 응답은 상상이 가능하다. 경쟁자와 자신을 구별하는 방법으로 테스트 번역물을 받아들이는 태도를 가지자.

1.15 채용 경쟁시험

다언어 능력을 주요하게 사용하는 두 기관은 바로 유럽공동체(EC)와 국제연합(UN)이다. 이 두 기관은 번역가, 점검자, 통역가, 변호사, 행정관 등의 수많은 다언어 서비스 공급자를 고용한다.

1.15.1 유럽 공동체

요구되는 자격은 지원자가 지원하는 지위에 따라 달라진다. 유럽공동체가 요구하는 자격에 대한 암시를 살펴보면 번역가에게는 4년제 대학 학위나 그에 동등한 자격, 대학 졸업 후 2년간의 실전 경력, 모국어를 적절하게 구사하는 완벽한 능력, 두 개의 다른 공동체 언어를 완벽하게 이해하는 능력이 있어야 한다. 보조 번역가에게는 최근 3년 내 취득한 4년제 대학 학위와 모국어를 적절하게 구사하는 완벽한 능력과 두 개의 다른 공동체 언어를 완벽하게 이해하는 능력이 요구된다. 실전 경험은 없어도 된다.

유럽공동체는 다음 기관들을 위해 채용 경쟁시험을 발표한다.

- 유럽 연합 집행위원회
- 유럽 연합 이사회
- 유럽 의회
- 사법 재판소
- 회계 감사원
- 경제 사회 공동체

다음에 나오는 정보는 문자로 된 번역에만 해당된다.

통역에 대한 정보는 공동통역과 회의서비스(the Joint Interpreting and Conference Service)에 의뢰하면 된다.

위원회의 번역 서비스는 대형 문제에 기초한 부서들로 구성되는데 브뤼셀에 4개, 룩셈부르크에 2개 있으며, 전문 분야에 관련된 문서만 전문적으로 번역한다. 각 부서는 11개의 언어 단위로 구성되는데, 언어 편성단위는 유럽연합의 각 공식 언어를 대표한다(유럽연합의 공식 언어는 덴마크어, 네델란드어, 영어, 핀란드어, 불어, 독어, 그리스어, 이탈리아어, 포르투갈어, 스페인어, 스웨덴어이다). 단위장이 이 66개의 단위 모두를 지휘한다.

대부분의 유럽 연합 기구들은 공동으로 조직한 공개적인 경쟁시험을 통해 번역 직원을 뽑는다. 사법 재판소와 유럽 연합 이사회는 예외인데, 이들은 자신이 바라는 특별 조건에 맞도록 나름대로의 경쟁시험을 실시한다.

특정 언어에 대한 번역가 자리에 공백이 생기기 때문에 가끔 경쟁시험을 실시한다. 이 경쟁시험은 출간되는 번호가 일련의 『EUR/LA/⋯.』인 공식 저널의 공동 고지에 발표되고, 동시에 관련된 언어의 신문에도 구인광고로 실린다. 영어 번역가를 뽑기 위한 경쟁시험은 영국과 아일랜드 및 가능한 다른 국가들에도 광고가 나간다. 가장 최근의 경쟁시험은 2002년 9월에 있었다(ISSN 0378-6986).

경쟁시험은 필기시험(선다형 문제와 2개의 다른 언어에서 영어로의 번역)과 구두시험으로 이루어진다.

경쟁시험의 진행은 (지원서 마감에서부터 구두시험에 이르기까지) 평균 8달에서 10달이 걸린다. 합격한 지원자는 예비 명단에 오른다.

당면한 공석을 채우기 위해 단위장들은 예비 명단에 오른 후보자를 상대로 인터뷰와 신체검사를 실시하여 신입 회원을 뽑는다. 인터뷰에 응하지 않거나 응했더라도 이번에 최후 선발자로 뽑히지 못한 사람들은 예비 명단에서의 모집을 마감할 때까지 공석이 생길 때는 언제나 재선발이 가능하다. 예비 명단에서 신입 회원을 뽑는 기간은 연장가능하다.

위원회의 이런 방침은 시작 단계에서 신입 사원을 모집하는 것으로, 이것은 언어 직원을 위한 보조 번역가(LA 8)나 번역가(LA 7)를 의미한다.

번역가나 보조 번역가 경쟁시험에 대비한 일반 자격 규정

국적 : 지원자는 유럽 연합국 시민이어야 한다.

자격 : 지원자는 언어나 경제, 법, 과학 등의 특정 분야에서 대학 학위나 CNAA(영국의 국가학위수여위원회) 학위 또는 그에 동등한 자격을 가져야 한다.

언어 이해력 : 지원자는 모국어를 완벽하게 구사하고, 최소한 유럽 연합국의 공식 언어 2개에 대한 철저한 이해력을 갖춰야 한다. 번역가는 자신의 모국어로만 번역한다.

나이 : 보조 번역가와 번역가는 45세까지만 지원가능하다.

경력 : ● 보조 번역가 경쟁시험에는 경력이 필요 없지만 경쟁시험 발표 3년 이내에 대학 학위를 취득한 자만 지원가능하다.

　　　 ● 번역가 경쟁시험에는 최소 3년의 경력이 요구된다. 경력은 언어 관련 업무나 경제, 금융, 경영, 법, 과학 등과 관련된 전문 분야도 가능하다.

실용적인 정보

번역가 선발용 경쟁시험은 기간이 다소 길어지는 경향이 있다 해도 보통 각 언어별로 3년마다 실시된다.

위원회의 '정보/채용' 사무실의 근무시간은 주중 9시부터 17시까지이고, 유럽 연합 기구 소속 직원 채용에 대한 질문을 항상 받는다.

주소 : 34 rue Montoyer, B-1000 Brussels

전화 : +32.2.299.31.31　팩스 : +32.2.295.74.88.

이 정보는 2002년 9월에 얻은 것이다. 유럽 연합의 최근 정보를 원하면 웹사이트(http://europa.eu.int/comm/translation/en/recrut.html)를 방문하기 바란다.

시험은 필기시험과 구두시험으로 구성된다. 지원자는 먼저 다음과 같은 내용을 실은 선다형 질문의 기본 시험을 통해 평가를 받는다.

1. 경쟁시험에서 망라하는 분야에 대한 전문 지식과 유럽 공동체, 특히 유럽의 시사문제에 대한 지식
2. 논리적인 사고력(수리적, 기호적, 공간적 사고력 등)
3. (지원자가 선택하여 지원서에 명시한) 제 2 공용어에 대한 지식

필기시험은 업무 특성에 따라 달라진다. 번역가나 통역가로 근무하기 위해 응시하는 지원자는 특별 언어 시험을 치러야 한다. 이 시험에 합격한 지원자는 다음 평가를 위한 다양한 선택 단계에 들어간다. 이것을 통과한 지원자는 승인을 받아 명단에 오르게 되어 위원회나 채용하고자 하는 다른 기관의 장들과 인터뷰를 하게 된다. 확정적인 직업 제공은 인터뷰 다음에 이루어진다.

앞으로 치러질 경쟁시험에 대한 정보는 유럽 공동체의 공식 저널에서 찾으면 된다. 추가 정보를 위해 아래에 주소를 적어 둔다

INFO-RECRUITMENT

Recruitment Unit

Commission of European Communities

rue de la Loi 200

B-1049 Brussels

1.15.2 국제연합(UN)

편집자, 번역가/회의록 서기, 회의록 기록자를 채용하는 경쟁시험은 해마다 실시된다. 이것은 뉴욕의 국제연합본부와 다른 근무 기지(제네바, 비엔나, 나이로비, 베이루트, 방콕)에 공석이 생길 경우를 대비해 미리 편집자, 번역가/회의록 서기, 회의록 기록자의 명단을 확보하기 위해서이다.

사무국을 제외한 시험에 응시하고자 하는 지원자는 다음 조건을 만족해야 한다.

- 지원자는 주요 언어로 번역 가능한 언어를 가져야 한다.
- 완벽한 영어 구사 능력과 불어와 국제연합의 다른 공식 언어(아라비아어, 중국어, 러시아어, 스페인어) 중 하나에 대한 뛰어난 지식이 있어야 한다.
- 번역 전공의 4년제 대학 학위나 그에 상응하는 대학 학위 또는 기관의 자격증을 지녀야 한다.

이런 경쟁시험의 결과에 기초해 선발된 지원자는 인터뷰 요청을 받는다. 시험에 합격하여 명단에 오른 지원자들은 편집부, 번역이나 보도국에 공석이 생길 경우 채용된다. 공석이 생기면 합격한 지원자는 명단을 통해 신입사원으로 채용되어 전문 지식과 언어를 조합한 업무를 요청받는다. 일은 교대로 할당되고, 합격한 지원자는 가끔 기관의 필요에 따라 아프리카, 아시아, 유럽, 라틴 아메리카/캐리비안의 다른 근무 기지에 파견되고 본부에서도 일하게 된다. 합격한 지원자는 언어 근무처에서 최소 5년간 일해야 한다. 선발된 지원자는 보통 P-2 수준에서 첫 2년간 견습생으로 일해야 한다.

정보는 아래 주소에서 얻을 수 있다.

Examinations and Tests Section

Specialist Services Division

Office of Human Resource Management

Room S-2575-E

United Nations Secretariat

New York, N. Y. 10017

U. S. A.

팩스 : +1 212 963-3683

조사하는 동안 나름대로 번역 업무를 취급하는 정부 기관들과 연락을 취했지만 그들은 일반적으로 세부사항이 출간되는 것을 원치 않았다.

2.

2개 국어 구사 능력 – 진실과 거짓

"이국이란 없다. 단지 이방인만 있을 뿐."
1850-1894, 로버트 루이스 스티븐슨

1993년 초판에서 이 장(章)을 쓸 때 나는 2개 국어 구사 능력에 대해 통용되는 정의를 얻기 위해 통번역협회에 전화를 걸었다. 돌아온 대답은 말벌 집을 막대기로 찌르는 것만큼이나 유익할 거라는 정중한 정보였다.

기록에 관한 기네스북이 있다면 가장 많은 언어를 '사용'하는 것으로 알려진 사람에 대한 등록을 찾아보는 것도 의미 있다. 초판을 쓸 때 기네스북에 등록된 "유창한 구사력이란 조건으로" 현존하는 인물 중 가장 많은 언어를 구사하는 사람은 스코틀랜드 북동쪽에 자리 잡은 셰트랜즈 제도의 레르윅(Lerwick)에 거주하는 데릭 허닝(Derick Herning)이었다. 그는 1990년 5월 브뤼셀에서 열린 취임식의 '유럽의 다국어 사용자' 경진대회에서 22개의 국어를 구사하여 승리했다.

영국의 가디언 지(紙)는 2001년 11월 10일자 신문에 언어학자 케네스 헤일(Kenneth Hale)의 부고를 실었다. 그는 미국 매사추세츠 공과대학의 언어학과 교수였고 "50개 이상의 국어 구사 능력을 갖춘 달인"으로 불리었다.

2개 국어 구사 능력이란 용어는 아주 많이 남용되고 있으며, 정말로 2개 국어를 구사하는 사람의 수는 아주 적다. 구인광고에서 "2개 국어 구사 능력을 갖춘 비서 구함"이라는 문구를 보았을 것이다. 2개 국어에 능통한 사람이 비서로 일할 것 같지 않다는 게 내 생각이다. (이것이 훌륭한 비서에 대한 능력을 반영하는 것은 아니기 때문이다.)

1개 이상의 국어로 일할 능력을 충분히 갖춘 사람으로 통번역협회 인명부에 등록된 사람 수는 매우 적다. '상용 언어'라는 용어가 있다. 어릴 때 1개의 언어를 배워 사용하다가 다른 나라로 이주할 수도 있다. 그럴 경우 그 나라의 언어는 자신이 평생 사용하는 언어가 될 것이다. 유럽 공동체에는 '주(主)언어'라는 용어도 사용한다.

통번역협회는 관련 인물을 등록시키기 전에 2개 국어 구사 능력에 대한 증거를 요구한다. 인명부에 실리기 위해 '주언어'는 타고난 언어일 것이다. 부차적 언어에 대한 평가는 시험을 치거나 그런 주장을 뒷받침하는 문자로 된 증거를 제출함으로써 행해진다.

이해를 돕기 위해 다음의 그래프(참고문헌 3)는 제1언어나 제2언어로 세계의 주언어를 구사하는 사람 수를 나타낸다

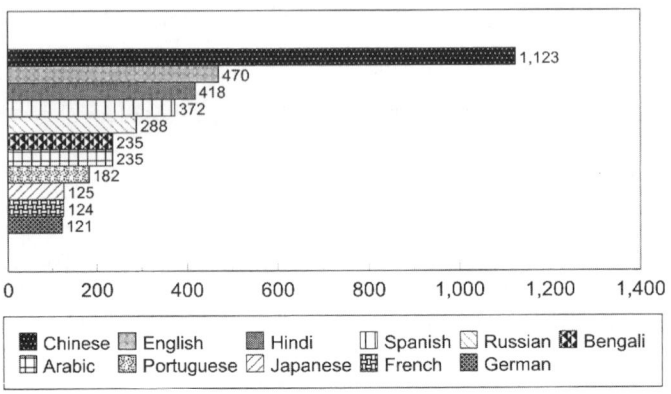

그림 2. 세계의 주언어

확실히 서양에서는 영어가 (여러 가지 표면상) 공통어로 나타난다.
통계는 스웨덴과 핀란드 및 유럽연합(EU)에 가입한 다른 나라들에서 영어
가 가장 널리 사용되는 언어라는 것을 가리킨다. 이것은 유럽위원회에서
번역된 10억 페이지가 넘는 문서의 아직 출간되지 않은 조사를 인용한 기
사가 파이낸셜타임스의 기사로 실리는 바람에 확인되었다. 이 기사에 따
르면 불어가 40퍼센트 번역된 것에 비해 영어는 42퍼센트 번역되었다.

언어학자협회는 『2개 국어 구사 능력 증명서와 공동체 통역 증명서』
라는 제목으로 소책자를 출간한다. 이 책이 정의하는 2개 국어 구사 능
력은 다음과 같다.

2개 국어 구사 능력자는 언어와 전문 기능이라는 두 가지 능력
을 모두 가진 사람이기 때문에 두 언어와 문화라는 맥락에서 동일
한 수준의 표준 서비스를 제공할 수 있다. 모든 고객에게 동일한 수
준의 표준 서비스를 제공하기 위해 서비스를 제공하는 사람은 두

가지 능력 모두에서 표준이 되는 적절한 훈련과 자격을 지녀야 한다. 예를 들어, 자격이 없지만 우연히 불어나 우르두어를 구사한다는 이유만으로 의학적인 충고를 주도록 허락하거나 의료 결정이 행해지는 정보를 수집하도록 허락하는 것은 이해하기 힘든 좋은 의학적인 충고를 주는 것만큼 나쁘다.

총 2개 국어 구사 능력은 2개 언어 모두를 원어민과 동일하거나 거의 완벽할 정도로 구사하는 능력을 의미하기 때문에 두 문화 모두를 똑같이 이해하는 능력도 가진다.

보통 2개 국어 구사 능력자는 일상생활에서 2개의 언어를 사용하는 것으로 묘사되지만 반드시 동일한 맥락에서일 필요는 없다. 그러므로 2개 국어 구사 능력을 가진 사람이 동일한 문제 범위에서 2개의 언어 모두를 자유자재로 사용 못할 수도 있다.

2개 국어 구사 능력자는 두 언어 모두에 대한 적절한 언어 능력과, 자신이 일하는 문제 범위의 양쪽 문화에 관한 암시들에 대해 객관적으로 이해하는 능력을 가져야 한다.

2개 국어 구사 능력자가 되는 것이 반드시 번역이나 통역에 필요한 능력을 포함하는 것은 아니다. 이것은 양 언어 사이의 개념을 보다 잘 전달하기 위해 요구되는 부가적인 능력이다.

나는 30년 이상 작업 언어로 스웨덴어를 사용했고 거의 그 시간만큼 언어를 번역해왔다. 거의 매일 스웨덴어를 사용하고 스웨덴에서 일할 때는 몇 주를 보내기도 한다. 하지만 순전히 정보 목적이 아닌 한 스웨덴어로 번역해서 제출하는 것이 좀 부끄러운 게 사실이다. 아주 정확히 외국어로 번역할 수 있다 해도 번역물이 '원어민'이 번역한 것은 확실히 아니기 때문이다. 이것을 피하는 유일한 방법은 원어민이 그 번역물을 점검하는 것이지만 이것은 보통 불만스런 절충안이다.

가장 불만스런 일은 외국인이 번역한 밋밋한 문장을 "번역은 이미 다 했는데요, 영어만 한 번 슬쩍 봐주시겠어요?" 라는 말과 함께 받을 때 그 텍스트를 '세탁'하는 일이다. 대개, 그런 경우 다시 번역하는 게 훨씬 더 빠르다. 요청한 사람은 자신이 이런 방법으로 돈을 절약하고 있다는 환상에 빠진다. 그는 의심의 여지없이 초안을 생산하는 데 상당한 시간을 보냈을 것이고, 그런 시간이 생산적이지 못하다고 걱정하는 사람에게 말하는 것은 어렵다. 부록에 예를 실었다. 물론 이런 경우에 사용된 용어로부터 무언가를 배울 수도 있다. '세탁'해야 하는 이런 일을 받아들이는 게 꺼림칙하다면 정중히 요청을 거절하면서 이유를 설명해야 한다.

다음 페이지에 스웨덴 사람이 번역한 그런 텍스트의 예가 있다. 번역된 내용이 무엇인지 알아내려고 이해하는 데 근 1시간이나 걸렸다. 30분이면 스웨덴어를 분명한 영어로 충분히 번역했을 텐데 말이다. ***표시는 예방 차원에서 사용했다.

외국어에 대한 지식을 갖춘 사람이 그 언어를 사용하는 자신에게 질문할 수 있기 때문에 외교적 수완이 시험당하는 때가 있다. 예로 그 언어가 영어라고 가정해보자. 그런 사람은 다음과 같은 범주에 많이 있다.

- 영어에 대한 기본 지식이 있고, 또 그런 지식을 단순히 드러내 보이기 위해 비평하고 싶어 하는 사람. 이런 사람이 번역을 "고쳐준" 자리에 오류가 생기는 경우를 많이 봤다. 이런 사람에게 할 수 있는 모든 일은 오류를 지적하고 오류를 그냥 뒀을 때 생길 결과를 설명 해주는 것이다.

- 자신과 문체가 다른 사람. 이런 문체가 더 적절하다면 그런 문체를 받아들인다. 어쨌든 고객은 자신의 일을 알아야 하고, 본인은 비평을 건설적으로 받아들일 줄 알아야 한다.

********** 휴일   유럽 버전

크리스마스 카탈로그가 크리스마스 선물에 대한 아이디어를 여러분의 고객들에게 드릴 겁니다. 여러분의 고객은 영감과 새로운 아이디어를 발견할 것입니다.

크리스마스 소원!

여러분이 여러분의 고객에게 직접 연락할 수 있습니다. 직접 우편물을 보내기 위해 가게 등록부에 등록된 여러분의 주소를 이용하세요! 카탈로그에서 여러분의 가게 상호를 찾을 수 있습니다. 카탈로그가 얼마나 필요합니까? 늦어도 10월 15일에는 주문하셔야 합니다.

휴일 광고

**********은 주요 인테리어 잡지에는 두 배로 유포할 겁니다. 여러분은 크리스마스를 위해 지역 광고를 어떻게 합니까? **********은 광고를 위해 여느 때처럼 컬러와 흑백으로 만들어진 광고 자료를 준비할 예정입니다. 광고 자료를 위해 **********로 부디 연락 바랍니다.

크리스마스 장식 카드

2002년 마케팅 담당 회원 모두를 위해, 여러분의 가게에 **********에 대한 특별한 관심을 보내기 위해 실내장식용 자료를 보내드리겠습니다.

● 전문 용어로 건설적인 비평을 하는 사람. 이런 사람은 전문 지식
을 향상시킬 기회를 제공해준다.

다음 페이지의 편지가 전형적이다. 스톡홀름 북부의 부동산에 관심을 끌
목적으로 스웨덴의 부동산 직원이 영국의 가능성 있는 많은 고객에게 보
낸 편지의 내용이다. 이름만 예방 차원에서 삭제했다.

　　뒤에 논쟁거리로 만들 속셈에 편지를 이런 식으로 썼다는 빈정대는
말을 들었다. 냉정해지자. 항상 다른 사람들의 실수로부터 배우니까.

2.1 목표언어(TL)와 원천언어(SL)

이것들은 편리한 용어인데, 용어 자체가 모든 것을 설명한다. 원천언어
는 번역하고자 하는 언어이고, 반면 목표언어는 자신이 습관적으로 사용
하고 있는 상용 언어로 번역중인 언어이다. 대부분 사람들은 원천언어의
단어 수에 따라 번역료를 매기는데 고객이 그런 식으로 원하기 때문이
다. 어떤 것이 가장 적절한 방법인지에 대한 열띤 논쟁이 있어 왔고 계
속될 전망이지만 이 책은 그런 논쟁은 하지 않는다. 일에 대한 번역료
청구 방법은 4장에서 다룬다.

1991년 9월 4일

친애하는 귀하께,

스웨덴의 (…) 프로젝트에 관해.

저희 재량으로 위의 주제에 대해 귀하께 정보를 보내는 바입니다. (…)는 전형적인 건물로 현재 공사 중이며, 1992년 2월 1일에 입주 가능합니다.

이 건물은 아주 적당한 곳에 있습니다. 스웨덴의 수도 스톡홀름에서 70 킬로미터 떨어져있고, 알란다 국제공항까지는 차로 20분 거리입니다. 의심의 여지없이 시간이 절약되는 거립니다. 웁살라 시내는 차로 5분 거리에 있으며 버스도 자주 다니고 있습니다.

(...)는 대단한 건축양식으로 지어졌습니다. 지붕을 통해 햇빛이 들어오고, 중앙 홀에는 물에 반사되어 둘러싸인 많은 꽃과 나무가 심어져 있습니다. 근무환경을 위해 기분 좋고 멋진 환경이 오늘날 아주 중요시됩니다.

괜찮으시다면 귀하께 더 많은 상세한 정보와 이 프로젝트의 가능성에 대해 서로 모임을 가질 수 있다면 영광이겠습니다.

이 편지의 목적은 가능한 임대에 관한 귀하의 관심을 얻고자 하는 것입니다. 스웨덴 여기에 오셔서 말씀드린 대로 유일한 프로젝트인 이 건물을 둘러보시면서 업무를 겸한 점심식사를 함께 할 수 있기를 바랍니다

감사합니다.

2.2 목표언어 상실

언어로 인해 정신분열증을 앓을 수 있다. 자신의 뇌가 2개 국어를 유창하게 하기 때문에, 원천 언어에서 옳다는 이유로 목표 언어에서 재조립한 구조도 단순히 옳다고 생각하는 어리석음을 범하게 된다.

목표 언어 상실은 귀화한 나라에서 일하는 번역가가 경험하는 문제들 중 하나이다. 그런 번역가는 그 나라의 언어와 문화에 푹 빠져있기 때문에 말의 언저리를 잃게 된다. 내 경우, 스웨덴에서 10년 동안 산 다음 영어를 다시 적절히 구사하는 데 최소한 6개월이 걸렸다. 거의 매일 영어로 된 신문과 잡지를 읽거나 훑어보는 데도 말이다.

2.3 독설 유지하기

언어를 적절히 이해하고 성공적으로 번역하기 위해 문화적 변화를 계속 따라잡아야 한다. 이것이 바로 목표 언어를 사용하는 나라에 거주하는 원어민이 번역한 것이 최고의 번역물이 되는 이유이다. 언어는 연속적인 변화와 발전을 경험한다. 때때로 불행하게도 손실되기도 한다. (이런 태도 때문에 "아주 구식이네요"라는 잔소리를 들었다. 하지만 이건 내 의견일 뿐이다. 항상성을 원하기 때문에 가끔 변화에 분개한다.) 물론 두 세계에서의 최고는 맡은 일을 하기 위해 원천 언어 나라로 여행하는 것이다. 이것이 원천 언어와 문화를 계속 따라잡으면서도 모국어의 날카로운 언저리를 유지하는 방법이다.

Our Father, who art in heaven, Hallowed be thy Name. Thy kingdom come; Thy will be done; In earth as it is in heaven. Give us this day our daily bread. And forgive us our trespasses. As we forgive them that trespass against us. And lead us not into temptation; But deliver us from evil: For thine is the Kingdom, The power; and the glory, For ever and ever.
Amen.

Our Father in heaven, hallowed be your name, your kingdom come, your will be done, on earth as in heaven. Give us today our daily bread. Forgive us our sins as we forgive those who sin against us. Lead us not into temptation but deliver us from evil. For the Kingdom, the power, and the glory are yours now and for ever.
Amen.

살아오는 동안 의미심장한 변화를 많이 봤다. 어떤 것은 받아들여 기분이 좋았고, 어떤 것은 받아들여 영어가 더 엉망이 된 경우도 있었다. 위의 예는 영국의 국교회에서 배운 주기도문의 차이를 보여준다. 왼쪽 버전은 어릴 때 배운 것이고 오른쪽 버전은 우리 마을 교회에서 사용하는 것이다. 이런 맥락에서 나는 특이한 두 번째 사람의 것을 선호한다.

물론 많은 버전과 번역이 있고 인터넷에는 흥미로운 언어적 도전을 산출하는 연구도 있다. MS사의 워드 맞춤법 검사기는 'thine'는 틀렸다고 거절하지만 'Thy'는 받아들이는데, 'Thy'는 대문자로 시작하기 때문이다.

2.4 지역화
이것은 상대적으로 새로운 용어이지만 목표 언어에 대한 지배의 중요성을 설명한다. 번역물이 카탈로그나 소책자와 같은 출간 형태로 사용될 예정이라면 신중한 고객은 상대방이 사는 나라에 다음과 같은 것을 확인하기 위해 번역물을 보낼 것이다.

- 번역물이 계획된 시장에 적합한가
- 전문 용어는 현재 사용 중인가
- 사용된 언어가 적절한 수준인가

이것은 번역가로서의 능력을 반영하는 것이 아니라 사용된 언어가 계획된 시장의 화제에 적합한지와 관련이 있는지를 확실히 하기 위한 노력이다. 때때로 이것이 불리해지는 면도 없잖아 있는데, 번역물을 받은 외국 측에서 번역물을 편집하거나 맹렬히 비난할 기회로 볼 수 있기 때문이다. 외국측이 번역물을 받아야만 한다고 느낄 경우 특히 그러하다.

얼마나 많은 번역물이 고객으로부터 품질관리를 받지 않고 바로 사용되는지 놀라운 일이다. 원천 언어 문서는 최후 승인이 떨어질 때까지 여러 번의 교정 작업이 이루어진다. 번역가는 보통 그저 일을 시도할 뿐이다. 번역하기 위해 받은 텍스트는 최후의 승인된 형태이고, 그래서 번역가가 해야 할 일은 다른 언어로 번역하는 것이라고 말하고 싶다. 이것은 고객에게 번역과정을 '교육'시키거나 최소한 인식하도록 만드는 주요한 경우이다.

고객이 최소한 한 번의 교정도 없이 원천 언어로 된 소책자를 인쇄할 꿈은 꾸지 않을 것이다. 원천 텍스트의 최후 버전이 승인될 때까지 타당한 버전들을 놓고 똑같이 여러 번 고려할 것이다. 번역을 여러 개할 필요는 없지만 번역된 문서도 적절한 수준에서 적합하다는 평가를 받아야 하기 때문이다.

고려해야 할 필수 요인은 목표 독자다. 이것은 언어와 표현 및 그 언어가 목적으로 하는 수준까지 좌우한다. 영어로 쓰인 매뉴얼이 개발도 상국의 기계공이나 기술자가 사용하도록 계획될 수 있다. 영어가 단순히 작업 언어로 사용되기 때문에, 그 결과 영어는 기본적일 필요는 있지만 그렇다고 매번 단순해서는 안 된다. 이것은 소위 '단순화된 영어'라는 능력을 요구한다.

스웨덴의 볼보 회사에서 편집 기술자로 일할 때 영국 경쟁업체의 기술 문서 센터를 방문한 적이 있다. 그 당시 그 회사는 북미, 유럽, 남아프리카, 호주, 인도 아대륙에 있는 자사 고객들을 위해 자동차 매뉴얼을 여러 개의 '영어' 버전으로 번역하는 것에 관심이 있었다. 이것은 극단적인 예이지만 같은 언어라도 계획된 특정 독자를 위해 적합하게 바꾸거나 지역화할 필요가 있다는 것을 보여주는 경우이다.

인공위성, 전자우편과 직통전화의 출현으로 CNN과 같은 뉴스 네트워크가 발달되었다. CNN은 이제 미국에서 나온 것과 비슷한 네트워크 시설을 갖춘 전 세계의 대형 호텔에서 이용가능하며, 종종 영어로 된 뉴스의 주요 출처가 되고 있다. 이 출처는 미국적인 관점에서 뉴스를 보도하기 때문에 자민족 중심적이다. 또한 많은 사람들이 CNN을 통해 영어를 배운다. 이것은 문화적 제국주의이며 정치적 의도가 다분하다고 말할 수 있다. 현재 미국에서 사용하는 영어는 '영국' 영어과 아주 많이 다르기 때문에 나는 미국 영어를 독립된 언어로 분류해야 한다고 주장한다. '미국 영어'라고 부른다면 분명히 미국의 라틴 아메리카계 주민이 화를 낼 것이기 때문에 무어라 지칭할지 어려운 일이다.

세계어로서 영어의 발전에 대해 좀 더 알고 싶으면 빌 브라이슨(Bill

Bryson)이 쓴 『모국어』(*Mother Tongue*)와 『미국산』(*Made in America*)이란 책을 읽어보길 권한다.

2.5 문화 충격

스웨덴에서 대학생으로 살 때의 특별한 경우가 생각난다. 스웨덴에서 3년 이상 살던 때였다. 스웨덴어로 대학입학 자격시험을 치렀기 때문에 스웨덴어에 대한 지식이 충분하다고 생각하고 싶었다. 수학을 1년 공부한 뒤 물리학을 공부하면서 대학 2학년생으로 지내고 있던 때였다. 학비를 보충하려고 호텔에서 밤에 사환으로 일했다. 다른 일도 하면서 전화 교환과 접수처 일도 했다. 토요일마다 그 호텔은 만찬 댄스파티를 열었고 마지막 손님은 보통 자정이 되어야 자리를 떴다. 밤 12시 반쯤에 문을 잠그고 앉아 물리 공책을 꺼내 공부를 했다. 호텔에 거주하는 주방장은 부엌일을 마치면 개를 데리고 산책을 한 후 잠을 청했다.

전기전도도의 양자론에 깊이 빠져 있을 때 만찬파티의 한 손님이 비틀거리면서 접수처로 내려오는 바람에 방해를 받았다. 그가 화장실의 위치를 물었고, 나는 계단을 다시 올라가라고 하기보단 접수처에 인접한 직원 화장실을 이용하도록 했다. 잠시 뒤에 나타난 그는 손에 유리컵을 들고 "직원이 근무 중에 술을 마셨군. 보건 당국에 알리겠어!"라고 말했다. 잠시 생각해본 나는 마지막 화장실 순찰 때 그 유리컵을 보지 못했다고 설명했다. 그는 내가 외국 억양으로 스웨덴어를 구사하는 걸 알아채고 분명하지만 취한 어투로 "어, 외국인이지? 여기에 살러 온 빌어먹을 망명인들 중의 하나가 틀림없어!"라고 말했다. 그러더니 내 국적을 물었고 영국인이라는 걸 알고 나서는 전화를 사용하겠다고 했다. 아들이 휴가차 영국에 갔는데 통역을 하기 위해 호텔로 올 것이라고 했다. 서로 여태까지 스웨덴어로 대화했기 때문에 그가 도망가려는 것처럼 보였다. 그의 아들은 호텔에 오는 것을 거부했고 나는 술이 덜 깬 손님을 진정시키느라 힘든 시간을 보냈다.

다행히 주방장이 커다란 독일종 셰퍼드와 산책을 마치고 돌아왔다. 주방장은 이 성가신 손님을 전에도 보았기 때문에 손님에게 집으로 돌아갈 건지 호텔에서 잘 건지 물어보았다. 손님의 아내는 너무 늦은 시간에 남편을 데려가길 거절했고 손님도 택시 타기를 거절했다. 급기야 그는 호텔 방에서 잠을 잤다. 주방장이 어찌나 고맙던지! 아침에 손님의 아내가 와서 그를 데려갔다. 불행하게도 그가 묵기 위해 남아있던 유일한 빈 방은 우연히도 가장 비싼 방이었다. 그 뒤 호텔 매니저와의 회의 결과로 그 손님은 호텔 출입을 금지 당했는데, 호텔 직원을 불편하게 한 것이 이번이 처음이 아니어서였다.

물론 술 취한 광신적 애국주의의 희생자가 되는 것이 그렇게 심한 문화 충격은 아니라는 논쟁도 있다.

다음 페이지의 그림은 외국에 거주할 때와 본국에 돌아왔을 때와 그에 따르는 문화 충격의 순환과정을 설명한다.

2.6 고정 관념

어떤 나라도 자기 나라 문화가 더 못하다는 생각에 보편적으로 동의하는 경우는 없을 것이다. 문화적 가치를 꽤 소중히 여기는 사람도 있고 전혀 그렇지 못한 사람도 있다. '고정 관념'이란 주어진 문화로부터 개개인이 취하는 문화적 특징에 대한 속성을 말한다. 이 단어는 부정적인 시각을 가지지만 고정 관념이 반드시 나쁘지만은 않다는 것을 인식해야 한다. 사실, 그것은 우리가 의사소통을 하는 방식에 있어서 자연스런 결과이다.

문화와 고정관념에 대한 참고문헌이 이 책의 끝에 있는 도서목록에
있다.

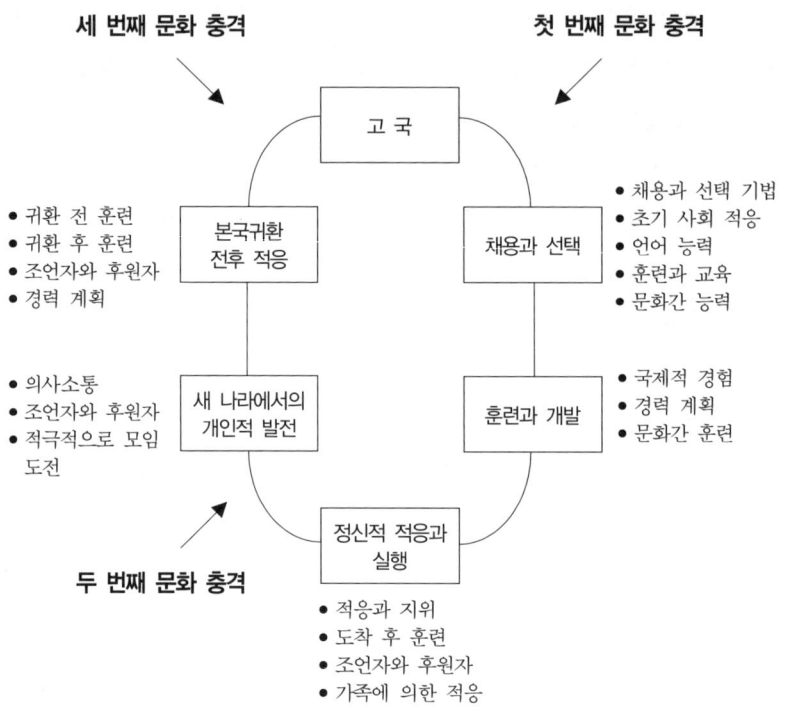

그림 3. 국외 거주와 본국 귀환 및 그에 따르는 문화 충격

고정 관념에 대해 다음을 유념하는 것이 중요하다.

● 고정 관념은 무의식적이라 피할 수 없다.

고정 관념은 새로운 상황에서 사고를 형성하는 방법이다.

- 고정 관념은 다른 그룹 회원과의 경험이나 이차적인 근원에서 나온다. 어떤 경우에는 정보가 너무 정확하지 않아 계속할 수 없기 때문에 발생한다.

- 고정 관념은 정형화되고 있는 그룹과 자주 접촉함으로써 현실에 다 가깝게 다가간다.

- 다른 그룹의 고정 관념자의 인식이 긍정적이거나 중립적이면 그 고정 관념은 다른 그룹도 "우리와 같다"라고 (잘못) 믿을 것이다.

- 고정 관념 자체가 저절로 의사소통을 막는 것이 아니다. 고정 관념이 부정확하거나 너무 완고할 때 문제가 생긴다. 고정 관념에서 나온 예상은 틀릴 것이고, 이것이 오해를 불러일으킨다.

- 이방인과 효과적으로 의사소통하길 원한다면 고정 관념을 일부러 피해서는 안 된다. 해야 할 일은 우리가 가진 고정 관념의 복잡성과 정확성을 증가시키는 것이다. 이방인에게 꾸준히 질문함으로써 이것을 해결할 수 있다.

언어는 문화를 반영하고 번역가는 원천 텍스트의 의미를 재생산하기 위해 문화적이고 고정 관념적인 방법들을 이해해야만 한다. 좋은 예가 바로 업무용 편지인데, 프랑스 사람이 쓴 편지는 매우 정중한 반면 독일 사람이 쓴 편지는 무뚝뚝하고 거의 무례해 보일 정도다. 이런 경우, 영어 번역가는 프랑스 사람이나 독일 사람이 편지를 읽을 때 느끼는 반응과 똑같은 방식으로 영어 독자가 반응하도록 그 편지를 각색해야 한다.

제 2 언어를 완전히 유창하게 하는 데에 대한 딜레마 중 하나는 어떤 문화적 제휴를 채택하는가 하는 것이다. 내 철학은 그 당시 환경에서 가장 유익한 것을 받아들이는 것이다.

3.

고객의 관점

"아름다운 입에서 나온 언쟁은 반박할 수 없다."
1672-1719, 조셉 에디슨

번역의 목적 중 하나는 의사소통과 이해를 용이하게 하고 원본에 가치를 더하는 것이다. 회사의 문서화는 종종 그것이 존재한다는 유일한 명백한 증거이기 때문에 어떤 번역도 원본처럼 동일한 고품질이어야 한다. 원본의 품질이 항상 고품질이 아닐 수도 있으며 번역물이 종종 원본보다 품질이 더 나을 수도 있는데, 번역이 훨씬 나은 경우가 더 많다.

외국인 고객으로부터 문서를 받을 때 자신의 반응을 생각해보자. 그 문서가 자신이 이해하는 언어로 되어 있다면 훨씬 더 유의해서 볼 것이다. 똑같은 일이 자신이 고객에게 보내는 문서에도 해당된다. 그 문서가 고객의 언어로 전문적으로 번역되었다면 훨씬 더 호의적으로 받아들였을 것이다.

3.1 누가 번역을 해야 하는가?

번역가를 선정하는 데 적용되는 주요 기준은 다음과 같다.

1. 모국어(가끔 상용 언어로 불림)로 번역하는 번역가만 이용한다. 이상적인 번역가는 번역가로서 정규 교육을 받고 통번역협회와 같은 공인된 전문가협회 회원 자격을 가져야 한다.
2. 자신의 제품이나 서비스를 경험한 번역가만 이용한다. 전자공학에 대한 번역만 한 번역가에게 부동산 관리에 대한 텍스트를 번역해달라고 요청하는 것은 부당하다.

이렇게 하지 않는 것은 비전문적이고 비윤리적이다.

통번역협회가 번역물을 구입하기 위한 지침서를 출간했는데, 크리스 더번(Chris Durban)이 쓰고 안토니오 아파라치오(Antonio Aparacio)가 디자인한 『번역 – 바로 하기』(*Translation – Getting it right*)라는 책이다. 편리한 이 얇은 책은 통번역협회나 통번역협회의 홈페이지(www/iti.org)에 들어와 pdf 파일로 이용가능하다.

3.2 서비스 공급자와 지식이 없는 구매자

'판매자'라는 용어는 오칭인데, 번역물이 재고품으로 팔릴 수 없기 때문이다. 많은 구매자들이 이것은 그런 경우라고 종종 믿지만 말이다. 앞 장에서 언급했듯 일부 가능성 있는 구매자들은 비참하게도 번역에 필요한 능력에 대한 지식이 없다. 여기에 효과적인 장을 볼 기회가 있다. 구매자는 원하는 것이 있고, 포함되는 것과 현실적인 비용이 얼마인지 충고하는 것은 번역가 몫이다. 다음은 잘못된 생각과 어떻게 충고해야 하는지,

굳이 말하자면, 구매자를 교육하는 방법을 나열하고 있다.

고객의 오해	현실
번역가는 혼자 일하고 고객의 후원은 필요 없다.	번역가와 고객 사이의 대화는 필수적이다. 비록 번역가가 고객의 문제 범위에 경험이 있다 해도 엉망으로 쓰였거나 애매한 텍스트레 관한 명백함이 필요하거나 용어에 관한 충고를 받아야 할 때가 있기 때문이다.
5,000 단어의 텍스트는 밤새 번역할 수 있고 비용은 최고 20 파운드 지불한다.	자격 있는 번역가는 아주 숙련된 전문가이고 비슷한 수준의 교육과 경험을 요구하는 다른 전문직과 같다.
고객은 이미 번역물을 시도했거나 그렇게 해달라고 직원 중 한 명에게 부탁할 수도 있다. 그런 뒤 고객은 "그냥 한 번 훑어보고 정리해주세요"라고 요청한다.	이런 유형의 부탁은 거절해야 하고, 고객에게 결과는 엉성한 타협이 될 것이고 아마 '정리'하기 위해 드는 비용이 새로 번역하는 것보다 더 들거나 비슷할 거라고 알려준다.
컴퓨터가 있으면 컴퓨터가 대신 번역할 수 있기 때문에 번역료는 더 낮아져야 한다.	컴퓨터 이용 번역기와 같은 번역 도구는 전문적인 결과를 생산하기 위해 컴퓨터와 상호작용할 숙련된 번역가의 능력이 필요하다. 고객은 "지식 근로자"로서 번역가의 능력과 최종 결과에 대가를 지불한다. 고객에게 자신이 제공하는 이익을 인식시켜야 한다. 고객이 워드나 데이터베이스와 같은 동일한 능률 도구를 사용하기 때문에 변호사 비용을 덜 요구하는가?
고객은 "대충 번역해 주세요. 너무 시간을 들일 필요가 없어요"라고 대담하게 말한다.	전문가로서 번역가는 "대충 번역"은 하지 않는다. 고객에게 정확한 번역물을 낼 것이지만 품질관리의 수준은 결과물이 일반 출간물이 아닌 정보 목적에 적당한 수준이라는 걸 설명할 필요가 있다. (7장의 품질 관리와 의무를 참조.)

표 2. 일반 고객의 오해와 현실

이런 진실이 자명하다는 것을 자신은 알고 있겠지만 가능성 있는 고객에게 번역은 숙련과 큰 노력을 요하는 전문직임을 이해시킬 필요가 있다.

몇몇 국제적인 회사는 본사나 다른 외국 지사에 직원 번역가를 두

기도 한다. 이것은 관련된 사람들이 적절한 훈련과 경험을 가지고 모국어로 번역한다면 이상적이다. 하지만 그런 자원을 보유하는 것이 비용면에서 효과적이지 않다면 외부 자원과 유익한 작업 관계를 맺는 것이 확실한 단계이다.

이용 가능한 외부 자원은 많지만 문제는 특별한 요구에 맞는 최고의 번역 서비스 공급자를 선택하는 방법이다. 이런 선택은 공급된 번역물의 질을 평가할 직원이 없다면 특히 어렵다. 서비스 공급자의 성실성을 믿을 수밖에 없는 노릇이다.

3.3 번역 서비스 공급자를 찾는 방법

예를 들어, 런던직업페이지에서 통번역가에 대한 부문을 찾아보면 문자그대로 '한 명으로 구성된' 회사부터 상당수의 정규직 직원을 둔 수백개의 회사를 발견하게 된다. 이러한 딜레마에 접하면 누구를 선택해야할지 어렵다. 정말 안전하게 찾고 싶으면 품질 관리 시스템이 ISO 9001의 공인을 받은 번역 서비스 공급자에게 물어보는 것이 좋다. 이런 표준(ISO 9001:2000 — 이전에는 9002:1994)과 '인재 투자자(Investors in People)'와 같은 공인을 받은 번역 서비스 공급자의 크기는 소수에 불과하다. 하지만 이런 기본 하에 조사 영역을 약간 확장할 수 있다.

광고를 할 때 "지원을 위한 ISO 9002"라는 대담한 문구를 삽입하는 대행사도 있다. 하지만 이것은 어떤 자격도 암시하지 않는다. 기관이 인증을 받았거나 아니거나 이기 때문이다. 유감스럽게도 가능성 있는 구매자가 이것을 인지하기 힘든 경우도 있다.

광고하는 서비스 범위와 빠른 전달 및 다양한 언어라는 점에서 대부분의 광고자는 거의 같은 수준이다. 차별화된 서비스를 제공하는 광고자는 거의 없으며 "모든 언어와 모든 문제 가능"이라는 광고는 흔히 실제 이용 가능한 자원에 대한 속임수이다. 3가지의 주요한 유형의 번역 서비스 공급자가 존재한다.

하나 이상의 언어를 하나의 목표 언어로 번역하는 개별 프리랜서 번역가나 개업 번역가. 이것은 하나의 언어로만 번역할 필요가 있을 때 최상의 선택이다. 혼자 하는 개업 번역가는 제한된 자원을 가지는 것이 당연하지만 이런 제한 하에 일할 수 있다면 요구조건은 충족된다. 아래의 표 3을 참조하자.

제공 서비스	번역 서비스 공급자 유형			
	프리랜서 번역가	소규모 번역대행사	비공인 중규모 번역대행사	공인된 번역회사
언어 범위	제한	제한	있음	있음
하드웨어와 소프트웨어 범위	제한	제한	있음	있음
상근직 번역 자원	있음	없음	없음	있음
외부 번역 자원	없음	있음	있음	있음
독립적인 점검	없음	없음	가능	있음
용어 편집	있음	없음	제한	있음
프로젝트 관리	제한	제한	있음	있음
참고 도서관	제한	제한	제한	있음
번역 도구	제한	없음	없음	있음
탁상출판 시설	제한	제한	가능	있음
소프트웨어 지역화와 검증	제한	없음	없음	있음
웹사이트 번역	제한	제한	제한	있음
다양한 언어로 프로젝트 관리하는 능력	없음	제한	있음	있음
ISO 9001:2000의 인증	극소수	극소수	없음	있음

표 3. 서비스 공급자 선택 모형

이름이 암시하듯 번역대행사는 대행사나 중개인 역할을 한다. 이런 대행사는 가끔 관리자 역할을 하는 두세 명 정도의 직원을 고용한다. 좋은 대행사도 있고 나쁜 대행사도 있다. 번역 서비스에 대한 경험이 없는 구매자라면 세부적인 질문 사항에 대답하는 질문 목록을 가지는 것이 유용하다. 다시 한 번 표 3을 참조하기 바란다.

번역회사는 이상적인 조건이라 여겨지는 환경 하에서 일하는 상근직 번역가와 품질 관리자를 고용한다. 직원 번역가는 동료와 함께 언어적 도전을 토론할 수 있기 때문에 이런 점에서 혼자 개업한 번역가보다 큰 이점을 가진다. 개업한 번역가는 고립되어 일한다. 이것이 바로 프리랜서로 일하는 딜레마 중 하나이다. 고립을 피하고 동료와 정보를 교환하는 번역가가 유리한 위치에 있다.

3.4 가격이 품질을 보증하는가?

질 좋은 번역은 시간과 비용이 든다. 번역 서비스에 대한 구매자는 모두 돈에 대한 대가를 원하지만 이것이 반드시 가장 싼 비용이 장기적으로 볼 때 가장 싸다는 것을 의미하진 않는다. 많은 번역 서비스 공급자가 '첫발'을 들여 놓기 위해 번역을 저렴한 가격을 내놓지만 그런 후 다음과 같은 부가적인 서비스에 대해 추가 비용을 요구한다.

- 과학기술 번역
- 독자적인 점검
- 편집상의 지면 배정
- 프로젝트 관리
- 용어 편집

그러므로 가격에 포함되는 것을 물어봐야 한다. 또 번역 서비스 공급자의 품질 정책이 무엇인지 물어보고 정책에 대한 사본도 하나 요청하는 것이 중요하다. 이것은 번역 서비스 공급자가 품질 관리를 진지하게 생각하는지 또는 말만 앞세우는 것인지 알려주는 좋은 잣대가 된다.

믿을 수 있는 방법은 동료나 관계자가 추천하는 번역 서비스 공급자를 이용하는 것이다. 또 주의할 점은 그 동료가 공급된 품질을 평가할 능력을 갖췄는지 알아보는 것이다. 번역은 문서화 가치 사슬이라는 유일한 요소이다. 그렇기 때문에 원본이 계획된 독자에게 적합하다는 것은 중요하다. 번역 서비스 공급자가 "말도 안 되는 소리"를 맡으면 번역시 큰 고충을 겪는다.

다음은 번역 서비스 공급자를 찾을 때의 많은 선택을 나타낸다. 어떤 경우에는 "없음"으로 표시되었다 해도 그런 서비스나 속성은 개별적인 번역가에게는 적절하지 않을 수 있다. ISO 9001:2000은 적절한 경우이다.

3.4.1 번역가에게 주어진 번역 처리 과정

번역 과정이 고객에게 투명해야 하겠지만 일단 고객이 번역가에게 번역물을 넘기면 무슨 일이 생기는지 아는 것도 중요하다. 다음 페이지에 나오는 순서도가 번역물이 고객의 손을 떠난 시점부터 번역되어 고객에게 전달될 때까지 처리되는 방법을 설명하기 때문에 이런 맥락에서 일반적인 용어 번역가를 사용했다. 순서도의 이 과정은 한 번역회사의 ISO 9001 문서 자료에서 가져온 것이다.

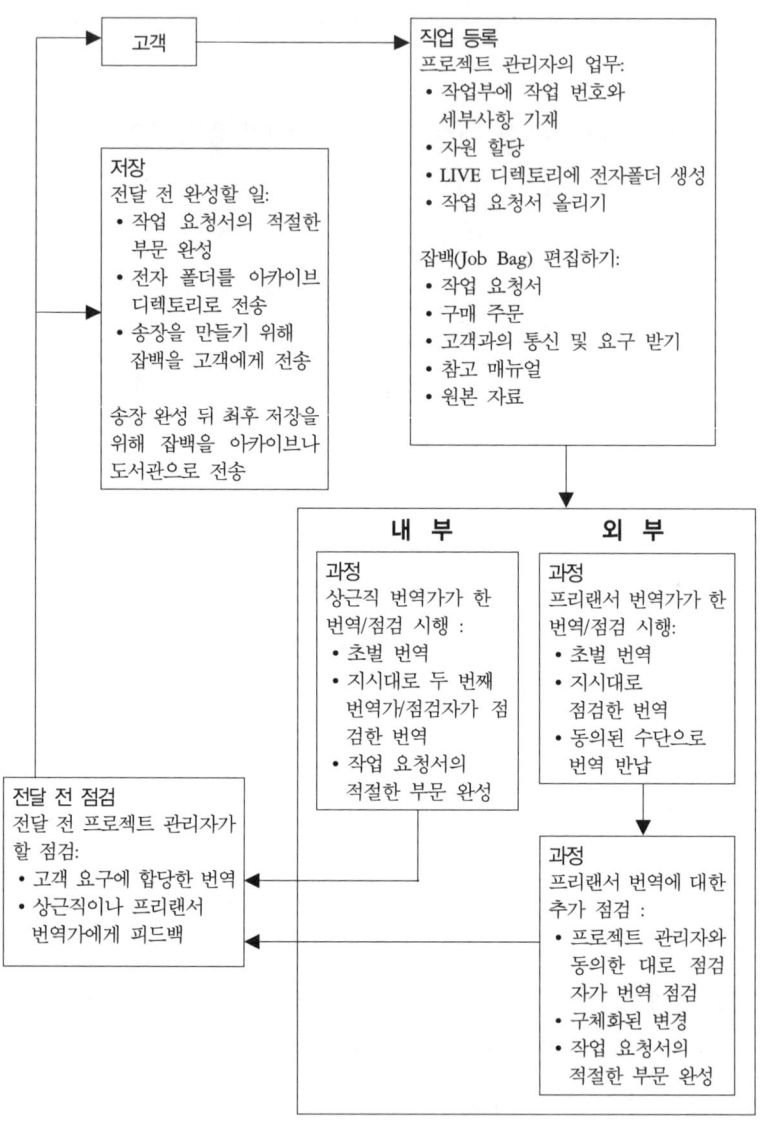

<table>
</table>

고객

직업 등록
프로젝트 관리자의 업무:
- 작업부에 작업 번호와 세부사항 기재
- 자원 할당
- LIVE 디렉토리에 전자폴더 생성
- 작업 요청서 올리기

잡백(Job Bag) 편집하기:
- 작업 요청서
- 구매 주문
- 고객과의 통신 및 요구 받기
- 참고 매뉴얼
- 원본 자료

저장
전달 전 완성할 일:
- 작업 요청서의 적절한 부문 완성
- 전자 폴더를 아카이브 디렉토리로 전송
- 송장을 만들기 위해 잡백을 고객에게 전송

송장 완성 뒤 최후 저장을 위해 잡백을 아카이브나 도서관으로 전송

내 부   **외 부**

과정
상근직 번역가가 한 번역/점검 시행 :
- 초벌 번역
- 지시대로 두 번째 번역가/점검가가 점검한 번역
- 작업 요청서의 적절한 부문 완성

과정
프리랜서 번역가가 한 번역/점검 시행:
- 초벌 번역
- 지시대로 점검한 번역
- 동의된 수단으로 번역 반납

전달 전 점검
전달 전 프로젝트 관리자가 할 점검:
- 고객 요구에 합당한 번역
- 상근직이나 프리랜서 번역가에게 피드백

과정
프리랜서 번역에 대한 추가 점검 :
- 프로젝트 관리자와 동의한 대로 점검자가 번역 점검
- 구체화된 변경
- 작업 요청서의 적절한 부문 완성

그림 4. 번역 처리 과정

3.5 번역 서비스 공급자와의 의사소통

번역물을 사용하는 이유 중 하나는 용이한 의사소통 때문이다. 그러므로 번역 과정 동안 항상 번역 서비스 공급자와 분명하고 명백한 의사소통이 있어야 하는 것이 중요하다. 의사소통이 분명하지 않으면 어떤 단계에서든 품질에 문제가 생긴다. 다음 그림(참고 5)이 이것을 설명한다.

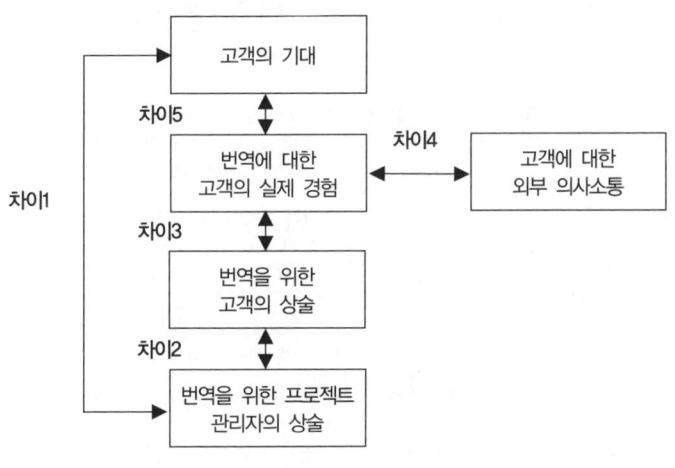

그림 5. 품질 차이

오역을 낳는 문장의 좋은 예는 "I'll blow up the fax and send it in bits!"이다. 명백히, 이것은 문맥을 벗어난 문장이기 때문에 좀 더 분명히 "I'll enlarge the original fax pages and send each as two enlarged halves"로 표현할 수 있다. 팩스 기계를 파괴하고 그 조각들을 보내겠다는 의도의 문장이 아니기 때문이다. '의사소통'의 정의가 무엇인지 질문 받은 적이 있다. 많은 정의가 있을 수 있지만 번역에서 나는 다음과 같은 정의가 적절하다고 믿는다.

의사소통의 본질은 표현을 분명히 하고 메시지를 정확히 이해하는 것이다.
올바른 언어로 의사소통하면 이해가 가능하다.

아래의 표는 품질 차이와 그 중요성을 말한다.

품질 차이	품질 차이 발생 이유
차이 1 – 고객이 기대하는 것과 고객이 원하는 것을 이해하는 프로젝트 관리자 사이의 차이	차이는 고객이 번역 과정에서 중요하다고 여긴 것을 프로젝트 관리자가 이해하지 못해 생긴다. 고객은 상세한 언급도 하지 않으면서 완벽한 형식과 독립적으로 점검과 편집이 된 번역물을 기대한다. 반면 프로젝트 관리자는 번역물을 정보 목적으로만 사용하기 때문에 특별한 레이아웃이 필요 없다고 믿는다.
차이 2 – 고객이 원하는 것에 대한 프로젝트 관리자의 인식과 번역을 위한 실제 명세서 사이의 차이	차이는 프로젝트 관리자가 무엇이 요구되는지 분명히 보여주는 상세한 명세서를 작성하지 않을 때 생긴다. 이것은 번역을 맡은 번역가가 정확히 의도된 것을 파악하지 못하게 할 수 있다. 차이는 고객이 충분히 언급하지 않은 이유 때문이 아닌 번역시 생긴 요구사항의 결과일 수 있다. 예를 들면, 고객은 특정한 소프트웨어 형식으로 된 번역물을 기대하지만 번역가는 이에 대한 정보를 받은 적이 없다.
차이 3 – 고객 명세서와 전달된 것에 대한 고객 관점 사이의 차이	차이는 전달된 번역물이 고객이 상술한 것과 일치하지 않을 때 생긴다. 기대보다 긴 번역물이 그런 예이다. 중요하지만 예상 못한 막연한 요인이 많이 있을 거라는 것이 바로 고객의 관점이다.
차이4 – 고객의 경험과 고객에 대한 외부 의사소통 사이의 차이	이것은 번역 공급자가 광고나 판촉 자료에서 약속한 것을 전달할 수 없을 때 생긴다. 즉, 번역 공급자는 약속한 것을 확실히 전달해야 한다.
차이 5 – 고객의 기대와 고객의 경험 사이의 차이	고객의 기대는 자신의 경험과 다른 사람의 추천 및 번역 서비스 공급자가 주장한 것에 영향을 받는다. 번역 서비스 공급자는 고객의 경험이 번역 서비스 공급자가 제공한 인식 때문이 아니라 제공된 것에 대한 자신의 인식 때문이라는 것을 명심해야 한다.

표 4. 번역에서 야기되는 품질 차이

4.

번역사업 경영

"채권자의 기억력은 채무자보다 더 좋다."
1706-1790, 벤자민 플랭클린

4.1 사업 시작

방송통신대학교의 방송통신 경영대학에서 다음과 같은 말을 인용하고 싶다. "사업을 경영한다는 것은 자신은 물론 타인에게까지 위험한 활동입니다. 해마다 거래를 중단하는 17만 개의 사업체 중 아무 곳에나 물어보십시오. 사실 사업체 3곳 중 하나는 사업 시작 후 3년 만에 문을 닫고 두 개는 10년 안에 문을 닫는다고 합니다. 운전을 하고 비행기를 몰려면 면허증이 필요하지만 그럼에도 불구하고, 사업을 시작하는 데는 무모함과 첫 고객만이 필요합니다."

사업에 뛰어들기 전에 사업 경영에 대한 암시와 책임을 이해해야 한다. 사업 세계는 매우 거칠고, 동정은 찾아보기 힘들다. 사업을 하는 데 필요한 조항과 조건을 모두 명시했는지 확인해야 한다. 하지만 조항과 조건에 대해 일방적으로 선언하는 것은 충분하지 않다. 그것들이 효력을 갖으려면 고객의 서면 승인이 있어야 한다.

꽤 자주 고객은 자신의 조항을 강요하려고 시도한다. 중요한 고려사항은 상호 동의한 조항을 가지고 일하는 것이다. 지불이 늦어지면 그때 최소한 일에 대한 근거로 이것을 가지면 된다.

가장 간단한 사업 유형은 '개인회사(Sole Proprietor)'로 운영하는 것이다. 개인회사는 최소한의 관리와 가장 적은 법률상의 정식 절차를 필요로 한다. 이것에 대해 이미 참고 가능하고 여기서 제공하는 것보다 훨씬 더 많은 정보를 유익하게 담은 책들이 많이 있다. 지방의 기술전문대학들은 사업을 시작하는 사람들을 위한 단기 강좌를 종종 연다. 교육과정은 보통 저녁시간에 행해지는데 소규모 사업에 대한 과세, 기본적인 장부 정리와 회계, 마케팅과 같은 주제를 다룬다.

4.2 번역은 재정적으로 보상 받는 직업인가?

이 질문에 대한 대답은 자신의 목표와 자신이 생각하는 다른 직업이 제공하는 보상에 따라 달라진다.

번역이란 직업은 대개 보통 혼자서 일하기 때문에 매일 동료 개업 번역가와의 접촉이 거의 없는 프리랜서로 구성된다. 많은 수의 프리랜서가 번역회사에서 일을 한다.

이것은 재정적인 보상이란 점에서 가장 큰 한계들 중 하나이다. 예를 들어 법무관의 경우처럼, 추천이 될 만한 일관성 있는 요금 체계가 없기 때문이다. 더군다나 이제 막 자격을 갖춘 번역가와 수년간의 경험과 개인적 발전을 거듭해 온 노련한 번역가 사이의 번역료 차이가 거의 없는 실정이다.

대학교를 마치고 번역 전공으로 석사 학위나 자격증을 취득하여 자격을 갖출 때쯤이면 학생으로서 최소한 4년을 소비하게 된다. 장학금을 받지 못하거나 부모가 재정적으로 후원해주지 않으면 대략 7천 파운드의 빚을 지게 된다. 게다가 학생으로 책도 사고, 교육과정에 필요한 자료와 음식 및 숙박과 그 외에도 돈을 써야 한다. 대학교의 자격을 갖춘 번역가가 되려면 현실적으로 2만 파운드 정도의 비용이 든다.

"2001년 법무관의 시간당 요금률 지침"에 따르면 영국의 다양한 법률 전문가에 대한 수수료(영국 파운드: GBP)는 아래와 같다.

	런던	런던 최남 지역 (레스터)
8년 이상의 경험을 지닌 법무관	328	130
4년 이상 8년 이하의 경험을 지닌 법무관	235	125
그 외의 법무관, 공인법무사, 그 외의 수수료 소득자	180	100
견습 법무관, 변호사 보조원, 그 외의 수수료 소득자	110	78

번역가는 소비된 시간과 관계없이 대개 1,000 단어당 얼마를 지불받는다. 번역회사가 프리랜서 번역가에게 1,000 단어당 평균 65 파운드를 지불한다고 가정해보자. 심지어 경험 많은 번역가가 해내는 (조사, 수정, 교정, 편집을 포함한) 작업 속도는 시간당 대략 320 단어이다. 이것은 시간당 약 21 파운드에 해당한다.

나는 경험상 하루 평균 6시간 정도 생산적으로 번역한다. 물론 훨씬 더 많이 일하는 날도 있지만 말이다. (반대로, 덜 일하는 날도 있다.) 시간당 1,100 단어의 속도로 초벌번역을 해본 적도 있다. 하지만 이런 경우는 극히 드물다. 연간 휴일과 공휴일 및 개인 발전에 지속적으로 소비하는 시간을 참작하여 자신이 1년에 46주 동안 일한다고 가정해보자.

이것을 매년 기준으로 일한다면 총액은 32,000 파운드의 지역에 있기 쉽다. 이것은 꽤 합리적으로 들리지만 사업을 운영하는 비용도 고려해야 한다.

다음은 단순한 손익 진술서이다. 유한회사로 등록한 뒤 재택근무를 한다고 가정했을 때 자신이 버는 수입과 지출 양상이 어떤지 보여준다.

번역료		32000
봉급, PAYE, NI	24000	
총수익		8000
고정비용		
광고와 판촉	1000	
직업수수료(회계, PAYE 등)	1000	
출장	500	
우편요금과 문방구	100	
통신	1200	
신문과 책	400	
컴퓨터 하드웨어와 소프트웨어	500	
회계와 급료비	1000	
상담과 직업수수료	500	
교육	300	
수리와 갱신	200	
은행 수수료와 이자	250	
구독	300	
보험	450	
계	7200	
세금공제 전 수익		300

이것은 세금을 공제한 월 '봉급'이 개인 환경에 따라 다르겠지만

1,300 파운드 정도라는 것이다. 세금 공제 전 수익은 감가상각과 비과세와 같은 항목을 고려하기 때문에 다소 오해를 불러일으킨다. 은행 수수료와 이자는 자신이 외국에 있는 번역회사를 위해 일한다면 받은 외국돈을 처리하기 위해 은행 수수료를 내기 때문에 포함된다.

2001년 통번역협회가 실시한 가장 최근 조사에서 응답자의 40퍼센트가 연간 15,000 파운드 이하를 번다고 밝혔다. 또 "번역회사에서 받는 시간당 평균 24.61 파운드는 가장 숙련된 장인이 받는 것보다 적은 액수로, 상당수의 응답자는 비서직과 동일한 요율을 받는다"고 말했다.

고려할 점은 자신이 받는 번역료가 공부한 기간과 진 빚을 보상할 정도로 적당한가 하는 것이다. 다음과 같은 선택이 있다.

1. 다른 직업을 고려한다.
2. 제공받은 상대적으로 낮은 번역료를 받아들인다.
3. 자신이 받은 교육과 자격 및 경험에 적당한 번역료를 받기 위해 타협한다.

번역가가 낮은 번역료를 받고 일하기를 거절하는 때라야 비로소 변화가 생긴다. 최근에 번역회사가 회사의 프리랜서 번역가에게 다음과 같은 이메일을 보냈다.

친애하는 번역가님께,,

이것은 XXXX(또는 YYYY로 알려진) 회사에서 보내는 편지입니다. 알다시피 귀하는 프리랜서 번역가로 회사 데이터베이스에 등록되어 있습니다.

유럽에서 가장 큰 언어 관리 회사 중 하나인 XXXX는 115개 언어를 번역하며 영국 증시 FTSE 100 지수의 상한선에 있습니다. 이것은 신속한 번역과 품질 때문입니다. 우리는 사업을 계속 확장하고 있으며 세계의 대기업들 중 일부와 새로운 계약을 확보하고 있습니다.

하지만 번역시장이 날로 치열해지는 바람에 15퍼센트 지역에서는 번역 의뢰가 줄어들어 가격에 실제적인 압박을 받고 있습니다. 고객은 일을 맡기기 전에 번역료 문제로 매우 심하게 협상하려 하며 이런 상황은 XXXX 뿐만 아니라 번역업계의 전반적인 상황입니다. 지속적인 경쟁력을 갖추기 위해 귀하의 번역료 또한 내릴 수 있기를 바랍니다.

우리는 최대한 번역가님들을 존중하며 XXXX에 대한 이루 말 할 수 없는 공헌도 잘 알고 있습니다. 우리는 XXXX와 공급자 사이에 이미 존재하는 좋은 작업 관계를 수행하고 싶습니다. 귀하의 번역료도 낮추는 것을 허락한다면 그렇게 하고 싶습니다.

2001년 ZZZZ월 1일부터 즉시 시행될 것이며, 번역가 여러분이 번역료를 상당히 많이 낮추어 주시길 기대합니다. 알다시피, XXXX는 아주 전문적이고 공급자에게 번역료를 제때 지불하는 회사로 인정받고 있습니다. 앞으로도 계속 XXXX와 손잡고 미래의 관계도 계속 이어지길 고대합니다.

XXXX에 대한 관심에 감사드립니다.

이와 같은 제안을 받아들이면 번역가는 품질은 높지만 보수는 적은 일을 계속 계속해야 한다. 번역가가 되기 위해 공부하는 사람이라도 잠재적인 보상이 매력적이지 않으면 언제든지 다른 직업을 생각할 수 있다.

번역회사와 프리랜서 번역가는 상호의존 관계이다. 번역회사도 고객을 교육하고 질 좋은 번역물을 내기 위해 요구되는 기능과 도구 및 경험에 대해 이해할 의무가 있다. 마찬가지로 통번역협회와 같은 전문기관도 번역가의 신분을 높이고 앞에서 법무관의 예에서 인용한 것처럼 합리적인 번역료가 지불되도록 하는 지침서를 출간하는 역할을 해야 한다.

몇 년 전에, 특히 비번역가들 사이에 기술의 진보가 번역가라는 직업을 빨리 필요 없는 것으로 만들 거라는 관점이 있었다. 이것은 아래에처럼 성취될 것이다.

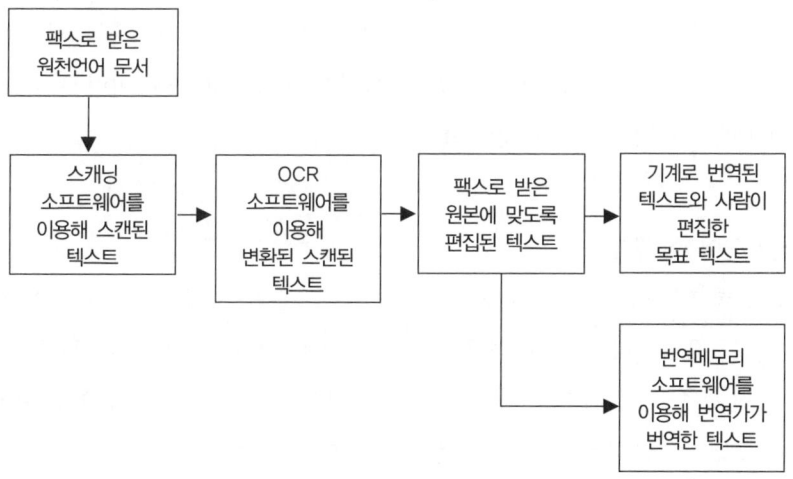

그림 6. 번역가 없이 번역이 행해지는 이상적인 관점

적절한 가격의 스캐너를 통해 주로 편집될 (특히 레이아웃이 복잡할 때) 텍스트 결과를 여전히 스캔한다는 것이 기쁘다. 하지만 위의 처리 과정이 완전히 실용적이고 비용 면에서 효율적인 선택이 되기에는 아직 어느 정도 거리감이 있다.

4.3 새로운 사업에 제공되는 후원

수많은 기업이 새로운 사업을 후원한다. 그러한 후원에 대한 정보 출처를 아는 것은 조언 및 보조금과 보조금 계획을 통한 재정 지원이라는 관점에서 사업을 시작하는 부담을 줄일 수 있다.

무역산업부가 중소기업지원과 중소기업자문서비스를 통해 후원과 조언을 제공한다. 이것은 보통 지역의 산학연계나 컨설턴트회사를 통해 운영된다.

자신이 이용하는 은행도 소규모 사업에 대한 자문서비스를 제공한다. 이용 가능한 공공 및 민영 계획 범위가 변하기 때문에 이런 서비스에 대한 자문을 구하는 것이 좋다.

4.4 단어 수 세기

(최소한 영국에서) 번역료를 책정하는 가장 흔한 방법은 1,000 단어당 매기는 요금이다. 이것도 목표 단어보다 보통 원천 단어로 매긴다. 고객이 단어 수를 말해주고 자신은 계산이 정확한지 따지는 것이 이상적이다. 그럴 경우 번역료에 대해 서로 의논할 필요가 없다.

점차 자신이 시간당 얼마나 많은 단어를 완성할 수 있는지 알게 된다. 그래서 예를 들어 초벌 형태로 시간당 600 단어를 생산한다면 타이핑하는 데 4시간 걸리는 일은 대략 2,400 단어의 길이가 된다. 이것은 숫자와 레이아웃에 소비한 시간은 뺀 것이다.

번역에서 숫자 자료에 대한 골치 아픈 문제가 항상 등장하는데, 특히 금융보고서의 경우 그러하다. 일련의 숫자를 재입력해야 한다면 보통의 원칙은 3 블럭의 숫자(예를 들어 £7,600 £5,623 £1,893)를 번역료 책정을 위한 한 단어로 계산한다. 숫자는 단어보다 타이핑하고 점검하기 더 어렵다. 고객이 숫자의 재입력은 필요 없고 관련된 제목과 표제만 필요하다고 할지도 모른다. 이런 것도 번역료를 책정할 때 물어봐야 한다.

원천 단어와 목표 단어의 수가 항상 같지는 않다. 어떤 경우에는 문체와 관련된 언어에 따라 최대 30퍼센트까지 차이가 난다. 번역된 단어를 세기 위해 컴퓨터를 사용할 수 있다. 이런 단어 세기는 보통 철자 점검 뒤에 이루어진다. 불행히도 모든 단어 처리 묶음에 응용할 수 있는 비율은 거의 없거나 아예 없다. 해줄 수 있는 유일한 충고는 번역료를 어떻게 책정할지 미리 고객과 합의하라는 것이다.

어떤 번역가는 목표언어의 단어에 따라 요금을 책정하길 선호한다. 단어의 수를 세는 컴퓨터 프로그램이 있기 때문에 이것은 좋은 논의가 된다. 원천언어의 단어를 기초로 번역료를 책정하기는 힘들다. 전환율을 적용하는 것이 가능하지만 결과적으로 생산된 목표 언어의 총 단어 수는 번역가가 말을 얼마나 늘리는가에 따라 달라지기 때문이다.

번역료 책정에 대한 다른 방법도 있다. 행이나 페이지 단위로 하는 것이다. 하지만 "표준이 되는 행은 어떤 행인가?" 또는 "표준이 되는 페이지는 어떤 페이지인가?"를 결정하는 것은 어렵다. 단순히 번역료 계산을 하기 위해 많은 양의 단어 수를 세야 한다면 어떤 일은 짜증스러울 수 있기 때문에 견적을 낼 필요가 있다. 텍스트의 페이지들이 합리적으로 동질이라면 사용하는 페이지당 평균 단어 수를 계산해서, 예를 들어 텍스트에서 전형적인 페이지 5개를 뽑아 페이지당 평균 단어 수를 계산한 다음 이것을 총 페이지 수에 곱함으로써 합리적으로 정확한 견적을 제공하는 것이 가능하다.

점차 자신이 일하고 있는 두 언어의 전환율에 대한 감도 가지게 된다. 번역을 완성한 뒤 추정된 단어 수를 확인하기 위해 컴퓨터의 단어 세기 기능을 사용할 수 있다.

4.5 견적

현물을 보지 않고 견적을 매기는 것은 어리석다. 고객에게 많은 수의 견본 페이지를 팩스로 보내달라고 요청해서 완전한 문서에 대한 더 정확한 견적을 내야 한다. A4 페이지당 평균 단어 수는 대략 300개지만 페이지가 조판된다면 단어 수는 겨우 몇 개에서 1,000 단어까지 다양해진다. 읽기 쉬운 텍스트도 번역 속도에 영향을 미친다. 내가 받은 번역 의뢰 중 극단적인 텍스트의 예는 정반대였다. 텍스트 내용을 알아보기 힘들어 두 번이나 텍스트를 팩스로 받아야 했다.

작업 비용을 표로 작성하는 것이 유용하다. 이것이 관료적으로 들릴 수도 있지만 표는 구조화된 접근 방법을 제공하기 때문에 책정해야 하는 모든 항목에 대한 유용한 비망록이 된다. 아래의 표에 있는 비율과 숫자는 지침을 위한 단순한 보기이다. 적절한 곳에 부가가치세가 붙는다는 것을 고객이 인식한다는 사실을 확인해야 한다. 견적은 주어진 날짜까지(예를 들어 한 달이나 두 달 전) 유효하다는 것도 명시해야 한다.

잡비는 번역가의 정상적인 번역료에 포함되는 것 외의 항목에 사용되는 모든 비용이다. 추가적인 잡비를 올리는 것보다 임시비용으로 비율을 약간 더 올리는 것이 좋다.

완전한 자료를 보기 전에 고정된 가격이나 번역마감일을 약속해서는 안 된다. 불행히 잘 못 계산할 때도 있기 때문이다. 다음 페이지에 실린 예는 고객의 의뢰를 받고 받은 A4 용지로 된 텍스트 한 장이다. 텍스트 중 읽을 수 있는 단어는 300 단어 정도였고, 합의하에 그날 바로 번역해서 넘겨주었다.

4.6 재택근무

이것은 번역 일을 시작할 경우 실용적이고 분명한 선택이다. 법률상의 암시를 고려해야 한다. 임대 동의서는 자신의 집이 상업용 목적으로 사용될 수 없다는 조항이나 계약을 포함할 수 있다. 담당 법무관이나 회계사의 자문을 구하는 것이 좋다.

방 하나는 번역만을 위해 사용하는 것이 좋다. 결국 사무실에서 퇴근해야 한다. 방 하나를 사업 경영 목적으로만 사용한다면 난방비와 조명비를 사업비용으로 할당할 수 있다. 집의 일부를 사용하기 위해 사업상 '임대료'를 청구하고 싶은 유혹을 받는다. 다시 한 번 담당 회계사에게 물어보는 것이 좋다. 조심하지 않으면 집의 일부를 사무실용으로 사용한 몫으로 자본 이득세를 물어야 한다. 사무실용으로 사용된 방에 대한 영업률도 발생한다.

4.7 개인 전화선 또는 사무실 전화선?

전화선이 한 개라면 개인 전화와 사무실 전화로 배분하는 것은 현재 대부분 지역이 전화 요금을 항목별로 계산한다 해도 부수적인 잡일이다.

Om sanningen skall fram...

Flygrevyn stoppade avslöjande artikel!

Flygrevyns sk "läsvärdesundersökning" får svidande kritik av en av landets ledande marknadsundersökningsinstitut, IMU-Testologen.
– Undersökningen innehöll ledande frågor. Och svaren tolkades på fel sätt, säger flygjournalisten Stig Dahlström, som beställde IMU-Testologens utvärdering. Men KSAK:s medlemmar skall inget få veta. Flygrevyns chefredaktör Bo Sehlberg har nämligen censurerat Dahlströms kritiska granskande artikel!

Stig Dahlström i Ludvika är yrkesverksam journalist sedan 15 år tillbaka och en av de få försöksredaktörer inom KSAK som professionellt kan bedöma medlemstidningens innehåll. Han har länge varit kritisk till den inriktning som Flygrevyn har. När den senaste sk "läsvärdesundersökningen" publicerades i Flygrevyn fick han nog. Han lät med egna medel bekosta en utvärdering av Flygrevyns undersökning. Det blev IMU-Testologen i Stockholm, ett mycket ansett institut, som fick uppdraget. IMU-Testologens undersökning har Dahlström kompletterat med egna statistiska beräkningar av innehållet i KSAK:s medlemstidning. Han skräder inte orden när han sammanfattar läget kring Flygrevyn.
– KSAK:s nuvarande publicistiska linje är en katastrof för både allmän- och segelflyget och landets aktiva piloter! Särskilt kritisk är Dahlström mot att Flygrevyns chefredaktör Bo Sehlberg nu använder sin "läsvärdesundersökning" för att bekräfta att Flygrevyn är precis som KSAK-medlemmarna vill ha den.
– Sanningen kan i själva verket vara den rakt motsatta!
Men Stig Dahlströms synpunkter och fakta i målet, de vill inte Bo Sehlberg se i tryck. I Dahlströms artikel leddes närmast i bevis att Flygrevyn strömlinjeformats för att passa lösnummerköparna – i stället för medlemmarnas och de aktiva piloternas huvudsakliga läsintressen. Bo Sehlberg vägrade helt enkelt att ta in artikeln från en – KSAK:s medlemmar, i detta fall dessutom en styrelseledamot i motorflygarnas styrelse. Sannolikt var det ett alltför brännbart stoff som Stig Dahlström kom med i en tid då frågan om Flygrevyns vara eller inte vara är mer aktuell än någonsin.

– Flygrevyns ledning väljer att lägga locket på när det kommer fram obekväma fakta, sammanfattar Dahlström. Men han är inte förvånad. Förfarandet är helt i enlighet med KSAK-organets nuvarande publicistiska linje och bristande känsla för både fair play och pressetik, anser Dahlström.

Allmänflyget misshandlat

Dahlström har undersökt innehållet i 1991 års utgåva av Flygrevyn. Han har klassificerat innehållet sida för sida och sedan statistiskt bearbetat materialet. Slutsats: Allmänflyget och segelflyget får oproportionerligt lite plats i förhållande till KSAK-medlemmarnas redan tidigare väl dokumenterade läsintresse. Men in 50 procent av Flygrevyns redaktionella innehåll berör renodlat militärt och kommersiellt flyg, konstaterar Dahlström. Detta skall jämföras med att KSAK-medlemmarnas absolut största läsintressen, enligt Flygrevyns egen undersökning, är allmänflyg (56 procent) och segelflyg (47 procent). Militärflyg intresserar bara 39 procent av medlemmarna och det kommersiella flyget endast 30 procent. Dahlström säger till Mach att det inte är helt lätt att klassificera artiklarna under rätt rubriker i några fall kan det vara tveksamt om en artikel exempelvis berör "allmänflyg" eller historiskt flyg.
– Men alldeles oavsett detta problem är huvuddragen i min undersökning helt klara. Det militära och kommersiella flyget går inte att sammanblanda med annat flyg. Stig Dahlström redogör för sin analys av Flygrevyns innehåll:
– Enligt mina beräkningar upptas cirka 35 procent av det redaktionella utrymmet av artiklar och bilder om militärt flyg. Det kommersiella flyget skildras på var fjärde sida. Detta skall jämföras med att allmänflyget bara har 15 procent av utrymmet och segelflyg endast var (5) procent. Resterande 20 procent av utrymmet, dvs en lika stor del som det traditionella KSAK-flyget, ägnas åt historiskt flyg, ballonger, ultralätt, rymdflyg etc.
Dahlström konstaterar i den censurerade artikeln, att Bo Sehlberg under sin tid som chefredaktör lyckats med konststycket att vända "upp och ned" på KSAK-tidningen.

그림 6. 번역 의뢰로 제출된 거의 알아볼 수 없는 텍스트의 예

가능하면 사무실 전화는 따로 설치하는 게 좋다. 전화 요금을 개인용 전화와 사무용 전화로 배분할 때 생기는 문제를 미연에 방지하기 때문이다. 또한 일이 끝났거나 주말에 걸려오는 사무용 전화를 무시할 수 있기 때문이다. 물론 자동응답기를 이용할 수 있다. 하지만 사무용 전화는 일하는 시간에만 이용하도록 자동응답기를 설정하면 여가 시간을 즐길 수 있다. 일이 있다면 하루 종일 일하고 싶은 유혹이 생긴다. 하지만 그렇게 하면 번역의 질이 떨어진다.

사무용으로 전화선을 등록하면 초기 비용과 임대료가 개인용으로 등록한 것보다 약간 더 많이 나온다. 장점은 문제시 빨리 고쳐주고 전화번호부에 무료로 등록된다는 점이다. 분명히 등록된 전화는 하나지만 다른 광고 매체보다 더 많이 문의를 받는 인명부에 등록이 된다.

4.8 휴가

휴일은 단순히 놀기 위해서가 아닌 절대적으로 필요한 것이다. 일에 너무 몰두하다보면 휴식도 취하지 못한 채 위험할 정도로 피곤해진다. 에너지를 재충전해야 하기 때문에 일에서 떨어져 휴식을 취해야 한다. 사무실에 너무 오래 머물다보면 사무실이 싫어진다. 재택근무를 한다면 사무실에서 절대로 떨어질 수 없다. 휴가를 갈 때는 미리 고객에게 알리는 것이 좋다. 고객은 휴식이 필요하다는 사실을 존중하고, 고객과 관계가 좋다면 휴가를 다녀온 뒤에도 연락을 취할 것이다.

4.9 안전망

수입 보호

자신이 자영업자라면 가입하고 싶은 보험의 종류를 결정해야 한다. 무능력해져 일을 할 수 없으면 어떻게 되는지 생각해봐야 한다. 국민연금으로만 모든 지출을 감당하기 힘들다. 그러므로 아플 경우 재정상으로 안전하기 위해 수입 보호 계획을 짜야 한다.

개인 건강 보험

이런 유형의 보험 가입에 대한 장점은 개인적인 선택 문제이다. 보험 혜택은 자명하다. 언제 혜택을 볼 것인지 결정하는 것도 사업 계획을 용이하게 한다.

4.10 판매원 다루기

판매원은 소모품과 서비스 및 일용품을 필요한 사람에게 파는 사람이다. 판매원이 원하지 않는 것을 자신에게 팔려고 하면 정중하면서도 확실하게 "싫다"고 말해야 한다. "싫다"고 말한 이유까지 밝힐 필요는 없다. 아무리 설득해도 흔들리면 안 된다. 가장 고집 피우는 판매원은 문방구와 광고란을 파는 사람이다.

　문방구가 필요해서 가게를 돌아다니다 보면 합리적으로 할인해주는 가게를 만나게 된다. 대부분의 주요 공급자는 모두 비슷해 보이는 종합 카탈로그를 제공한다. 종이, 팩스 롤, 컴퓨터 디스크, 봉투와 같은 자주 사용하는 항목은 할인을 많이 해준다. 주문을 하면 신속히 배달해준다. (오후 4시 이전에 팩스로 주문하면 다음날 배달해준다.) 공급자가 정해진 양 미만을 배달하면 배달비를 받는지 알아봐야 한다. 물론 대량구매가 더 싸며 흥정을 잘 하려면 동료와 함께 구매하는 것도 바람직하다.

4.11 광고

4.11.1 전화번호부와 다른 출간 인명부

자신이 번역 일을 하고 있다는 광고를 하는 것이 좋다. 아무리 우수한 번역가라도 고객이 모르면 일거리가 생기지 않는다.

사무용 전화를 등록하면 자동적으로 전화번호부에 등록이 된다. 가능한 한 빨리 눈에 띄는 훌륭한 인명부에 등록하면 좋다.

다양한 번역가협회에 회원으로 가입하면 그런 협회가 출간하는 인명부에 등록이 된다.

광고란을 파는 사람은 방심한 사람들에게 믿을 수 없을 정도로 그럴듯한 방법으로 다가간다. "귀하는 특별히 선정되었습니다"라든가 "이런 기사를 쓰지만 한정된 번역회사만을 상대합니다"라는 말을 조심해야 한다. 자기주장이 있어야 한다. 원하지 않는 한 그런 유혹적인 말에 넘어가면 안 된다. 가능한 빨리 대화 도중에 끼어들어 정중하게 "이미 정해진 예산으로 광고를 했습니다. 지금은 안 됩니다"라고 말해야 한다. 반론은 내년이 되어야 청구서가 날아오므로 그것을 내년에 포함시키면 된다는 것이다. 최소한 예상하고 있을 때 청구서를 받도록 해야 한다. (혼자 있을 때 큰 소리로 "안 됩니다"라고 많이 연습해야 한다. 아주 쉽다.)

신문 기사체 광고란의 "일회성" 광고는 반응이 거의 없다. 내가 일한 회사는 우리가 구매한 다양한 형태의 광고에 대한 반응을 조심스레 분석했다. 선호되는 유료 광고 형태는 전화번호부이다. 사람들이 통번역협회나 언어학자협회를 알고 있다면 이런 곳에 등록하는 것이 매우 유용하다. 자신이 고객이라면 어떻게 할 것인지 생각해보자. 먼저 전화번호부를 들고 관련 광고란을 찾은 다음 처음부터 시작해서 자신의 기준을 만족시키는 지역에 있는 가장 가까운 전화번호를 찾을 것이다.

팩스 인명부에 광고를 내준다거나 아니면 승인과 서명이 필요하다는 위조 '견적 송장'을 조심해야 한다. 매우 그럴듯해 보이지만 대담한 속임수이다. 그런 송장을 받으면 지역의 공정거래위원회나 전문가협회로 보내야 한다.

4.11.2 전자상거래

전자우편과 웹사이트의 사용이 상당히 변해왔고 전문적인 일의 방식을 계속 변화시킬 예정이다. 흔히 '달팽이 우편'으로 불리는 재래적인 우편 업무를 위한 번역가 예산은 전자우편의 선호로 감소하고 있다. 물론 번역물이 공인을 받고 고객에게 원본을 보내거나 돌려줘야 할 때는 예외지만 말이다.

번역가는 www.aquairus.net와 같은 전자 데이터베이스를 구독하거나 개인용 웹사이트를 구축할 수 있으며 적절한 키워드로 검색엔진을 이용할 수 있다.

4.11.3 후원 광고

보통 자선행사용의 후원광고에 응해야 할 때가 있다. 번역가는 양심에 따라 그런 요청을 받아들이거나 거절한다. 보통은 특별한 자선행사의 자금 모금을 위해 마련된 극장 프로그램의 광고란을 사는 것이다. 그런 광고에 반응이 없을 거라고 생각하면서도 일을 추진할 수 있다. 경고 한마디, 그런 광고에 한 번 응하면 더 많은 단체가 후원해달라고 다가온다.

4.12 재정적 고려

사업을 시작하기 전에 담당 은행이나 회계사와 상담하는 것이 좋다. 예산, 현금흐름 예상 및 사업계획을 가지고 준비한다면 아무 준비도 없이 은행에 찾아가 대담하게 "번역 사업을 하렵니다. 얼마나 대출 받을 수 있죠?"라고 말하는 것보다 더 진지하게 받아들여진다. 부가가치세 등록도 해야 하는지 따져야 한다. 등록해야만 하는 자금회전율 시점이 있다. 자금회전율이 이런 수준에 도달하지 못해도 등록하면 유리하다. 부가가치세 등록의 주요 장점은 모든 구매에 대한 세금을 돌려받는 것이다. 고객도 부가가치세에 등록되어 있기 때문에 부가가치세가 송장에 첨가되어도 별 영향은 없다. 부가가치세 등록의 단점은 직접 완성해야 하는 추가적인 서류작업과 부가가치세 신고이다. 부가가치세가 등록된 사업은 일반적으로 더 "신용이 있는" 것으로 간주된다.

예산과 현금흐름 예상은 서류상 좋아 보인다. 번역료로 받을 것을 예상하고 1년 동안 지출할 예상 액수를 기입한 것이니까. 하지만 이것은 좋아 보일뿐이다. 서류상의 수입은 은행에 있는 돈의 액수와 같지 않다. 지불해야 하는 소득세액은 개인의 환경에 따라 달라진다. 연금 공제용으로도 매달 얼마를 챙겨둬야 한다. 이것을 준비하는 방식은 조직 속의 자신의 신분과 연금자금의 유형에 따라 달라진다. 담당 회계사와 상담하는 것이 좋다.

프리랜서로 일하던 초기에 열심히 일하면서 정말 필요한 것만 구입하면 생계를 꾸려나갈 수 있다고 생각한 때가 있었다. 머지않아 이런 비구조화 된 접근방식으로는 성공할 수 없다는 것을 깨달았다. 1달에 22일, 1년에 10½달 일한다는 가정 하에 예산을 산정해보자. (법정 공휴일을 잊어서는 안 된다.) 에너지를 재충전하기 위해 휴일에 휴식도 취해야 한다.

번역을 바로 시작할 능력이 있다 해도 고객 유치라는 문제가 있다. 사업 시작 첫 1년간의 예산을 예측하면서 나는 첫 석 달간 점차 광고를 해나 갔다. 첫 1년 동안 오직 2주간의 휴가와 휴일만 보내야 한다고 생각한다.

프리랜서 번역가로 시작해서 꾸준히 일하려면 하루 평균 2,000 단어는 생산해야 한다. 번역료는 올라가겠지만 실제적인 작업부하도 생각해보아야 한다. 물론 번역료로 받는 것이 사업 운용비용을 고려해야 하기 때문에 순수입은 아니다. 예상 수입과 예상 구매 및 거래발생일자를 보여주는 예산을 월 단위로 짜는 것이 유용하다. 그런 다음 이것을 현금 흐름을 파악하는 기초로 삼는다.

이런 예산은 꽤 가설적이고 '정규'시간과 주말보다 훨씬 더 많이 일하는 경우는 고려하지 않는다. 일을 해내는 능력과, 예상되는 실제 비용과, 소득세 등의 회계상의 공제도 예산에 넣어 조정해야 한다.

사업 초기에 내장형 모뎀을 가진 컴퓨터와 프린터를 사기 위해 은행 대출을 받는다고 가정했다. 이것들은 필수적이다. 이것을 2, 3년 계속 더 쓰면서 팩스, 복사기, 스캐너와 같은 비품도 구입하게 된다.

사업 첫 1년 동안 살아남기 위해 어떤 형태든 자금이나 수입이 필요하다. 시작할 때 자문이나 도움이 필요하기 때문에 전문가 서비스에 대한 조항도 포함하면 좋다. 직접 장부를 기록한다 해도 세금환급을 처리하고 세금담당자와의 통신을 위해 전문가를 쓰는 것이 바람직하다. 국세청이 유용한 정보가 담긴 책자를 출간한다.

현금흐름

사업을 시작할 때 가장 중요한 문제는 초기의 이용 가능한 재정이다. 이것은 충분한 수입이 있기 전 초기 몇 달 동안에 특히 그렇다. 사실, 사업을 시작하려면 이용 가능한 자금을 쥐고 있어야 한다.

주목해야 할 가장 중요한 문제는 현금흐름이다. 고객에게 번역에 대한 송장을 보내지만 실제 번역료를 받을 때까지 송장에 발부된 수입은 서류상일 뿐 은행에 있는 돈은 아니다. 번역에서 번 수입과 그런 번역물을 생산하는 데 든 비용 사이의 차액이 이익이고, 송장을 발부하면 바로 알게 된다. 하지만 이익이 현금과 같은 것은 아니다. 이익을 추구하느라 사업을 확장하다보면 현금이 부족해 파산하기 쉽다.

은행이나 다른 금융기관에 의뢰하면 필연적으로 현금흐름에 대한 질문을 받게 된다. 현금흐름에는 송장에 발부된 번역료 지급 날짜와 다양한 사업운영비를 지급한 날짜가 포함된다. 소득세, 국민보험, 부가가치세 납부 준비도 해야 한다. 이것은 엑셀과 같은 스프레드시트 프로그램이 있다면 만들기 쉽다.

현금흐름을 산정하기 위해 송장을 제출했던 달의 다음 달에 지불되는 송장의 60퍼센트를 받고 나머지 40퍼센트는 그 다음 달에 받는다고 가정해야 한다. 전화료와 같은 그런 항목은 분기별로 연체 지불해도 된다. 구매에도 연체를 적용하면 된다. 세금은 정해진 기간에 지불해야 한다. 매달 이것을 고려하여 현금은 조세평가를 받을 때까지 이자가 가장 센 계좌에 입금시켜 둔다.

초기에 부가가치세를 등록할 필요는 없지만 등록한다면 고객이나 공급자에게 지불된 부가가치세를 포함시키고, 분기별로 순부가가치세를 간접세무국에 납부한 다음 다시 돌려받아야 한다. 부가가치세를 관리하는 규정은 꽤 복잡한데, 특히 외국에 있는 회사와 거래할 때 매우 복잡하다. 그래서 부가가치세 관련 당국의 자문이나 안내를 받는 것이 최선이다. 당국자들이 대개 많은 도움을 주며 자신의 입장을 설명하기 위해 이용 가능한 출간물도 많은 편이다. 세이지 어카운턴트(Sage Accountant)와 같은 소프트웨어 패키지를 사용하면 소프트웨어 문서화에서 필요한 자료를 모두 찾을 수 있다.

예산과 현금흐름에 대한 토론을 가능한 한 쉽게 설명하고자 했다. 가장 중요한 메시지는 "자신의 현금흐름을 주시하라"는 것이다.

4.12.1 번역료 받기

번역은 자신의 생계이고 일한 대가는 지불되어야 한다. 이 말은 간단명료하게 들린다. 번역료는 시세 영향을 받고 꽤 간단하다. 무시하지 말아야 할 것은 "초과요금"과 레이아웃 향상과 같은 부가적인 일과 그에 따르는 요금에 대한 고려이다.

고객이 밤늦게 전화해 "급한 번역"이라면서도 마감시간은 빠듯하게 줄 경우가 있다. 정상근무 외의 시간에 일을 하면 할증료가 붙는다고 말할 줄 알아야 한다. 고객이 추가요금에 대해 듣고 나서 '급한' 번역을 재검토하여 좀 더 합리적인 마감시간을 주는 경우도 있다. 프로젝트에 대한 견적까지 뽑아온 고객이 아주 짧은 시간 안에 번역을 해달라고 하는 경우를 많이 보았다. 그 고객은 일에 대한 자신의 역할을 다 한 다음 "이제 번역가가 번역하기만을 기다리는 중"이다. 고객의 견적을 주어진 시간까지 받아야 하기 때문에 번역가는 그저 따를 뿐 대안이 없다.

정상근무 외의 시간에 번역 의뢰가 들어오면 분명히 할증료를 부과해야 한다. 할증료는 협상 가능하지만 저녁에 일한다면 50퍼센트 더 받고 주말이라면 100퍼센트 더 받는 게 좋다.

영국정보는 업체들에게 다른 업체가 청구서를 늦게 지불하면 이자를 소송할 수 있도록 법적 권리를 주는 법률을 도입했다. 이 법률은

1998년에 시행된 상업채무 연체료(이자) 법령(the Late Payment Of Commercial Debts(Interest) Act 1998)이라 불린다. 중소기업은 계약 하에 발생한 채무에 대한 이자를 소송할 수 있는 법적 권리를 가진다. 이 권리는 강제성이 없다.

이 법령은 기존의 관습과 관례를 대신하지 않는다. 당사자들이 여느 때처럼 산업관행을 근간으로 일을 떠맡은 경우라면, (예를 들어 송장일 다음 달 말에 지불인 경우) 이 관행은 여전히 적용된다. 하지만 연체에 대한 구제책에 "신용이 가지 않으면" 이자 법령 조항이 적용된다.

동의한 신용기간이 있을 경우, 지불이 신용기간 마지막 날을 넘겨 이루어지면 늦은 것이다. 신용기간에 대한 동의가 없을 경우, 이자 법령 조항은 이자가 발생하는 30일 후를 채무불이행 기간으로 잡는다. 원활한 지불관행 그룹(the Better Payment Practice Group)의 웹사이트 www.payontime.co.uk를 방문하면 사용자 지침을 다운로드할 수 있다.

상거래의 연체 논쟁에 관한 유럽공동체 명령(Directive 2000/35/ EC)이 2000년 6월 15일에 공식 채택되었고 회원국들은 모두 2002년 8월 8일까지 실행했다.

4.12.2 계산서

사람은 능숙한 일에 가장 많은 시간을 할애한다. 번역가는 번역에 제일 많이 할애한다. 그러므로 연말정산과 세금문제를 처리하기 위해 회계사를 고용하는 것이 좋다. 물론 자신이 직접 장부를 기입할 수 있다. 그러면 연말정산을 위해 회계사가 할 모든 일은 숫자를 검토하고 세금감면을 얼마나 할 것인가 등을 결정하는 것이다. 그는 세금 계산과 다른 당국과의 거래에서도 경험이 훨씬 많다. 또한 사업 시작시 법률상의 해석에 대해 자문을 주기도 한다.

4.12.3 과세
직원으로 일하면 고용주가 과세와 국민보험을 처리한다. 자영업을 하면
자신이 세금을 체납하기 때문에 이런 비용을 준비해야 한다. 이자가 붙
는 계좌에 매달 고정액을 비축해두고 어떤 경우에도 손을 대면 안 된다.
현실을 직시하고 얼마를 비축해 둘 필요가 있는지 자신을 다잡아야 한
다. 국세청은 엄청난 힘을 가지고 있다. 도움 받을 일이 생기면 보통 지
역의 국세청에 전화하면 된다.

4.12.4 연금
일을 시작하면 퇴직은 먼 미래의 일처럼 보인다. 번역 전문가로서 자신
은 안정적인 소득 수준을 유지하게 되어, 국민연금과 비교하면 국민연금
이 꽤 적어 보인다. 심지어 조금이라도 매달 저축해서 상당한 연금이 되
도록 해야 한다. 연금 지불을 받는 세금 공제도 고려해볼만 한다. 다시
한 번, 담당 회계사나 연금 중개인에게 자문을 구한다. 연금 계획은 저축
의 한 형태이고 대출에 대한 담보를 제공한다. 하지만 개인의 연금 계획
을 담보로 이용하려면 엄격한 규정이 따른다.

4.13 매매와 서비스 개발
번역물은 상품으로 판매되지 않는다. 가게 선반에서 가루세제 통을 집듯
번역물도 그렇게 생각하는 고객이 종종 있다. 시장이 필요로 하는 것을
확인하고 자신과 고객이 모두 이익을 얻는 형태로 그런 필요를 만족시켜

야 한다.

번역을 시작하는 가장 쉬운 방법은 직원 번역가로 직업을 구하거나 대행사를 통해 일을 하는 것이다. 번역 분량이 세계적으로 해마다 15퍼센트 정도 늘어난다는 발표가 있지만 번역 일에 대한 경쟁도 상당하다. 그러므로 때때로 직원 번역가나 프리랜서 번역가로 일을 지원해서 거절당하거나 무시되면 낙담한다. 지원서를 낼 때 최선을 다해 표현해야 한다. 잘 표현된 지원서는 기억에 남는다.

많은 다른 지원자와 경쟁해야 하고 모든 번역대행사는 매일 구직 지원서를 받는다. 개인적 경험에 비추어볼 때 표현이 잘 되고 단정하게 작성된 이력서에서부터 사진 첨부와 변경 주소 등을 직접 썼지만 거의 알아보기 힘든 이력서에 이르기까지 자기소개 수준이 다양했다. 자기소개는 즉각적이고 설득력이 있어야 한다. 지원서에 표현된 것이 정확한지, 철자와 문법이 맞는지 등을 점검하지 않으면 고용자에게 자신이 정확하고 올바른 목표언어 텍스트를 생산한다고 설득하기 힘들다.

거절당해도 낙담하면 안 된다. 시도해보고 자신은 서비스를 매매한 것을 기억하면 된다. 고객의 취향이 다르면 거절당하는 것은 서비스지 자신은 아니니까 말이다.

회사들이 광고자료를 보낼 때 그들이 응용한 통계를 고려해야 한다. 우편 수취자 명단이 목적이 아니라면 가능한 '전환율'은 0.1퍼센트 정도이다. 매매가 합리적으로 목표가 된다면 '전환율'은 2퍼센트 정도가 된다. 광고 중인 일자리를 알아보거나 대행사의 가능한 요구조건을 고려해보고 개인적인 스와트(SWOT) 분석을 해본다. 자신의 장점을 나열하고, 약점을 인정하고 (약점을 노력하여 장점으로 바꾼다), 기회를 찾고, 위협을 인정한다. 결국, 매매는 자신의 능력과 고객이 필요로 하는 것을 일치시켜 둘 다 만족감과 재정적 이익을 취하게 한다.

프리랜서로 자리 잡으려면 자신이 이용 가능하다는 광고를 해야 한다. 최장기간의 광고나 수동적인 매매는 전화번호부를 이용하는 것이다. 수동적인 매매가 효과를 내려면 시간이 좀 걸리겠지만 그러는 동안 자신은 번역 일을 제공하는 잠재적인 공급자와 연락할 수 있다. 다음은 가능한 우편물 대상들이다.

- 번역회사와 번역대행사
- 외국 대사관과 영사관─ 상무관은 훌륭한 중개 역할을 한다
- 국제상공회의소
- 지역상공회의소

사실 홍보자료를 어떻게 준비하는지는 자신에게 달려 있다. 인쇄된 홍보자료를 만들지 않는다면 이력서, 추천서, 자신 있는 언어와 문제 부분을 포함한 부록과 함께 간단한 소개장을 제안한다. 여태까지 한 주요한 번역 프로젝트를 상술한다.

대부분의 번역대행사는 자신만의 지원서 양식을 가지고 있다. 그래서 그 양식에 맞게 소개장을 간단히 적어야 한다. 번역대행사가 처음 관심을 보이는 것은 지원하는 번역가의 충분한 자격과 경험, 사용 가능한 언어조합 형태, 자신 있는 분야, 번역료 비율, 가지고 있는 장비 등이다.

4.13.1 개요적인 매매 전략

먼저 접근하고자 하는 고객 유형과 그들을 찾을 수 있는 지리적 범위를 파악한다. 막연히 접근하기보다 쉬운 대상을 찾거나 "특매품을 찾는다."

가격을 주도하든 차별화하든 채택하고 싶은 전략을 선택한다. 가격을 차별화할 특별한 능력이나 경험이 없다면 가장 경쟁적인 가격을 부른다. 후자는 보상은 덜 하지만 노력이 적게 든다. 앤소프(Ansoff)의 고전 모델(참고문헌 6)이 이것을 잘 설명한다.

경쟁의 장점

	더 낮은 가격	차별화
넓음	가격 주도 (COST LEADERSHIP)	폭넓은 차별화 (BROAD DIFFERENTIATION)
좁음	비용 집중 (COST FOCUS)	차별화 집중 (DIFFERENTIATION FOCUS)

그림 7. 경쟁의 범위와 경쟁의 장점

차별화에 집중하면 경쟁 범위는 좁지만 일에 대한 더 높은 비율을 받는다. 가격 주도, 즉 낮은 가격에 집중하면 경쟁 범위는 더 넓어진다.

외국에 있는 회사와 거래를 한다면 부가적인 환율 크기에 직면하게 된다. 번역료 견적을 낼 때 사용할 통화를 결정한다. 환경이 변하기 때문에 이것에 대한 쉬운 답은 없다. 항상 영국 파운드로 견적을 낸다면 항상 자신의 번역료 비율은 경쟁적이고 영국 파운드는 다른 통화에 비해 약세를 보이는 역사가 있기 때문에 그런 식으로 머문다는 것을 알아야 한다. 영국 파운드가 다른 나라에 비해 강세로 돌아섰기 때문에 이런 상황은 1997년에 상당히 변했다. 내가 일한 회사의 주요 시장은 스칸디나비아와 스웨덴이다. 지난 2년간 환율이 영국 1파운드 = 스웨덴 10.20 크로나에서 최악인 영국 1파운드 = 스웨덴 15.80 크로나로 바뀌었다.

이것은 중대한 가격 손실을 나타낸다.

이런 손실은 많은 논쟁을 불러일으킨다.

1. 가격과 이익률을 약간 내린다— 덜 바람직하다
2. 차별화 집중 유지와 처리가 필요 없거나 거의 안 하는 고품질 번역물을 제공한다.
3. 비용손실이 없는 시장에 집중한다.

고객은 번역물이 실제의 값이거나 고객이 사고파는 상품이나 서비스에 대한 가치를 높일 때만 번역물을 산다. 고객에게 자신의 번역물이 이런 가치가 있다는 것을 확신시켜야 한다. 번역 과정을 고려하고 이것을 제공하거나 값을 더하는 방법을 고려해야 한다.

번역 시스템

입력		번역과정		출력
• 번역되지 않은 원천 텍스트 • 인력 • 실용적인 능력과 경험 • 물리적 자원 　예: 하드웨어와 소프트웨어 • 정보와 참고자료 • 지적인 능력 • 프로젝트 관리 • 소모품	⇒	• 용어 연구 • 초벌 번역 • 점검 • 편집 • 품질 관리	⇒	• 번역된 목표텍스트 • 지식인 능력향상 • 확장된 용어은행 • 고객 만족 • 이익

그림 8. 번역과정

4.13.2 한 명의 고객만을 위해 일하지 않는다

주요한 계약 하나가 매력적이지만 모든 자원을 한 명의 고객에게 쏟아부어 능력 이상의 일을 하는 것은 위험하다. 미리 계획을 짜서 많은 고객을 확보하여 자신이 고객을 선택해야 한다. 몇 주 이상을 단 한 명의 고객을 위해 일하고 또 번역료를 받기도 힘들어진다면 무슨 일이 생길지 고려해보자. 그러는 동안 다른 일은 할 수 없고 마침내 재정적으로 힘든 상황이 되기 쉽다. 그래서 한 명의 고객에게 거래총액의 25퍼센트 이상은 할당하지 않는 것이 좋다. 일단 송장을 제출하면 그것은 대차대조표에 자산으로 들어가고 아직 송장에 대한 지불이 없어도 세금은 부과된다는 것을 기억해야 한다. 새로운 고객을 찾아서 최소한 일을 꾸준히 할 수 있도록 하는 것이 이상적이다. 경험을 통해 어떤 일과 고객이 수익을 가장 많이 보장해주는지 알 수 있다.

4.13.3 평생학습

인터넷을 통해 많은 정보에 접근할 수 있지만 그런 정보를 응용하여 이익을 얻는 것은 평생교육만을 통해서 얻는 지식과 경험에서이다. 다재다능한 사람은 물론 전문가도 요구하는 전문직에서, 계속되는 개별적 발전을 통해 얻은 것으로 자신의 번역물이 경쟁력을 갖춘 장점으로 향상시키는 동시에 품질과 권위를 가진 것으로 향상시켜야 한다.

대학을 갓 졸업한 새내기 번역가들에게 이런 말은 기를 죽이는 전망처럼 보인다. 번역학 전공으로 석사 학위를 받았다면 이미 자신이 선택해서 들은 과목 모듈에 대해 공개적인 학위를 받은 셈이다. 하지만 대학 시절 각 과목 모듈에 대해 50시간의 강의를 받고 튜터가 매긴 숙제에 대해서도 추가적인 시간을 보낸 것은 단지 실제로 자신이 어떤 과목에 관심을 갖고 있는지 알려주는 입문에 불과하다. 결국, 번역은 도전적이고 보상이 있어야 한다. 번역하는 과목에 관심이 끌리고 번역 결과에 대해 자신감이 생긴다면 좋은 번역물을 만드는 것은 더 쉽고 즐거운 일이다.

4.14 알겠어요, 여기서부터는 어디로 가죠?

간단한 대답은 미래의 언젠가, 예를 들어 5년 뒤에 무엇이 되고 싶은지 결정하고 현재의 능력 수준에서 번역을 하기 위해 어떻게 해야 할 지 진지하게 고려하는 것이다.

빠르게 성공하는 방법은 학교로 되돌아가는 것이다. 이것은 돈과 시간이 들고 제3차 교육기관에서 정규 학생으로 4년 이상을 보낸 다음 마지막으로 원하는 것은 학교를 더 다니는 것이다. 하지만 번역가로서 진지한 경력을 원한다면 전문 분야를 가질 필요가 있다 (번역회사가 아닌 산업체에서) 직원 번역가로 일자리를 잡으면 경험이 더 많은 노련한 동료들을 매일 접촉하기 때문에 자동적으로 전문가 지식을 얻게 된다.

제값을 하는 회사는 직원이 교육을 잘 받기를 원하고 기술발전을 고려할 준비를 한다. "모든 사람이 보수가 더 많은 일자리를 다른 곳에서 찾는다면 왜 우리 회사가 교육비를 내야 하죠"라고 비웃는 냉소주의자도 있다. 이런 태도에 반박하는 몇 가지 논쟁이 있다.

- 장기간 교육받지 못한 사람보다 1년 이상 잘 교육받은 사람을 쓰는 게 낫지 않나요?
- 봉급이, 중요하지만, 사람들이 다른 일자리를 찾는 주된 이유는 아니다.

• 대부분의 직원은 보통 고용주에게 충실하고─이것은 보답 받을 필요가 있는 미덕─그래서 짧은 기간 안에 떠날 목적으로 회사에 들어가면 안 된다.

개인 발전을 지속할 기회가 많다. 자신이 사는 지역 대학이 개인 관심에 적절한 폭넓은 교육과정을 제공한다. 나는 부기를 싫어했는데 지역 대학에서 저녁 수업을 다닌 뒤부터 이제는 그 과목을 적절히 이해한다. 경험상, 장기간 교육과정에는 방송교육이 가장 실용적인 것 같다. 그것은 훈련과 헌신 및 동반자와 가족의 후원을 요구한다. 번역 일을 하면서 생활양식도 꾸려가야 하므로 어느 정도 융통성을 길러준다. 이런 식으로 나는 MBA 과정을 성공리에 마쳤다.

프리랜서 번역가로 일하는 위험 중 하나는 외부 세계와의 물리적 접촉의 결여이다. 그들이 고객을 직접 상대하는 대행사라면 고객을 직접 보지 않고도 전화, 팩스, 이메일로 모든 사업을 운영하기가 매우 쉽다. 번역직 외의 사람들을 만나기 위해 모든 정보망을 이용해야 한다.

5.

직장의 번역가와 작업도구

"책상은 다리가 달린 휴지통이다."

익명

5.1 작업 환경

보통은 물리적 일을 만족스럽게 진행하기 위해 혈액순환이 잘 되도록 근육의 긴장과 이완이 번갈아 일어나게 해야 한다. 근육이 정적인 하중을 당할 때, 쉬지 않고 오랫동안 하중을 받으면 근육은 긴장하고 혈액은 순환 장애가 생겨 그 결과 피로해진다. 하중을 많이 받을수록 더 빨리 피로해진다.

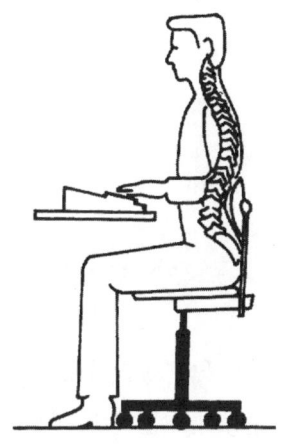

목은 직각으로
어깨는 이완되게
위팔은 수직으로
위팔과 팔뚝은 직각으로
척추는 약간 S자 모양으로
앉기는 직각으로
아래쪽 다리는 수직으로
발은 지면에 붙도록

그림 9. 정확한 작업 자세

근육의 피로를 막기 위해, 작업 환경은 다양한 각도에서 번역 일을 해도 편하게 할 수 있는 그런 식이 되어야 한다. 다리를 뻗을 공간은 다리를 움직여도 테이블이나 책상다리, 찬장이나 서랍 때문에 제한받지 않도록 충분해야 한다. 높낮이 조절기능이 있는 의자를 선택하는 것도 매우 중요하다.

근육통은 앉아서 하는 번역 일과, 더 흔히, 일할 때의 부정확한 자세 때문에 생긴다. 자연스레 뒤틀린 척추가 목과 허리 부분에서 곡선을 유지하도록 노력해야 한다. 이렇게 하면 척추는 편편한 압력을 받게 되어 척추 주위의 근육이 긴장되지 않는다. 다음은 앉는 자세에 대한 일반적인 조언이다.

● 목 근육에 혈액 공급이 용이하도록 목은 계속 직각을 유지한다.
● 어깨를 올린 상태로 일하지 않는다. 긴장은 계속 푼다.

- 위팔을 수직으로 유지한다.
- 팔뚝은 위팔과 직각을 유지한다.
- 손은 위팔과 직각을 유지한다.
- 의자에 수직으로 앉는다.
- 아래쪽 다리는 수직을 유지한다.
- 발은 지면에 붙인다.

문제가 생기면 물리치료사와 상담하는 것이 좋다. 물리치료사는 인간공학적인 작업환경이 부정확한지와 유용한 운동이 있는지 조언해준다. 작업환경을 갖추고 배열하는 방식은 일이 효율성과 건강에 상당한 영향을 미친다. 반복성 긴장 장애(보통 RSI로 알려짐)는 알아차리는 데 오랜 시간이 걸린다. 일을 중단할 정도로 매우 심각해질 수 있다.

컴퓨터 앞에 한 번에 오래 앉아 있으면 안 된다. 한 시간 정도 일한 다음 휴식을 취하는 습관을 길러야 한다. 책상에서 떨어져 근육을 쭉 편다. 아주 급한 일이라 해도 몸과 마음은 효율적으로 일하기 위해 이따금 휴식이 필요하다.

나는 50분간 일하고 최소 5분간 휴식을 취하기 위해 타이머를 설정해놓고 일을 한다. 이런 식으로 하면 지속적으로 효율적인 수준을 유지하게 되고 한 번에 몇 시간 고정된 자세로 앉아 있어도 몸에는 영향이 덜 간다. 등의 허리 부분은 앉아 있을 때가 서 있을 때보다 3배의 많은 하중을 받는다. 최악의 경우 디스크 문제가 생겨 일을 중단하고 수술까지 받아야 한다.

운동이 필요하다고 느껴야 한다. 일을 하려면 손과 손가락으로 상당한 시간동안 반복된 운동을 하며 똑같은 자리에 앉아 있다는 것을 기억해야 한다. 기초 운동도 하지 않고 가만히 앉아 있으면 반복성 긴장 장애에 걸릴 위험이 많다. 이것은 반복성 긴장 장애의 심각성에 따라 목 뒤 통증이나 흉곽 뒷부분에 타는 듯한 느낌 등의 다양한 식으로 감지된다. 육체적으로 건강하면 정신력도 좋아진다는 말이 있다. 정신적으로 피로한 것보다 더 나쁜 것은 없으며, 육체적 피로를 회복하는 것보다 정신적 피로를 회복하는 데 더 많은 시간이 걸린다.

5.2 장비 준비

책상은 개인용 컴퓨터와 참고서적 및 다른 장비를 올려놓을 수 있는 충분한 데스크톱 면을 가진 것으로 구입하면 좋다. 일을 하다보면 목이나 척추에 무리가 갈 수 있기 때문에 가능한 의자는 제일 좋은 것으로 구입한다. 중고 사무실 비품을 파는 가게가 있으며 이 중에는 진짜 쓸모없는 재고품도 있다. 이럴 땐 새로운 비품비의 일부로 기본적인 가구를 구매하는 것이 좋다. 자신의 인간공학적인 일터는 자신이 직접 결정해야 할 사항이다. 아래에 이런 문제를 좀 더 쉽게 풀어갈 원칙들이 있다.

- 컴퓨터는 편안한 자리에 두고 바르게 조절해야 스크린의 눈부심이나 반사가 없어서 읽기가 쉽다.
- 가장 인간공학적인 높이로 의자를 조정하고 적당한 밝기의 조명을 유지한다.
- 서류받침대는 번역할 서류를 읽기 쉽게 해준다. 서류받침대의 자리를 규칙적인 간격으로 왼쪽에서 오른쪽으로 바꾸는 것이 좋다. 이렇게 함으로써 서류와 스크린 사이에서 고개를 움직일 때 늘 같은 방향으로 고개를 돌리는 것을 방지할 수 있다.

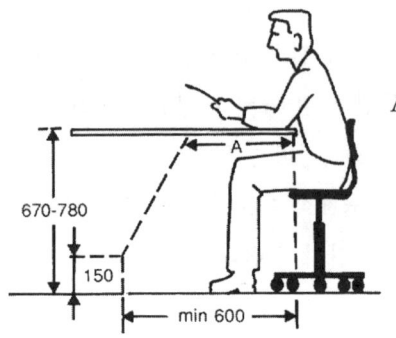

A : 프린터 탁자나 작업대는
　　최소 450 mm,
　　단말기 책상은 최소 300 mm

그림 10. 올바른 눈의 각도

● 눈은 화면과는 직각을 이루고 수평과는 아래 20도의 각도를 유
지하는 것이 좋다. 눈과 화면 사이의 거리는 글자를 쉽게 읽을거
리면 된다. 적당한 거리는 70센티미터이다.

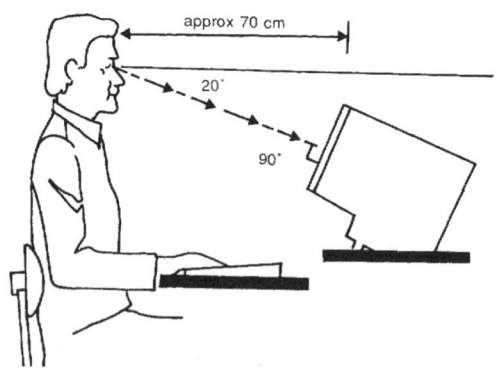

그림 11. 컴퓨터 화면 위치

5.3 시력 문제

시력 문제는 오랫동안 같은 물체를 보고 있을 때 생긴다. 화면을 보면서 장기간 집중적인 일을 할 경우 가까운 곳에 그림이나 포스터와 같은 다른 물체를 두어 눈의 피로를 풀도록 가끔 쳐다보아야 한다.

간단한 눈 운동

가끔씩 눈에 휴식을 줘야 한다. 초점을 바꿔 멀리 있는 물체를 쳐다보게 하여 눈의 피로를 풀어준다. 두 눈을 꼭 감고 한두 번 깊은 숨을 들이마신다.

안경을 낀다면 단말기로 일할 때 특별 렌즈를 사용해야 하는지 담당 안경사와 상담하는 것이 좋다.

눈에 좋은 화면은 밝은 배경에 검은 글자가 뜨는 것이다. 눈부심 방지 필터도 도움이 된다. 화면의 초점이 적절하지 않으면 한두 시간 뒤에 심한 두통이 올 수 있다. 심한 경우, 모래가 눈에 들어간 듯한 통증을 느낀다. 화면은 바꾸거나 조절 가능하지만 눈은 그럴 수 없다.

5.4 장비 구입

장비 구입은 모험적인 과제다. 현금으로 장비를 구입하기 전에 한두 명의 동료 번역가와 상담한 뒤 편견 없는 충고를 들어야 한다. 다른 사람들의 경험을 듣고 이익 되는 일을 진행한다. 예를 들어 한동안 컴퓨터를 사용한 사람의 경험담을 들어본 뒤 구입하는 것이 도움이 된다. 과학기술이 불편할 정도로 빨리 변하기 때문이다. 오늘날 이용 가능한 도구가 무엇인지 고려하기 전에 역 20년 전의 도구와 비교하는 것도 재미있다.

요소	1974	2003
전문가의 신분	대부분 언어 표현 능력을 이용하는 학자. 번역 이론과 실용에서 공식적인 능력이나 교육을 받은 사람은 극소수.	적절한 번역은 예술 분야에서 교육받아 능력을 갖춘 개업한 번역가를 요구한다는 인식의 발전. 최소한의 요구사항은 현대 언어 전공의 학위와 컴퓨터 사용능력. 종합대학과 전문대학이 번역 이론과 실용 전공의 대학원 과정을 제공.
직업도구	수정 가능한 볼타자기는 그 당시 선진기술이었다. 번역물은 우편으로 부치거나 직접 전달했다. 대기업만 기본적인 텍스트 처리 능력을 갖춘 전용시스템을 사용했다.	거의 모든 번역가가 다음과 같은 편의를 제공하는 컴퓨터, 모뎀, 팩스를 가지고 일했다. • 컴퓨터를 이용한 번역(TMS: 번역기억장치)과 용어 관리 • 향상된 형식 • 확장된 편집기능 • 철자 확인 • 용어 편집 • 사업 관리 • 이메일
조판	일은 능력이 고급이고 텍스트를 완전히 재입력할 필요가 있는 식자공에게 넘겼다.	조판을 번역가가 할 수 있다. 이것은 탁상출판이나 DTP로 불린다. 대안으로, 조판될 일은 재입력할 필요 없이 텍스트의 서식을 다시 잡는 사진식자공에게 이메일로 보내면 된다.
의사소통	우편배달, 택배, 텔렉스, 개인 배달이나 기본 형태의 팩스	우편배달, 택배, 팩스, 특히 이메일
능력	언어 표현 능력과 편집능력. 타자능력.	언어 표현 능력과 편집 능력, 컴퓨터 사용능력, 일을 이메일로 주고받는 능력, 주제에 대한 전문 지식.

표 7. 약 20년 전과 오늘날의 직업 도구

컴퓨터의 도래가 일하는 방식에 많은 영향을 미쳐, 다른 직업들처럼 이런 주제에 관한 매우 두꺼운 책도 쓸 수 있다.

덤으로 말하면, '호환 가능한'이라는 단어는 지독히 오용되고 있다. 고객과 전자적으로 의사소통할 필요가 있을 때 낭비된 시간과 소위 '호환 가능한' 장비를 이용하면서 생기는 좌절감은 믿기 힘들 정도이다. 하지만 이런 일로 지연해서는 안 된다. 대부분은 사용법을 알면 이용하기 쉽다.

- 컴퓨터
- 프린터
- 일을 생산하고 사업 관리를 도와주는 소프트웨어
- 복사기
- 팩스
- 모뎀(보통 새로 산 개인용 컴퓨터에는 필수다.)

이런 것들은 번역가가 일하는 방식에 매우 중요하기 때문에 다음 장에서 따로 다룬다.

다른 필수 장비 및 작업 활동을 원활하게 도와주는 장비도 있다.

5.4.1 컴퓨터

번역회사는 개인용 컴퓨터와 매킨토시 컴퓨터를 다 사용한다. 고객이 이 두 시스템을 모두 이용하기 때문이다. 번역회사를 운영한 내 경험으로 볼 때 번역물의 약 90퍼센트가 개인용 컴퓨터에서 생산되고 나머지 10퍼센트는 매킨토시에서 나온다. 매킨토시는 출판사와 프린터가 선호하는 프로그램을 가동한다. 그러므로 개인용 컴퓨터를 사는 것이 훨씬 낫다.

가격은 원하는 구성에 따라 매우 다르다. 가능한 한 정밀한 화면을 가진 최고의 컴퓨터를 사라고 권한다. 결국 일을 하면 대부분 화면을 보며 지내기 때문이다. 최소한 다음과 같은 컴퓨터 사양을 제안한다.

- 20GB의 하드 디스크(컴퓨터의 정보 저장 용량)

- 256 MB램(임의 접근 기억장치).
- CD 기록 시설을 갖춘 CD-ROM 드라이브
- 1GHz의 빠른 클록 속도를 가진 프로세서(컴퓨터 작동 속도) 즉, 기록 시간이 가장 빠른 모델의 속도는 2GHz이다.
- 내장된 고속 모뎀
- 마우스, 키보드, 소프트웨어 동글 등을 연결할 적절한 포트 (1993년 4월 처음 출간된 이 책의 첫 번째 판에서는 40MB 하드 디스크, 4MB의 램, 386 프로세서와 16MHz의 클록 속도였다!)

많은 소프트웨어 패키지가 하드 드라이브의 상당 부분을 차지한다. 회계, 데이터베이스, 스프레드시트 패키지 같은 다른 프로그램의 추가도 고려해야 하고, 사실 이런 것들이 하드 드라이브의 상당 부분을 차지하는 것이다. 그래서 20GB의 용량이 최소한 필요하다. 윈도우즈 운영체제에 기초한 많은 프로그램은 작동되기 위해 20MB 정도의 사용 가능한 램을 요구한다. 컴퓨터가 256MB의 사용 가능한 램을 가진다고 해서 자신이 이것을 맘대로 사용할 수 있다는 뜻은 아니다. 사용 중인 프로그램이 화면에 많이 있으면 있을수록 컴퓨터는 느리게 작동한다. 번역된 파일을 저장할 방법도 생각해야 한다.

최고의 물건을 사려면 주위를 돌아다니거나 컴퓨터 관련 잡지를 보면 된다. 할인해 달라고 말하는 것을 부끄러워하면 안 된다. 선택한 사양과 화면 유형에 따라 다르지만 약 1,200 파운드에다 부가가치세를 더하면 위의 사양을 구입할 수 있다. 화면은 빼고 견적을 낸 가격도 있으니 주의한다. 가격에는 윈도우즈 XP와 같은 운영체제가 포함된다. 컴퓨터의 두뇌로 불릴 수 있는 운영체제는 특별한 프로그램으로 컴퓨터로 하고

자 하는 일을 수행시킨다. 오늘날 많은 컴퓨터는 '끼워 팔기 소프트웨어' 와 함께 판매된다. 즉 이미 선택된 프로그램들이 컴퓨터에 설치된 채로 배달된다.

컴퓨터를 새로 사는 가장 싼 방법은 요즘 유행하는 '현금 지불 후 직접 가져가기' 식으로 구입하는 것이다. 일단 컴퓨터를 구입하면 대신 들어주거나 시스템이 작동하도록 도와주는 사람은 없다. '현금 지불 후 직접 가져가기' 식의 구입은 컴퓨터를 사용한 경험이 있을 때 구입하면 좋다.

프로그램과 함께 제공된 문서화의 품질이 수년간 많이 좋아졌지만 그래도 개선될 부분이 많다. 대부분 프로그램이 직관적으로 이해가능하고 안내를 도와줄 화면을 제공한다.

물론 아주 매력적인 휴대용 컴퓨터도 있다. '탁상용 컴퓨터'보다 훨씬 더 비싸고, 솔직하게 말해, 초보자가 쓰기에는 현실적이지 못한 선택이다. 이것은 주위를 돌아다니면서 장비를 제공할 필요가 없다는 것을 뜻한다.

5.4.2 프린터

프린터는 자신이나 고객이 원하는 출력 형태에 따라 구입이 달라진다. 많은 경우, 번역물을 모뎀을 통해 고객에게 보내기 때문에 물리적인 문서 배달은 미리 방지하는 것이 좋다.

하지만 프린터가 없다면 관리가 힘들어진다. 화면에 나타난 텍스트를 본다 해도 인쇄된 텍스트를 보지 않고 교정하는 것은 매우 어렵다. 프린터가 제공하는 편의는 제한적이기 때문에 요구하는 특징이 많을수록 프린터 요금은 당연히 비싸진다.

레이저 프린터 가격은 첫 출시 이래로 많이 떨어졌다. 처음 구입했던 내 프린터의 가격은 1990년에 약 4,000 파운드였다. 그것은 다양한 폰트를 제공했고 300 dpi 해상도로 분당 5페이지를 인쇄하는 속도로 인쇄와 그래픽을 재생했다. 현재 사용하고 있는 잉크젯 컬러 프린터는 600 dpi의 해상도로 분당 약 12 페이지를 인쇄한다. 3년 전 구입했을 때의 가격은 300 파운드 미만이었고 그때 이래로 45,000 페이지 정도 인쇄했다.

5.4.3 작업 생산과 사업 관리를 위한 소프트웨어

대부분 사람은 개인용 컴퓨터든 매킨토시든 자신이 사용하는 컴퓨터 시스템에 자연스레 익숙해진다. 나는 대형 컴퓨터, 네트워크, 독립형 개인용 컴퓨터, 매킨토시 등 많은 시스템에서 번역을 했다. 사용해본 각각의 워드프로세서 프로그램은 서로 장단점이 있었다. 그래서 어떤 워드프로세서를 사용할 것인가에 대한 추천은 위험하다. 하지만 지난 5년간 일한 통계를 보니 대다수 번역물이 윈도우즈용 워드프로세서를 이용해 만들어졌다.

　프리랜서 번역가로 내가 사용한 소프트웨어는 다음과 같다.

소프트웨어	응용
마이크로소프트 XP	컴퓨터 운영체제
마이크로소프트 워드	텍스트 처리
마이크로소프트 엑셀	연보와 같은 번역 텍스트 처리. 자신의 생산 기록 관리 및 현금흐름 관리
마이크로소프트 파워포인트, 마이크로소프트 비지오, 로터스 프리랜서	번역물에 들어갈 고객 그래픽 편집용 그래픽 패키지
트라도스 번역가의 워크벤치와 멀티텀	컴퓨터 이용 번역용 번역메모리와 용어관리
인터넷 익스플로러	온라인 용어 연구
전자사전과 CD상의 참고자료	온라인 용어 연구
페이지메이커	이 형식으로 작성된 매뉴얼 번역하기

5.4.4 기타 비품

자동응답전화기

독립적으로 일한다면 전화를 받을 수 없거나 받기 싫을 때가 있다. 요즘 자동응답기에 마지못해 응하는 사람은 거의 없으며, 돌아오면 즉시 전화하겠다는 메시지를 분명히 들으면 사람들도 되풀이해서 전화하지 않는다. 가능성 있는 고객의 입장에 서서 고객이 무엇을 선호하는지 고려해 본다. 즉 응답을 하지 않거나, 최소한 정보가 담긴 메시지를 받거나 주는 기회 말이다.

기본 비축 문구류와 사무실 소모품

물론 모든 소모품을 한꺼번에 구입할 필요는 없다. 부근의 가게보다 상업문구 공급자와 거래하는 것이 좋다. 부근의 가게는 도매 공급자로부터 직접 구입할 때보다 세 배나 비싼 경향이 있다.

　종이를 많이 사용한다면 "대량구입"하는 것이 돈을 절약하는 방법이다. 대부분의 주요 공급자는 종이, 디스크, 레이저 카트리지와 같은 표준 소모품을 매우 저렴한 가격에 공급한다. 거래가 있다는 것은 물건 값을 바로 지불할 필요가 없다는 뜻이다. 또한 물품을 사려고 직접 가게에 갈 필요도 없다. 일부 번역가는 이용 가능한 협동조합을 만들어 대량구입에 따른 재정적 이익을 얻기도 한다.

복사기

이것이 구입목록 상단에 있는 경우는 매우 드물다. 부근의 복사 가게에 가기보다 복사기를 가지는 것이 실용적이라고 느낄 때가 분명히 온다. 비용이 아무리 비싸지만 외부에서 복사하는 게 불편해질 때가 있다. 복사기 구입비용은 보통 600 파운드 정도이다. 좋은 전시품이나 업그레이드용으로 거래된 물건이 좋다. 하지만 구입하고자 하는 복사기의 판매 후 지원에 대해서도 반드시 알아두어야 한다.

영업사원은 '복사당' 비용에 기초하여 유혹하려 든다. 자신이 예상하는 월 사용량을 정해 이것을 기초로 거래하는 것이 좋다. 아마 실제로 얼마나 사용하는가에 관계없이 이 총량이 견적이 될 확률이 높다. 그래서 실제 '복사당' 비용은 예상했던 것보다 보통 더 많다. 매수인책임원칙이 적용되므로 구매자가 조심해야 한다. 다행히 이것을 비판하는 많은 기사 때문에 이런 관행은 줄어들고 있다.

팩스

고객이 번역 텍스트의 완성 원고를 번역가에게 보내는 가장 빠른 방법은 팩스를 통한 것이고, 번역이 목적이라면 재생산된 텍스트 품질은 괜찮을 것이다. 재생산된 텍스트 품질이 만족스럽다면 번역가도 팩스로 고객에게 번역물을 보낼 수 있다. (물론 원본이 필요하다면 우편으로 보내면 된다.) 이런 관행을 이제 이메일이 대신하고 있다.

고객이 급하지만 이메일 사용이 불가능한 대형 일거리를 의뢰한다면 먼저 팩스로 첫 몇 페이지를 받아 일단 일을 시작한다. 그런 식으로 번역물을 완성한 다음 우편으로 보내면 된다. 특별한 질문이 있으면 고객에게 팩스로 보내어 문제를 해결한다.

대행사에서 일할 생각이지만 팩스와 모뎀이 없다면 일거리를 못 받을 확률이 높다. 비밀리에 빨리 텍스트를 받아야 하기 때문에 편집국에 의지하면 비현실적이다.

팩스를 사려면 최고 400 파운드가 들며, 긴급시에는 한 매용 복사기 구실도 한다. 팩스 비용은 요구하는 사양에 따라 가격이 달라진다.

소프트웨어의 목적이 점점 다양해지고 있다. 마이크로소프트 오피스에는 컴퓨터로 팩스를 받아 출력하는 팩스 소프트웨어가 포함되어 있으며, 전송 속도도 무척 빠르다.

과학기술이 어떻게 발전해왔는지 알아보는 것이 무척 흥미롭다. 내가 구입한 첫 팩스 기기 이름은 Group 2로 한 페이지를 받는 데 약 2분이 걸렸다. 그것은 특별한 종이로 한 번에 한 매씩 회전하는 드럼에 부착해야 했다. 종이를 넣은 다음 발송인에게 전송을 시작하라고 말해야 했다. 말을 끝냈을 때 드럼이 회전하기 시작했고 첨필이 회전하는 드럼을 가로질러 여행하는데, 그러면 종이 표면이 열을 받아 (글이) 새겨졌다. 아직도 사무실에 배어들던 타는 냄새를 기억한다.

모뎀

대부분의 전문번역가는 모뎀 없이 일하기가 힘들다는 것을 안다. 모뎀은 언제든지 번역물인 소프트 카피를 번역가의 컴퓨터에서 고객의 컴퓨터로 바로 보내준다. (모뎀은 들어오는 파일을 받기 위해 필요하다.) 우편물이나 택배와 같은 외부 대행사에 의존하다가 좌절감을 느낄 때 모뎀을 구입하면 보다 많은 행동의 자유를 누리게 된다.

나는 현재 이메일과 인터넷 서비스를 위해 이동 가능한 내장형 ISDN을 사용한다. 이런 것이 없으면 당황하게 되고, 이런 저런 이유로 잠시라도 이용할 수 없다면 우리가 얼마나 그런 서비스에 의존하고 있는지 알게 된다.

ADSL을 사용한 광대역 설비는 더 많이 이용할 수 있지만 지역에 따라 이용가능성이 달라진다. 현재의 과학기술은 관련 교환국에서 5km

이상 떨어지면 광대역 설치가 불가능하다. 이 5km 거리는 지리적인 거리가 아니라 케이블이 지나가는 길의 길이를 말한다.

스캐너

이름이 암시하듯, 스캐너는 삽화, 사진, 텍스트를 훑는 데 사용된다. 본 것을 화면에 나타내거나 디스크에 저장되는 정보로 바꾼다. 스캐너 작동 방법은 다음과 같이 간단하다. 광원을 훑으려는 이미지에 쏜다. 스캐너의 광센서(전하결합소자나 CCD로 불림)가 훑어진 서류에서 반사한 빛을 탐지한다. 광센서가 주는 다양한 신호를 스캐너 제어기가 해석한다. 핸드헬드 스캐너와 플랫베드 스캐너, 두 종류가 있다.

핸드헬드 스캐너는 스캐너를 손으로 잡은 채 가능한 꾸준히 움직이며 훑고 싶은 부분으로 움직인다. 이런 유형은 보통 광학적인 문자 인식에는 적합하지 않다. 핸드헬드 스캐너를 뒤틀림 없이 이미지에 꾸준히 움직이기가 쉽지 않기 때문이다. 모양은 상단의 가로장은 스캐닝 헤드를 이루고 수직은 손잡이를 이루는 대략 T자형이다. 이런 유형의 스캐너는 보통 A4 용지 한 장을 반 정도 훑는다.

플랫베드 스캐너는 복사기 상단을 반으로 자른 모양이다. 스캐닝 헤드는 베드 전체를 이루고 일정하게 제어된 움직임으로 문서를 훑는다. 플랫베드 스캐너는 텍스트나 그래픽을 담은 페이지 전체를 훑는데 적합하지만 복사기처럼 책의 등 근처의 책 페이지를 훑을 때 페이지의 가장자리가 약간 찌그러지는 경향이 있다.

해상도와 그래픽을 생산하는 스캐너의 수용능력 기준은 인식하고 재생해내는 그레이스케일의 수이다. 256은 대부분 단색 이미지를 재생하기에 충분하다. 약 75퍼센트의 경우, 스캐너는 하나의 패키지로 관련

소프트웨어와 함께 판매되는데, 가격은 약 100 파운드부터 시작되지만 그래픽 이미지를 마이크로소프트 워드에서 사용가능한 텍스트로 변환하기를 원하면 텍스트 변환 소프트웨어가 필요하다.

스캐너와 소프트웨어 가격은 사용 정도와 사용으로 얻을 수 있는 이점을 통해 정해야 한다. 탁상출판 작업을 한다면 스캐너는 분명히 응용프로그램을 가진다. 더 필요한 응용프로그램은 그것들을 재입력해야 하는 필요를 덜기 위해 텍스트의 페이지들을 훑는 것이다. 이것은 직접 번역회사를 운영할 생각이라면 고려해야 한다. 급한 번역물을 프리랜서 번역가로부터 팩스로 받아 교정과 수정 및 서식을 재설정하는 경우가 있기 때문이다. 낯선 언어로 텍스트를 재입력하는 것은 시간낭비이고 전혀 쉬운 일이 아니다. 낯선 언어를 훑는 것이 현명하진 않은데, 훑은 뒤 편집을 많이 하기 때문이다. 그런 편집은 적절한 언어 표현 능력을 가진 번역가가 해야 한다.

음성인식 소프트웨어

IBM과 필립스와 같은 회사가 사람의 음성과 상호작용하는 시스템을 개발했다. 이런 소프트웨어는 구술된 단어를 분당 70~100개 정도 인식한다. 이 책의 3판을 집필하던 때처럼 인식을 위해 각 단어를 더 이상 또박또박 말할 필요가 없다. 단어가 적절히 인식되면 철자 확인 과정도 필요 없다. 위의 회사들이 만든 시스템이 "~까지(to)"와 "2(two)"와 "또한(too)" 또는 "우리의(our)"나 "시간(hour)"와 같이 같은 소리가 나는 단어를 정확히 구별해 선택하기 때문이다.

음성인식 시스템의 가격은 지난 몇 년 동안 상당히 낮아졌다. 더 정교해졌지만 사용자는 여전히 자신이 말한 것을 소프트웨어가 인식하도록 ‘교육’하는 데 많은 시간을 할애할 필요가 있다. 번역이 안 되는 적당한 이름을 구술한다 해도 이상한 결과가 나올 수 있지만 그런 이름을 기억하도록 ‘교육’시킨다면 여전히 이 소프트웨어는 그것을 인식할 수 있다. 노르웨이 사람 이름, 크누트 포스태드(Knut Fostad)를 구술했을 때가 기억난다. 음성인식 시스템이 이 이름을 "할 말 없음(convicted full stop)"으로 재생하였다. 그 바람에 원하는 결과를 얻지 못했다.

전화

나의 사무실은 헤드셋을 갖추고 있다. 이것은 많은 장점을 제공한다.

- 고객과 편집이나 변경을 논의하면서 손으로 자유롭게 일을 한다.
- 잠시 전화를 ‘기다리는’ 동안 일을 한다.
- 기술 지원을 해주는 사람과 대화하는 동안 손으로 자유롭게 고치는 행동을 하면서 컴퓨터나 소프트웨어에 관한 기술 문제를 해결한다.
- 화면으로 고객 데이터베이스 정보를 입력하는 동안에도 전화로 거래를 한다.

휴대폰이 있지만 편의를 위해서만 사용한다. 이것은 사무실이 아닌 외부나 외국에 있을 때 연락을 취하는 자동응답기 구실도 한다.

잡동사니

서류 받침대와 같은 비품은 유용하다. 자신의 일터를 편하고 편리하게 만들 방법을 직접 결정해야 한다.

바람직한 다른 장비도 많지만 정확한 가격을 부르지 못하면 고려할 가치가 없다. 정교한 장비를 구하고 싶은 유혹이 강하겠지만 반드시 필요한 것만 구입하고 수입을 지출하기 전에 미리 경험을 해보는 것도 좋다. 멋진 주변기기를 사는 것도 좋지만 불만족스런 타협이다. 입담 좋은 거래자의 말에 넘어가 비용을 치른 뒤 원했던 것이 아닐 경우 불편할 뿐이다.

5.5 총비용

필수적인 비품들은 꽤 많은 투자를 요구한다(2002년 기준 약 3,400 파운드). 팩스와 복사는 동네 사무소를 이용해도 되고 이러한 서비스 비용은 장비를 마련하는 편의 정도에 따라 정하면 된다. 하지만 어지간하면 외부 서비스를 피하는 게 좋다. 문방구, 디스크, 우표와 같은 초기의 비품과 마이크로오피스와 이메일 통신 패키지와 같은 정품 소프트웨어를 구입하는 데도 비용이 든다.

항목	비용(파운드)
사무실 가구	300
개인용 컴퓨터	1,200
프린터	300
정품 소프트웨어	600
팩스(전용)	400
복사기	600
자동응답기	60
총계	3,460

표 8. 번역가 사무실의 표준 장비

시장에서 구할 수 있는 장비 범위는 많기 때문에 이 책에 모든 선택사항을 나열하는 것은 어리석은 짓이다. 컴퓨터 잡지를 읽거나 동료에게 물어보는 것이 좋다.

구입한 장비를 보수하고 유지하는 비용도 고려해야 한다. 연간 관리비는 구입한 장비금액의 약 10퍼센트가 든다. 장비의 보증서가 무엇을 제공하는지 점검해야 한다. 장비를 더 싼 가격에 구입한다 해도 보증 기간이 더 짧아 더 빨리 유지비를 지출하는 경우도 있다.

5.6 초기의 장비 구매

초기에 장비를 모두 구매할 수 있는 새내기 번역가는 그리 많지 않다. 직원 번역가로 일하다가 프리랜서 번역가로 일할 계획이라면 초기의 사업자금을 위해 일정기간 동안 돈을 저축해야 한다.

초기 구매에 대해 십중팔구 재정적인 도움이 필요하다. 필요한 것은 현금흐름을 예상하면서 사업계획을 하는 것이다. 이렇게 가상적인 숫자로 은행 담당자를 설득하는 것은 어렵지만 혼자 힘으로 사업을 해도 살아남는다는 확신을 갖게 해준다. 대출담보도 고려해볼 필요가 있다. 무담보대출이나 당좌대월은 담보대출보다 훨씬 비싸다. 은행에 가서 모든 선택을 물어보고 현실적인 사업계획을 준비해야 한다.

임대도 고려할 만한 선택이다. 하지만 사업을 혼자 운영하려면 바로 이용하기 힘든 선택이다. 이런 자금형태로 제공받는 세금혜택이 있다. 선택에는 임대기간이 끝나면 대여한 장비를 그대로 돌려주는 임대대여와 장비를 구매하는 임대구매가 있다.

물론 임대율은 선택에 따라 다르다. 비율은 보통 매달 XX파운드나 임대보증금 1,000 파운드당 분기별로 책정한다. 매달 내는 것보다 분기

별로 내는 것이 대개 조금 싸다. 현재는 3년 임대에 매달 1,000 파운드당 34 파운드이다. 비율은 임대대여인지 임대구매인지에 따라 달라진다. 서명하기 전에 서류에 포함된 사항을 꼼꼼히 확인해야 한다.

임대회사가 제공한 비율은 은행 대출 비율과 곧잘 비교된다. 은행에서 대출한도를 다 사용했다면 더 이상의 대출은 불가능하다. 초기에 은행에서 대출하기보다 임대를 하면 빨리 자금을 모으고 싶을 때 후일 은행이 더 호의적으로 대해준다.

담당 회계사에게 말하면 실제 비용이 얼마인지 또 임대기간이 끝났을 때 장비를 누가 소유하는지 알 수 있다.

5.7 번역 방법

5.7.1 번역 구술

음성인식 소프트웨어와 반대되는 것으로 구술 녹음기를 사용한 구술은 일부 번역가가 사용한 번역 방법이다. 장점과 단점이 있다. 노련한 번역가는 (실제 재생시간 30분에 대해) 시간당 2,000 단어 정도를 구술하지만 규칙적으로 하루에 6,000 단어 이상을 구술하는 것은 극히 어렵다. 하지만 이것은 타이핑할 번역물을 노련한 오디오 타이피스트에게 넘긴다는 뜻이 아니다. 함께 일할 유능한 사람을 찾는다면 선택은 매우 생산적이다.

나는 이런 식으로 오디오 타이피스트와 수년간 일했다. 우리의 결합 결과는 매달 대략 60,000 단어였고 점검하고 교정할 시간도 있었다. 직원을 고용하면 책임이 따른다. 직원이 아파 결근하면 임시로 고용할 자원도 확보해야 한다.

번역을 구술하고 구술한 다음 타이핑하는 번역가도 있다. 이것은 테이프를 듣는 동안 편집 교정을 가능하게 해주지만, 최소한 나에게는, 자원을 비효율적으로 사용하는 것 같아 보인다. 특히 고객이 보안상 구술된 번역을 의뢰할 때도 있는데 이런 경우는 매우 드물다.

프리랜서 번역가로 일하기 시작했을 때 나는 번역물을 손으로 썼다. 그런 다음 카피 타이피스트에게 넘기면 카피 타이피스크가 편집될 초안을 완성했다. 변경을 많이 하길 꺼렸는데, 그 일은 카피 타이피스트가 할 일이라고 여겼기 때문이다. 시간당 대략 300 단어를 썼다. 교정 시간을 고려하면 효율적인 비율은 시간당 약 200 단어였다. 그런 다음 테이프에 구술해서 오디오 타이피스트에게 넘기면 글자로 바뀐 번역물이 되었다. 우리의 결합 결과는 교정과 편집을 포함해 시간당 약 1,000 단어까지 올라갔다. 개인용 컴퓨터로 직접 일하면서 효율적인 번역 비율은 시간당 약 320 단어였으며 하루 종일 일하는 동안 이 비율은 유지되었다. 물론 단기간에 훨씬 빠른 비율을 낼 수 있지만 경험상 이것은 비현실적이다.

자신을 위한 구술 장비와 채용할 오디오 타이피스트에 대한 비용도 고려해야 한다. 단어를 처리하는 전문기관의 서비스를 이용한다면 오디오 테이프의 호환성도 고려해야 한다. 한쪽 면만 사용가능한 그룬딕 (Gründig) 구술 테이프의 저장능력은 30분이고, 양쪽 면이 모두 사용가능한 필립스 구술 테이프의 저장능력은 각 면에 15분으로 총 30분이다. 다른 것들의 저장능력은 양쪽 면이 모두 사용가능한 표준 구술 테이프로 각 면에 30분씩 총 60분이다.

5.7.2 미리 형식이 잡힌 텍스트의 오버타이핑

이런 번역 방법은 번역저장 도구를 바로 사용할 수 없을 때 사용된다. 최근의 번역저장 도구 버전은 이런 소프트웨어 유형을 처리한다. 하지만 이것은 엑셀과 같은 스프레드시트 프로그램을 이용해 연보를 만들 때 특히 많이 사용된다. 이렇게 하는 보통 이유는 특별한 레이아웃에 맞추기 위해서인데, 예를 들면 매크로를 사용해 복잡한 재무계산을 해야 할 때 많이 사용된다. 디스크에 이미 들어있는 텍스트를 사용하는 것은 재입력과 숫자 점검 및 원천 텍스트의 행의 수를 세는 것처럼 단조롭고 짜증난 일을 덜 수 있는데, 이유는 이런 일은 번역은 필요 없지만 포함은 되어야 하기 때문이다.

이런 번역 유형은 경험이 없으면 시간이 많이 소비된다. 번역료도 일에 들인 추가 시간을 고려해 변경해야 한다. 워드 프로세싱 패키지에서 "찾기와 바꾸기" 기능을 잘 이용하면 해야 할 일을 줄일 수 있다. 대문자와 소문자 및 다른 트랩들을 허용하기 위해 기능들을 조심해서 이용해야 한다. 사용하는 워드 프로세서 패키지에 매크로 기능이 있는지 확인한다. 있다면 전체를 바꾸기 위해 그 기능을 이용한다. 이것을 조심스레 사용한다면 공통된 단어나 구에 응용할 수 있다.

찾아 바꾸기 전에 지운 경우를 대비해 앞에 완성원고를 두고 하는 버릇을 들여야 한다. 번역된 텍스트가 종이의 주어진 공간에 맞도록 하려면 편집 능력을 연습해야 한다.

텍스트를 그림으로 바꾸는 그래픽 프로그램을 사용해야 할 경우도 있다. 그럴 경우, 예로 마이크로소프트 워드와 파워포인트나 비지오를 이용하면 된다. 그래픽 파일을 불러오고 내보내는 것을 경험을 통해 익혀야 하고 하드웨어와 소프트웨어로 맘대로 잘 할 수 있을 때까지 연습해야 한다.

이런 능력은 컴퓨터의 '원천 텍스트' 행들을 번역할 때도 응용된다. 예를 들어, 영어로 된 하나의 명령문을 정해진 문자 개수로 번역해야 한다고 하자. 문제는 약어를 번역할 수 없을 때 생긴다. 소프트웨어 라이터 (writer)는 결국 번역이 불가능하고 결과적으로 한정된 문자 개수를 확장할 수 없다는 것도 인식하지 못한다.

5.7.3 컴퓨터 이용 번역(CAT)

컴퓨터 기억장치에 저장된 모든 과거의 번역을 조회했을 때 정확하거나 유사하게 일치(퍼지 대응으로 불림)하는 번역이 있다면 재사용이 가능하기 때문에 이것은 번역저장 시스템으로도 불린다. 간략히 CAT로 부른다.

비현실적으로 아주 짧은 시간에 번역을 의뢰하고 견적까지 요구하는 고객도 있다. 재래적 방법으로 그런 일을 완성하는 유일한 방법은 동시에 일하는 번역가 팀과 노련한 프로젝트 진행자를 이용하는 것이다. 대안은 컴퓨터가 초안을 번역하고 번역한 것을 교정하기 위해 사람이 편집을 하는 CAT 기능을 개발하는 것이다.

최초로 기계 번역이 진지하게 시도된 50년 전(1948) 이래로 개발이 서서히 진행되었다. 이러한 시도는 동시대의 하드웨어와 다른 요인들 때문에 제한적이었다. 기능은 날로 좋아져 실행 가능한 선택이 되었지만 여전히 수락 가능한 결과를 내기 위해 노련한 번역가나 언어 편집자가 필요한 상황이다.

CAT 소프트웨어는 본질적으로 언어 정보 데이터베이스를 다루기 위해 사용되는 도구 집합이다. 그것은 이런 데이터베이스를 구성하는 원천언어와 목표언어에서 번역된 단어, 구, 문장, 심지어 완전한 문단까지에 대한 정보의 입력이다. 잠재적인 이득이 다음과 같다.

- 반복되거나 유사한 텍스트는 한 번만 번역하면 된다.
- 일단 용어가 이 시스템에 입력된다면 향후 번역은 용어관리 시스템이 제공한 옵션을 번역가가 선택하기만 하면 일치한다.
- 초벌 번역의 속도가 매우 빨라져 품질관리에 더 많은 시간을 투자할 수 있다.
- 컴퓨터가 하루 중 언제라도 초벌번역을 해주기 때문에 사람 번역가가 1주일 걸려 번역할 10,000 단어의 번역이 하루밤새 행해져 다음날 아침에는 편집이 가능하다. (시간당 10,000 단어의 속도가 요구된다.)
- 생산비용이 감소하기 때문에 더 큰 이익이 남는다.
- 텍스트가 이미 소프트웨어에 입력된 상태이기 때문에 더 좋은 품질관리는 유일하게 확인된다면 재확인이 필요 없다.

CAT 소프트웨어는 오늘날 수많은 제조사가 생산하고 있으며, 가장 널리 사용되는 것은 트라도스이다. 그런 소프트웨어는 아직도 비싼 편이고 만족스럽게 일하려면 꽤 성능 좋은 컴퓨터가 필요하다. 트라도스는 상당한 입력 자료가 이미 소프트웨어에 입력되어 있어야만 유용한 번역물을 생산하기 때문에 구입 첫날부터 당장 이용 가능한 그런 것은 아니다. 처음 설치하고 나서 시도해보면 만족스런 결과를 얻을 수 있다. 하지만 더 많은 정보를 입력하면 할수록 더 좋은 효과를 얻는다.

번역가가 하는 일이란 원천 텍스트를 포함한 전자 파일을 컴퓨터에 입력하고 완성된 번역물이 자동으로 생산되기를 기다리는 것으로 생각하면 무지한 고객의 오해이다. 다음은 현실에서 일어나는 일을 설명한다.

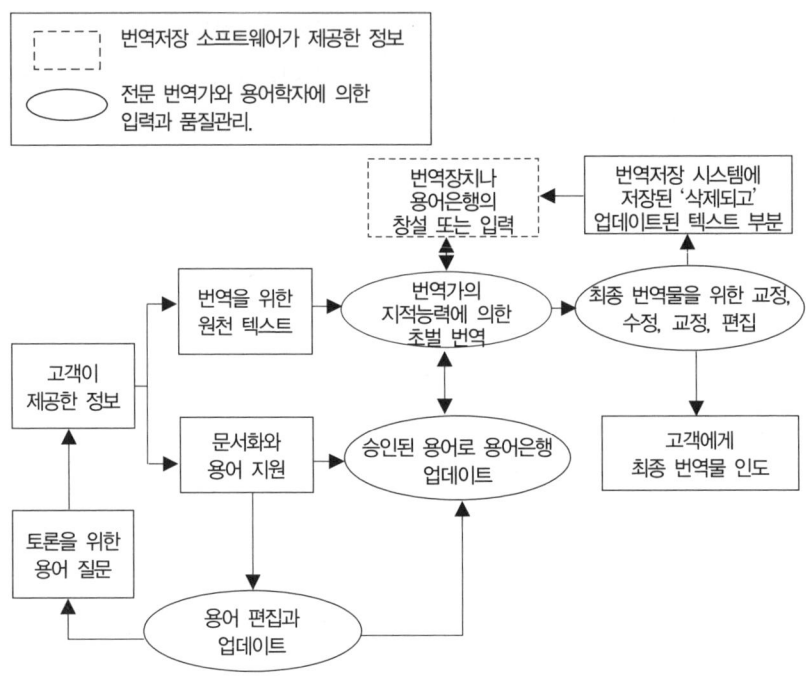

그림 12. 번역과정에서 CAT 소프트웨어의 입력

6.

참고출처 · 자료검색 · 파일관리

"모든 일의 성공은 앞선 준비에 달렸다.
그런 준비가 없으면 실패한다."
c.550-c.478 BC, 공자

인터넷에서 이용 가능한 참고 출처는 아주 많다. 예를 들어, 유명한 검색 엔진 중 하나인 www.google.com에 접속하면 20억이 넘는 페이지에 접근할 수 있다. 그렇다면 책은 어떨까 생각해보자.

다양한 주제 범위를 번역해달라고 요청 받으면 설령 그 주제들을 잘 안다 하더라도 한계가 있음을 인정해야 한다. 하지만 일을 가능하게 하는 권위 있는 참고가 있다면 번역 일은 훨씬 더 쉬워진다.

번역 일을 수락할 때 항상 참고자료가 이용가능한지 물어본다. 해야 할 일과 관련된 어휘와 용어를 제공하는 이전의 번역물이 있을 수 있기 때문이다. 기존의 용자 용어(用字用語)를 고수할 필요가 있지만 이것을 알지 못한다면 완전히 용인될만한 번역물을 만들어야 한다. 하지만 그렇지 못할 수도 있다.

이용 가능한 참고자료가 없을 때도 있다. 도움을 요청하면 "당신이 번역가잖아요. 알아서 하세요"라고 말하는 도움이 되지 않는 고객도 있다. 다행히 그런 고객은 소수이다.

대기업에서 프리랜서로 일한다면 번역을 의뢰한 사람이 회사에서 이용 가능한 것이 무엇인지 모른다면 위험하다. 시간제한을 두고 하는 일이라면 특히 그러하다. 회사가 도서관을 가지고 있는지, 있다면 사용 가능한지 물어야 한다.

원천언어에서 생기는 문제나 기술적이거나 다른 것 등을 설명할 수 있는 사람의 이름을 알아둬야 한다. 목표언어로 어떤 설명을 다른 사람에게 제공할 수 있다면 대개 정확한 용어라고 보면 된다.

6.1 사전

대부분 자신이 택한 표준 2개 국어 사전에는 친숙한 편이다. 실제로 별 도움이 되지 못하는 사전 구입에 많은 돈을 들이기도 한다. 그렇다 해도 전문가 분야에 대한 용어를 제공하는 좋은 사전도 있다. 어떤 사전을 구입해야 좋은가에 대한 최고 조언은 경험 많은 번역가에게 물어보거나 (회원이라면) 언어학자협회 사서에게 물어보라는 것이다.

원천언어의 단일 언어사전의 가치와 목표언어에서 그에 상응하는 사전의 가치를 간과해서는 안 된다. 비록 단어 하나를 잘 모르겠고 그 뜻을 2개 국어 사전에서 찾을 수 없다 해도 단일 언어사전의 설명이나 정의가 도움이 될 때가 많은데 특히 그것이 좀 더 친숙한 직유 표현을 가진다면 많은 도움이 된다. 의학 용어나 생물학 용어를 번역할 경우 공통어로 라틴어나 그리스어를 사용하는 것도 고려해볼 만한 가치가 있다.

가장 번역하기 힘든 유형 중 하나는 식당 메뉴의 번역일 것 같다. 많은 메뉴 이름이 주방장의 상상에서 나온 이름이거나 번역을 어렵게 만드는 알기 힘든 지역 이름이다. 최근에 nävegröt를 포함한 스웨덴어로 된 지역의 요리법에 관한 책을 번역했는데 그 중에 "죽을 한 줌 먹어보세요(Take a fistful of porridge)"라는 사용설명이 있었다. 그래서 이 요리법을 "한 줌의 죽(Fist porridge)"이라고 번역했다. 영감이 전혀 떠오르지 않을 때 내가 한 일은 불어로 된 가장 좋은 동의어를 사용하는 것이다. 이것이 영어로 번역된 덜 영감적인 표현보다 훨씬 더 받아들일 만하다. 내가 모든 음식을 즐기고 우리 부엌선반에는 80개 이상의 요리책이 있다고 덧붙여야 하나?

사전을 이용할 때 위험한 경우도 있다. 번역 자체는 정확하지만 보다 적절한 특허 등록명이나 상표명이 있을 수 있다. 예를 들어 기술적인 성향을 지닌 사람들은 육각형 소켓 키를 "앨런 키"라 부르거나 크로스포인트 십자드라이버를 "필립스 드라이버"라고 부른다. 물론 똑같은 실수가 외국어에서도 일어난다. 사전은 비망록으로 더 많이 이용되고 정말로 원하는 것은 자신이 찾고 있는 것을 확인하는 것이다. 사전에 의존할 때 생기는 위험을 다음의 두 가지 예로 설명한다.

- 스웨덴어 항목 : *pay-back metoden*

  영어 번역　　 : 지불 기간 방식(*pay-off-period method*)
- 스웨덴어 항목 : *kronofogde*

  영어 번역　　 : 지방경찰국장(*Country Division Police Commissioner*).
  하지만 개정판 사전에는 다른 번역이 있다. : 집행부 수뇌(*Head of Enforcement District*).

과학기술이 진보함에 따라 더 많은 온라인 사전과 백과사전이 이용 가능하다. 이 사전들은 워드프로세서 프로그램에서 일하는 동안 언제든지 찾아볼 수 있고 요구된 저장용량 때문에 CD-ROM 디스크로도 이용 가능하다.

이러 사전들이 텍스트를 직접 번역할 때 사용되고 훌륭한 보완물을 멀티텀과 같은 용어 관리 시스템으로 구축하는 데 제공하기 때문에 번역할 때 규칙적으로 사용한다.

6.2 표준

용어의 매우 유용한 출처는 표준에서 발견된다. 표준이라 함은 영국표준협회(BSI), 국제표준화기구(ISO) 등과 같은 협회가 만든 문서를 의미한다. 이런 협회들은 모든 범위의 주제, 특히 과학기술에 대한 표준을 발행한다. 최상위에 있는 ISO와 다른 국제협회들의 표준에는 계층이 있다. 국내표준은 대개 국제표준을 따르고 있으며 그 다음의 표준이 된다. 대기업은 흔히 국내표준과 조화를 이루는 자사만의 표준을 정한다. 다음 페이지에 나타난 전형적인 예는 스웨덴 고센베르그의 볼보사 표준국의 허가를 받고 복사된 것이다.

이러한 많은 표준은 여러 언어로 사용된 용어를 포함한다. 예를 들어 스웨덴어 표준은 흔히 여러 언어로 이용 가능하며 뛰어난 참고출처가 된다. 대부분의 경우, 원천언어 용어는 간단한 설명과 함께 실린다. 그런 다음 최소한 하나의 다른 언어, 일반적으로 영어로 번역된 용어가 그 뒤에 실린다.

영국표준협회는 모든 국제표준에 대한 영국의 대표기관이다. 영국표준협회는 표준을 파는 판매소를 운영한다. (세부사항은 부록 참조) 대형 도서관에는 영국표준 복사본이 있다. 심지어 번역물 발표에 대한 영국표준도 있다. 제목은 "번역물 발표에 대한 명세서" BS 4755:1971이다.

6.3 연구기관과 전문가/무역협회 도서관

건물 서비스(난방, 환기, 위생과 같은 건물 안에 포함된 잡동사니)에 대한 번역물을 가지고 있다고 가정해보자. 분명히 유용한 정보의 출처는 적절한 연구기관의 도서관이다— 이 경우에는 건물서비스연구정보협회이다. 보통 이런 협회의 서비스는 회원에게만 가능하지만 도움을 주기 위해 비회원에게도 제공한다. 모든 관계된 협회가 실린 이용 가능한 참고 문헌이 있다.『영국협회와 아일랜드협회 주소록』이다. 세부사항은 이 책의 부록에 있는 참고문헌을 보면 된다.

6.4 이전 번역물

지나간 모든 완성원고 번역물과 참고자료를 저장하고 있다면 이상적이다. 하지만 물리적으로 저장하기에는 한계가 있다. 마찬가지로 사용하고자 할 때 효율적인 검색 시스템이 필요하다. 번역물이 완성원고보다 디스크에 저장될 수 있다. 자기 매체가 저장할 수 있는 텍스트 양은 상당하다. 컴퓨터 파일 분류에 익숙해지면 검색도 빨리 할 수 있다.

분명히 번역저장 시스템을 사용하면 이런 일이 쉬워진다. 대부분 연구 작업이 용어에 관한 것이기 때문에 번역가의 작업대(Translator's Workbench)보다 멀티텀(Multiterm)이 더 사용하기 쉽다. 이것은 상당한 재산이 되고 하나의 용어를 찾는 데 여러 시간이 걸릴 수 있고 전화로 응답도 해야 하기 때문에 저장해 두면 좋다.

6.4.1 탐정놀이

일을 하면서 흥미로우면서도 가장 힘들었던 번역은 스웨덴 삼림회사의 웹사이트를 번역하는 일이었다. 이것은 번역 능력뿐만 아니라 다음과 같은 내용에 대한 인생경험 능력도 필요로 했다.

요리법 이해와 번역

이것은 웹사이트가 삼림에서 사냥하는 동물과 새와 물고기에 대해 얘기했기 때문에 필요했다. 이것은 번역할 때 요리법이 효과가 있도록 하기 위해 요리에 대한 이해와 감각을 요구할 뿐만 아니라 요리법을 무어라 번역해야 할지 요구했다. 어머니는 어릴 때부터 내가 요리하는 걸 격려해주셨고 그것은 한평생 즐거움이었다. 내가 모은 100권 이상의 요리책에서 영어와 스페인어와 불어로 된 요리책을 참고해 번역했다.

3kg의 곰 뒷다리 스테이크와 같은 재료를 이해하는 것이 약간 어렵다 해도 요리법을 보고 요리하는 것은 즐거운 일이다.

민물고기 이름 알기-물고기와 잡어

스웨덴에서는 6개의 서로 다른 어종을 가진 특별한 물고기(Sit, 영어로 흰연어류로 불림)가 영국에서는 몇 어종만 발견되기 때문에 이것은 번역하기 어려웠다— 귀네드와 파우팅이란 어종만 산다. 이런 경우 유일한 해결책은 라틴어 이름으로 되돌아가거나 추가 연구를 통해 이것을 공통어로 사용하는 것이다.

스웨덴의 일반 기후, 지형, 지질, 식물, 동물에 대한 지식

식물의 종이 특별한 지리적 지역에만 분포한다면 그 식물의 이름도 알기 어렵다.

　칼 폰 린네(Carl von Linne—스웨덴 사람. 사람들에게 린네 (Linneeus)로 알려짐. 번역가는 모르는 사람) 덕분에 불행한 번역가를 돕기 위해 사용되는 라틴어 공통어가 있다.

표준 참고문헌에 없는 용어 찾기

이런 번역을 위해 표준 2개 국어 사전과 17개의 참고문헌을 이용했다. 이것은 한 단어를 찾기 위해 모두를 뒤져야 하는 탐정 놀이를 요구한다

　이런 특별 단어는 스웨덴의 가장 큰 호수 중 하나인 잼트랜드 (Jämtland) 지방의 스톨스죤(Storsjön) 역사와 관련이 있다. 이 호수에 섬 이 하나 있는데, 1689년 이 섬에 *regementsskrivarboställe*를 제공하기 위해 부동산을 구입했다. 이 특별한 단어를 번역하기 위해 어느 정도까지 탐정놀이를 해야 했고 아래의 순서도는 그 단어를 번역하기 위해 내가 했던 경로를 보여준다.

　새 옥스포드 영어사전에서 단어의 정의를 검사한 후 감사관으로 번역하기로 마음먹었다. 스웨덴어로 쓰여진 기사에서 제목 *regementsskrivaren* 는 *regementsintendent*로 바뀌었던 1646년과 1880년 사이에도 사용 중이었다. *regementsintendent*는 연대의 경리관으로 번역될 수 있다.

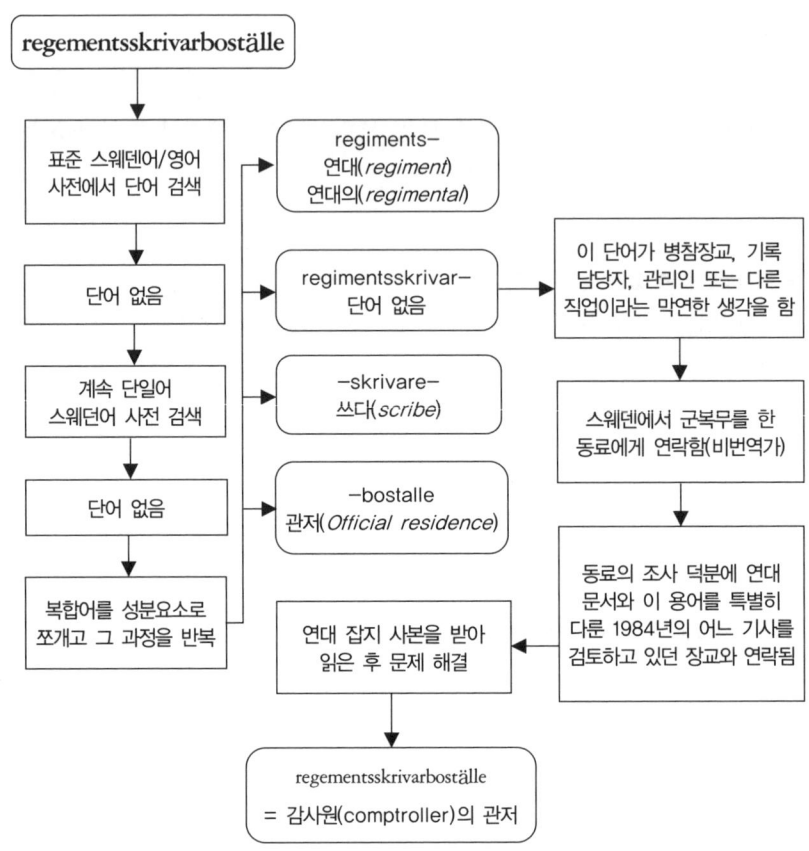

regementsskrivarboställe

표준 스웨덴어/영어
사전에서 단어 검색

단어 없음

계속 단일어
스웨덴어 사전 검색

단어 없음

복합어를 성분요소로
쪼개고 그 과정을 반복

regiments—
연대(*regiment*)
연대의(*regimental*)

regimentsskrivar—
단어 없음

—skrivare—
쓰다(*scribe*)

—bostalle
관저(*Official residence*)

이 단어가 병참장교, 기록
담당자, 관리인 또는 다른
직업이라는 막연한 생각을 함

스웨덴에서 군복무를 한
동료에게 연락함(비번역가)

동료의 조사 덕분에 연대
문서와 이 용어를 특별히
다룬 1984년의 어느 기사를
검토하고 있던 장교와 연락됨

연대 잡지 사본을 받아
읽은 후 문제 해결

regementsskrivarboställe
= 감사원(comptroller)의 관저

〈regementsskrivarboställe를 번역하기 위한 탐정놀이 흐름도〉

VOLVO

KONCERNSTANDARD
GROUP STANDARDS

STD 5023, 61

Handläggare		Utgäva	1	Fastställd	1987-05	sida	1 (3)
Issued by	06530 L-G Olsson	호(Issue)		출판연도	1987-05	페이지	1 (3)

RITNINGSREGLER
KRAV FÖR MIKROFILMNING

기술 도면
축소복사를 위한 필요요건

ORIENTERING

Denna standard är ett utdrag ur den internationella Standarden ISO 6428-1982 och den svenska stan-Darden SS-ISO 6428.

Standarden ersätter STD 5021,51

오리엔테이션

이 표준은 국제표준 ISO 6428-1982 와 스웨덴표준 SS-ISO 6428에서 발췌한 것이다.

이 표준은 STD 5021,51를 대체한다.

INNEHÄLL

1 ALLMÄNT

2 KRAV PÄ UTFÖRANDE
2.1 Ritningsblanketter
2.2 Linjer, svärtning, linjegroviek och linjeavständ
2.3 Ytor
2.4 Markeringar
2.5 Textning
2.6 Rithjälpmedel

3 REFERENSER

내용

1 일반적인 것

2 실행 필요조건
2.1 도면지
2.2 선의 밀도, 두께, 공간
2.3 범위
2.4 표지
2.5 문자 넣기
2.6 도안 장비

3 참고

1 ALLMÄNT

Denna standard anger de krav som skall iakttas när Man upprättar originairitningar och andra doku-Ment som skall mikrofilmas. Uppfyllda krav ger Microfilm av hög kvalitet av vilken läsbara, försto-Rade kopior kan göras.

Reglerna kan emellertid med stor fördel tillämpas för Andra reprometoder. Därför rekommenderas det att Alla document upprättas enligt denna standard. Sä Att de kan användas for framtida microfilming.

1 일반적인 것

이 표준은 원본기술 도안과 축소 복사 될 다른 도안 문서를 실행할 때 준수해야 할 필요조건을 명시한다. 이 필요조건은 선명한 확대복사가 가능한 고품질 마이크로롬을 제공한다.

하지만, 이런 규칙의 적용은 다른 복사에도 유용하므로 모든 도안 사무 문서는 이 표준에 맞춰 실행되도록 권권장되며 그로 인해 미래에 축소복사가 사용 가능하다.

6.5 용어집 편집

새로운 주제 문제와 부딪쳤을 때 유용한 접근방법은 번역을 적절히 하기 전에 용어집을 편집하는 것이다. 아는 것을 다시 번역하기 전에 이미 사용가능한 것이 무엇인지 점검한다. 원본을 훑어보면서 낯선 단어에 대한 목록을 만든다. 컴퓨터를 사용해 이 일을 해도 된다.

신문 취급 기계에 대한 번역에서 가져온 간단한 예를 살펴보자. 단어는 텍스트에 나타난 순서로 나열했다.

스웨덴어	영어
Oppningsvred	손잡이(opening handle)
LCD-kort	LCD 카드(LDC card)
Granslagesbrytare	리밋 스위치(limit switch)
Blinka	플래쉬(flash)
Hissanordning	밸프 개폐장치(lifting gear)
Hyliplan	열판(storage plate)
Minusknappen	마이너스 버튼(minus button)
Parametervarde	매개변수값(parameter value)

자신만의 용어를 편집하는 방법은 만들기에 따라 간단하거나 복잡하다. 가장 간단한 방법은 사용하는 워드프로세서 프로그램에 있는 정렬 기능을 사용하는 것이다. 이것은 간단하다는 장점이 있지만 단순한 전자 검색은 허용하지 않는다. 번역기억장치 시스템에 친숙하다면 용어관리 소프트웨어를 사용하면 좋다. 이 소프트웨어는 단어나 용어가 이미 저장되어 있는지 자신이 확인한 다음 있으면 문서에 넣으면 되기 때문이다.

물론 용어사전이 알파벳 순서로 정렬되어 있으면 사용하기 훨씬 더 간단하다. å,ä,ö 등으로 시작하는 단어가 제자리에 있는지 확실히 최종 확인만 하면 된다. 이 방법을 사용할 때의 유일한 단점은 워드프로세서 프로그램에서 칸을 바꿀 수 없다는 것이다. 원천언어가 영어인 목록을 만들고 싶다면 이것은 장점이 될 수 있다. 물론 두 번째 칸을 정렬할 수 있지만 이것은 두 번째 칸을 먼저 살핀다는 것을 의미한다.

스웨덴어	영어
Blinka	플래쉬(flash)
Granslagesbrytare	리밋 스위치(limit switch)
Hissanordning	밸프 개폐장치(lifting gear)
Hyliplan	열판(storage plate)
LCD-kort	LCD 카드(LDC card)
Minusknappen	마이너스 버튼(minus button)
Parametervarde	매개변수값(parameter value)
Oppningsvred	**손잡이(opening handle)**

이제 번역하는 동안 작성한 목록을 참고할 수 있다. 또 미래에 사용하기 위해 영원한 기록으로 간직할 수 있다. 또 다른 장점은 작성한 용어사전을 고객에게 넘겨 기존의 용어와 같은지 점검하거나 다르면 통일된 용어로 고칠 수 있다. 승인이 되면 정보원으로 고객을 언급하고 이 용어사전을 자신의 번역 소프트웨어 용어은행에 넣는다.

이런 종류의 목록은 특별한 디스크에 특별한 고객의 번역물을 저장할 때 특히 매우 유용하다. 똑같은 뜻을 가지는 용어지만 고객에 따라 선호하는 용어가 다를 수 있다. 참고할 만한 기록이 없다면 그런 특별한 고객의 선호 용어에 대해 모두 기억하기는 힘들다. 번역을 하다가 일 년 정도 기다릴 수 있기 때문에 이전 번역물에 쉽게 다가가는 게 중요하다.

하나의 번역물이 전체적으로 같은 유형을 가지려면 한 명의 번역가가 번역하는 것이 이상적이다. 여러 명이 동시에 번역할 때의 문제점은 용어의 불일치이다. 하나의 번역 프로젝트가 너무 커서 한 명의 번역가가 감당하지 못할 경우도 있다. 그럴 때는 전반적으로 용어가 일치하도록 책임지는 사람이 있어야 한다. 컴퓨터이용번역과 전자용어 관리를 사용하면 이런 일이 쉬워진다. 번역 팀 모두에게 번역을 나누어주기 전에 용어를 통일한 후 이것과 함께 분담된 번역을 번역가 모두에게 넘기는 게 좋다. 이렇게 하면 일관된 용어 사용이 보장된다.

운 좋게도 다른 번역가들과 함께 큰 프로젝트를 맡아 주도권을 쥐면서 용어집을 편찬한 적이 몇 번 있었다. 자연히 그런 용어집은 처음에는 별로지만 번역 팀의 다른 번역가들이 용어를 보태면서 점점 양이 많아진다. 용어집은 정기적으로, 예를 들어 매주 한 번, 갱신되고 프로젝트에 참가하는 모든 이에게 분배된다. 이것은 '표준' 용어가 사용되고 있다는 것을 확인시킨다. 예를 주기 위해, 약 2년 동안 일했던 한 프로젝트에서 만든 용어집은 60 페이지가 넘었으며 한 회사의 참고문헌으로 채택되었다.

멀티텀과 같은 용어 관리 시스템은 자신이 만든 용어집을 재사용하기 위해 저장할 수 있다. 하지만 주의점이 있다. 멀티텀에 있는 용어집 용어와 번역가의 작업대(Translator Workbench)에 있는 번역된 부분이 컴퓨터 저장장치에 입력하기 전에 맞는지 확인해야 한다. 그렇지 않으면 실수할 수 있기 때문이다.

6.6 문학 작품

목표언어의 문학 작품은 용어의 유용한 출처이다. 딜레마는 수집할 것이 무엇인지, 수집한 것을 어떻게 저장하는지, 저장된 것을 필요할 때 어떻게 검색하는지 등이다. 번역시 시간에 쫓기기 때문에 부가적인 참고문헌을 보기 위해 외부 출처를 찾기는 실제로 거의 힘들다.

주제에 따라 참고자료를 저장하는 것이 최고로 좋다. 같은 곳에 용어사전을 저장해도 된다. 한정된 고객만으로 일한다면 참고자료를 적절히 저장하면 더 편리해진다. 신문과 전단지는 책꽂이에 보기 좋게 세우기 힘들고 서류가 바닥에 널브러져 있으면 보기가 좋지 않다. 링 바인더로 관련 서류를 정리하거나 상자 파일을 사용해 책꽂이에 정리해두면 좋다. 나는 튼튼한 플라스틱 상자 파일을 이용하는데, 각 상자에 라벨을 붙여 내용을 확인한다.

6.7 자료검색과 파일관리

프리랜서 번역가의 파일 관리

텍스트 파일을 디스크에 저장하는 것은 언젠가 그 정보를 검색한다는 전제가 깔려있다. 아주 단순히 "번역123"과 같은 식으로 파일 이름을 붙이면 후에 특정 고객이 의뢰한 번역물을 찾기가 힘들다.

어느 정도의 관료주의는 어쩔 수 없지만 매우 유용할 수 있다. 컴퓨터의 파일 이름은 대부분 알파벳과 숫자의 조합에다 세 문자로 된 확장자명으로 구성된다. 구두점은 일반적으로 사용할 수 없다. 하지만 이런 제약은 새로운 버전의 소프트웨어가 공개되어 판매되면서 변하고 있다. 사실, 확장자만으로 소프트웨어를 구별할 수 있다. 편하게 사용할 수 있는 시스템을 고안해도 좋지만 몇 가지 도움이 되는 조언이 있다. 파일을 인식하기 위한 문자는 사용하는 소프트웨어 패키지에 따라 다르다. 어떤 패키지는 파일 통계, 확장된 파일 이름, 작가의 세부사항 등을 선택해서 주석을 달도록 한다. 이용 가능한 것을 알려면 매뉴얼을 보면 된다.

하나의 목표언어로만 번역할 때 이용 간단한 시스템은 아래와 같은 것이다. 번역 번호를 순서적으로 나타내기 위해 네 자리의 숫자―예를 들어 1224― 와 아래문자_에다 원천언어를 표시하는 세 자리 문자나 목표언어를 표시하는 세 자리 문자 및 소프트웨어 형태를 알리는 세 자리 확장자명을 사용한다. 예를 들어 마이크로소프트 워드 소프트웨어를 위한 확장자명을 사용한다고 하자. 그러면 다음과 같은 번역 번호가 만들어진다.

1224_swe_eng.doc

나의 경우, 단골 고객에게는 번역물 각각에 대해 청구서를 보내기보다 한 달 동안 한 번역일을 모두 모아 매월 말에 청구서를 보낸다. 일단 모든 일이 끝나면 그 한 달에 대한 디렉토리를 만들어 아카이브(ARCHIVE) 디렉토리의 서브디렉토리로 만든다. 따라서 라이브(LIVE) 디렉토리에는 특정한 한 달 동안 행한 일만 저장한다. 가끔씩 의뢰하는 고객에 대한 번역물에 대해서도 같은 방식으로 저장하지만 번역료는 번역물을 보낼 때마다 청구한다.

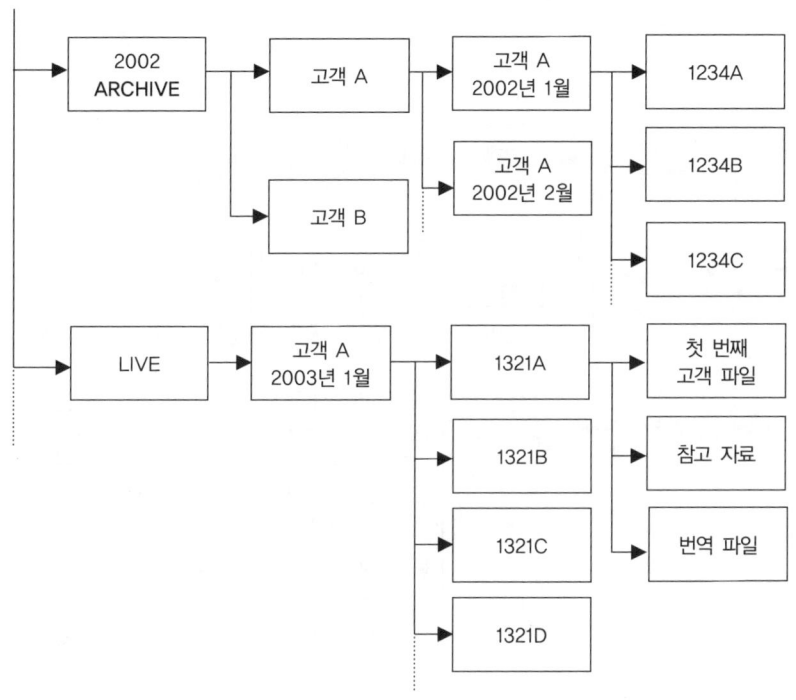

그림 12. 아카이브에 저장된 일과 진행 중인 일에 대한 디렉터리 구조

번역회사의 파일관리

위의 시스템은 개인 번역가가 이용하는 단독 시스템에서 단일 언어로 된 2개 언어를 다룰 때 적당하다. 컴퓨터들을 연결해 사용하는 번역회사는 생산 단계에서 여러 언어와 번역물을 처리할 수 있는 시스템이 필요하다.

일이 상당히 많은 개별 파일로 구성된다면 진행 과정을 알 수 있도록 하나의 엑셀 파일로 편집하는 것이 유용하다. 많은 파일을 포함하는 일의 예가 아래에 있다. 마지막 직선은 진행 중인 일의 상태를 가리키는 공식으로 사용 가능하다.

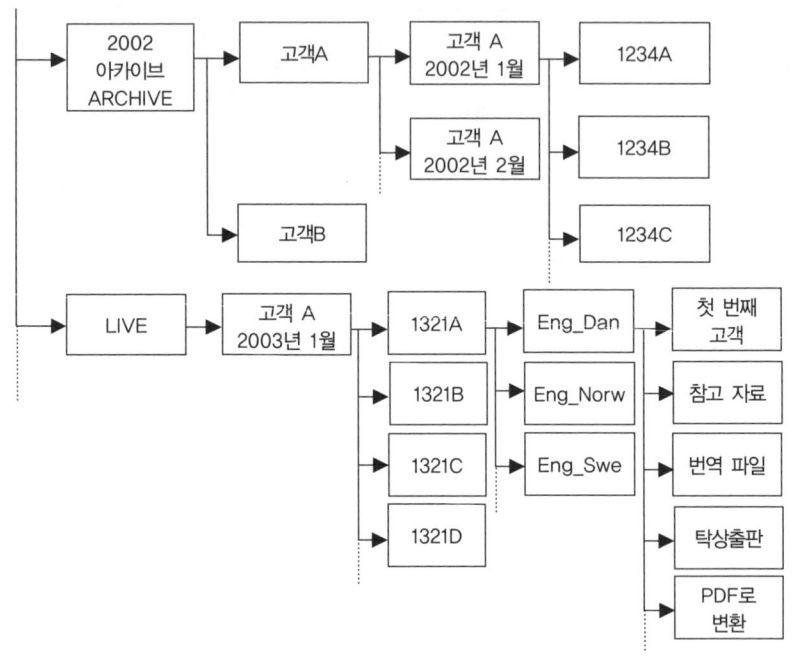

그림 13. 여러 언어 쌍에 대한 파일관리

6.8 데이터베이스 응용 프로그램

컴퓨터로 일할 때는 위험이 따른다. 사용하다 보면 컴퓨터가 일을 도와주고 관리의 짐을 덜어주기 보다 사용 그 자체에 중독될 수 있다. 데이터베이스 프로그램을 사용하면 시간이 무척 절약되는 응용 프로그램들이 있다ー 필수불가결이지만 컴퓨터 이전에도 사람들은 이런 일을 그럭저럭 해왔다. 카드식 색인은 자료가 적을 때 접근이 용이하지만 잃어버

리기 쉽다. 컴퓨터 색인은 갱신이나 수정이 가능하고, 보고 싶은 형태의 정확한 자료구조도 만들 수 있다. 컴퓨터의 민첩성을 고려한다면 카드식 색인 자료를 분석하는 것은 비현실적이다.

용어집과 용어목록 편집

사용하는 소프트웨어에 따라 두 가지 수준의 용어집과 용어목록이 있다. 즉 마이크로소프트의 워드와 같은 텍스트 처리 프로그램으로 생성된 용어집과 용어목록 및 앞에서 언급된 멀티텀과 같은 CAT 프로그램과 연관된 용어 관리 시스템으로 생성된 용어집과 용어목록이 있다.

본질적으로 데이터베이스는 필드(알파벳과 숫자의 조합, 날짜, 숫자, 논리, 메모)가 여러 개 모여 구성된 레코드의 집합이다. 자료를 입력하고 나면 명시한 기준에 따라 레코드를 구조화할 수 있다.

사용할 원천언어를 결정하고 나면 그에 대응하는 용어도 알파벳 순서로 입력되는데, 알파벳으로 색인된 원천언어를 따르기 위해서이다. 각 페이지에 대한 제목과 함께 칸마다 적당한 제목을 가진 용어가 인쇄되도록 보고서를 작성할 수 있다. 표준 워드 프로세싱 패키지에서 제공하는 기능을 사용해 레코드를 저장할 수 있지만 인수가 많아지면 데이터베이스를 사용하는 것이 훨씬 실용적이다.

생성 레코드 보관

컴퓨터에서 생성된 레코드는 많은 응용 프로그램에 사용될 수 있다. 번역물을 주어진 기간에 분석할 때 생성된 레코드를 사용할 수 있다. 특별한 일을 받았는지 또는 전달했는지를 추적할 때도 사용할 수 있다. 이전에 한 일도 추적 가능하여 몇 년 전에 한 일도 빨리 검색할 수 있다.

파일이름	단어 수	번역된 수	1차 검증	2차 검증	철자 확인	최종 판독	전달 날짜
S2. doc	70	70	70	70	x	x	2002.09.09
S5-7_inled.doc	353	353	353	353	x	x	2002.09.09
S8-10_Forord.doc	608	608	608	608	x	x	2002.09.09
S12-18_Bakgrund.doc	1286	1286	1286	1286	x	x	2002.09.09
S20-21_Gripenkonceptet	275	275	275	275	x	x	2002.09.09
S22-27_Flygplanet.doc	529	529	529	529	x	x	2002.09.09
S28-31_Gripensysteemet.doc	973	973	973	973	x	x	2002.09.09
S32-35_Bev_o_yttre_laster.doc	588	588	588	588	x	x	2002.09.09
S36-42_Manniskan_i_Gripens.doc	1119	1119	1119	1119	x	x	2002.09.09
S44-48_Ekonomi.doc	1063	1063	1063	1063	x	x	2002.09.09
S50-54_Kontrakten.doc	880	880	880	880	x	x	2002.09.09
S56-58_Partners_och.doc	486	486	486	486	x	x	2002.09.09
S60-61_Exportstod.doc	381	381	381	381	x	x	2002.09.09
S62-65_Saab_BAE.doc	605	605	605	605	x	x	2002.09.09
S66-69_Exportsatsn.doc	665	665	665	665	x	x	2002.09.09
S70-72_Vidareutv_av_Gr.doc	423	423	423	423	x	x	2002.09.09
S74-75_Gripen_dorroppn.doc	407	407	407	407	x	x	2002.09.09
S78-81_Utvecklingspot.doc	588	588	588	588	x	x	2002.09.09
S82-85_JAS_39_Gripen_-_.doc	626	626	626	626	x	x	2002.09.09
S86-88_ JAS_39_Gripen_i_f.doc	705	705	705	705	x	x	2002.09.09
S90-92_Flygvapnets_utb.doc	430	430	430	430	x	x	2002.09.09
S94-95_Pilotens_utrustn.doc	299	299	299	299	x	x	2002.09.09
S96-97_Teknik_pa_framk.doc	367	367	367	367	x	x	2002.09.09
S98-99_Tekn_tjanst_pa.doc	278	278	278	278	x	x	2002.09.09
S100-102_ Pilotens_utrustn.doc	676	676	676	676	x	x	2002.09.09
S104-106_internationella_op.doc	644	644	644	644	x	x	2002.09.09
S108-110_Fjarde_gen.doc	380	380	380	380	x	x	2002.09.09
S112-115_Darfor_valde_Sydaf.doc	553	553	553	553	x	x	2002.09.09
S116-118_ Darfor_valde_Ung.doc	414	414	414	414	x	x	2002.09.09
S120-127_nationella_op.doc	1605	1605	1605	1605	x	x	2002.09.09
S130-136_Historien.doc	1347	1347	1347	1347	x	x	2002.09.09
S154-165_Gripen_nagra_mil.doc	1567	1567	1567	1567	x	x	2002.09.09
S176_forfattama.doc	83	83	83	83	x	x	2002.09.09
총합	21273	21273	21273	21273			
번역/교정/철자확인이 필요한 부분		0	0	0			

〈2002년 9월 9일 번역 파일 기록- 작업 번호 1282〉

필드 이름은 보통 문자이며 제한된 자릿수는 보통 10자리이고, 데이터베이스를 만들 때 필드 유형과 문자 개수를 정한다. SOURCE(원천언어)에서처럼 필드 길이를 세 문자로 정한다면 컴퓨터는 현재 필드의 내용이 입력되면 자동적으로 다음 필드로 넘어간다. WORDS는 숫자 필드로 특정한 레코드의 총 필드 개수가 몇 개인지 계산해준다. DATEDEL(배달된 날짜)와 같은 날짜 필드는 특정 기간 동안 생성된 단어 개수를 계산해준다. 번역률도 차별화할 수 있으며 이런 것도 명시할 수 있다.

DATE 필드는 구체적인 날짜에 따라 자료가 자동으로 생성된다. NUMERIC 필드는 각 필드에 포함된 자료로 간단한 산술연산 수행이 가능하다. 예를 들어, 컴퓨터에게 1월 1일부터 6월 30일 사이에 어느 특별한 고객이 의뢰한 번역물의 단어 개수가 얼마인지 물으면 답을 얻을 수 있다. 데이터베이스를 원하는 만큼 복잡하게 만들 수 있지만 하나의 도구에 불과하므로 원래부터 자료가 입력되어 있는 것은 아니다. 그래서 실제로 실용 가능한 용도로 사용하려면 자료를 입력해야 한다.

주소 목록 보관

고객과 공급자의 주소 목록은 (번역회사를 차릴 생각이라면 프리랜서의 목록까지) 쉽게 편집되고 갱신될 수 있다. 적어도 이론상 모든 세부사항을 입력해 가지고 있다면 다목적용으로 그런 목록을 사용할 수 있다.

메모 필드는 보통 밖으로 나타나지 않기 때문에 고객의 기밀 사항을 기록할 때 사용된다. 고객이 구체적인 레이아웃이나 절차를 요구한다든지 또는 번역료를 늦게 지불한다면 그런 사람이나 회사에 대한 특별한 메모를 덧붙일 수 있다.

주소 라벨은 데이터베이스에서 쉽게 인쇄할 수 있다. 이것은 일에 대한 갱신 정보를 고객에게 알리거나 크리스마스카드를 보낼 때 유용하다. 마찬가지로 색인된 자료를 만들어 관련 참고번호를 가진 알파벳 순서로 된 고객 목록을 제공하거나 고객과 각각의 이름이 숫자로 표시된 목록을 제공할 수 있다.

참고/거래 문헌과 이전 번역물

파일로 정리해둔 모든 참고문헌을 기억하는 것은 거의 불가능하다. 데이터베이스에 이런 파일을 목록으로 만들어두면 검색이 용이해진다. 또한 어떤 참고문헌을 가지고 있는지 인쇄도 가능하다. 이전 번역물에 대해서도 마찬가지이다. 특정한 주제라도 의뢰받는 번역물들 사이에는 상당한 차이가 있을 수 있다. 그러므로 정보를 쉽게 검색할 수 있다는 것은 감사할 일이다.

7.

품질 관리와 책임

"선인의 모든 미덕이 악인의 악덕을 보상할 수 없다."
1819-1897, 찰스 앤더슨 다나

번역가로서의 명성은 번역물의 질로 결정된다. 문제는 "누가 또는 무엇이 만족스런 수준의 품질을 결정하는가?"이다. 금속 볼트와 같은 유형물체의 질은 분명한 표준으로 확인할 수 있지만 그런 평가는 매우 주관적이다. 하지만 번역물은 무형의 실체이고 품질은 많은 경우에 있어서 매우 주관적이며 관리는 꽤 기계적이다. 분명한 오역에 응용할 수 있고 그것을 교정할 수 있는 특별한 지침이 있어야 한다.

유능한 번역가라는 단순한 사실은 자신이 한계를 지녔다는 자각이 있을 때 완화된다. 주제에 대한 지식은 필수이다. 의뢰한 번역을 받아들여 엉망으로 번역해준다면 고객은 언짢을 것이다. 물론 번역가 입장에서는 나름대로 최선을 다 했다 하더라도 말이다.

이상적으로 말하면 번역한 것을 동료에게 보여 점검을 받아야 한다. 하지만 이것은 거의 행해지지 않으며, 고립되어 번역하는 경우에는 더욱 더 그렇다. 보통 점검은 그룹이나 함께 일할 경우에 행해진다. 자신의 번역물을 점검하는 것은 매우 어렵다− 보고 싶은 것만 보기 때문이다. 번역물을 다른 점검자에게 넘겨주면 좀 더 객관적으로 점검하게 된다. 물론 점검자의 의견을 무시하거나 받아들이는 건 번역자의 몫이다.

7.1 원천 텍스트의 어려움

원천 텍스트의 어려움은 많이 있지만 가장 공통된 두 가지는 언어의 내용과 그것의 레이아웃이다.

번역가로서 원천 텍스트를 이해해야 한다− 이것은 기본적인 요구 사항이다. 하지만 원천 텍스트가 엉망으로 쓰였거나 애매하거나 부적절한 언어를 포함한다면 어떻게 할 것인가? 오만한 건지 모르겠지만 사실 나는 원천 텍스트를 고객에게 다시 보내어 이해 가능하도록 수정을 요구한 적이 몇 번 있다− 원천언어를 이해 못해서가 아니라 원천 텍스트가 쓰인 방식 때문에 자신 있게 번역할 수 없어서였다. 요령 없이 번역하기보다 무슨 말인지 모르는 텍스트는 물어서 의미가 통하도록 설명을 들은 다음 적절하게 번역했다. 어쩔 수 없이 시간제한이 있다는 사실을 번역가라면 모두 알지만 극단적인 변화가 일어나지 않는 한 시간제한은 번역이라는 직업의 특수성 때문이다.

종종 문제를 일으키는 원천 텍스트의 레이아웃은 특히 텍스트에 부호를 입력한 사람이 서식 시트를 사용하지 않고 문서의 판을 짜기 위해 스페이스바를 사용하기 때문이다. 더 심한 문제는 엑셀과 같은 스프레드시트 프로그램으로 쓰여진 경우로, 흔히 연보에서 발생한다. 텍스트는 제한된 길이의 방에 입력되면 여러 개의 방에 계속 이어져서 입력된다. 어쩔 수 없이 번역된 텍스트의 길이는 늘어나지만 이용 가능한 방의 공간에서는 수용이 불가능하다. 결과적으로 일부 단어는 다음 방으로 넘어가게 되고 이는 연쇄반응을 일으킨다. 스프레드시트의 숨어있는 매크로 기능은 입력중인 스프레드시트에 연결되지 않으면 번역이 되지 않는다.

이것들은 번역을 수락하기 전에 고려해야 할 많은 사항들 중 일부이다. 번역물에 대해 번역가를 비난하기는 매우 쉽다. 그래서 번역가가 하는 일은 번역가의 능력을 적절히 수행하고 전문가로서의 신분을 보장하는 것은 번역가의 책임이라는 것을 확실히 알아야 한다.

7.2 목적, 가격, 긴급성과 관련된 번역의 질

번역가로서의 능력과 언어 능력과는 별도로 번역물의 질을 결정하는 세 가지 주요한 요인이 있다. 가장 주요한 요인은 번역물의 용도가 무엇인가 하는 것이다.

번역에 대한 기본 응용은 다음과 같다.

- 정보
- 텍스트 훑어보기와 발췌
- 출판
- 법적 요건
- 공증과 증명

물론 이것들 가운데 일부는 중복된다. 다른 응용도 살펴보고 요구되는 품질 관리 수준도 고려해보자.

7.2.1 정보용 번역

이런 경우, 최종 독자는 원서의 내용을 이해하고 번역물에 반영된 사실과 숫자를 포함한 정확한 내용을 이해해야 한다. 고객은 최종 독자가 어떤 특별한 사실에만 관심이 있기 때문에 번역물을 완전히 번역할 필요가 없다고 말할 수 있다. 심지어 몇 페이지에서 텍스트의 중요한 요소만 요약해달라는 의뢰를 받을 수도 있다. 그런 예를 두 개 들어보자.

한 회사가 다른 회사를 인수하기 위해 공개 매입 대상에 대한 필요한 재정적 자료를 모두 알고 싶어 한다고 하자. 이런 경우, 특히 다른 회사들도 그 매입에 참여한다면 시간은 아주 긴박하게 돌아가게 된다. 또한 그들이 가진 정보가 불필요한 것을 많이 포함할 수 있다. 따라서 이런 경우 번역가의 임무는 원서를 대충 훑어 중요한 정보만 골라 번역하는 것이다.

우리는 최근에 한 고객으로부터 금요일 밤에 팩스를 받았는데 돌아오는 월요일 아침까지 번역물을 보내달라는 거였다. 무려 101페이지나 되는데 말이다. 원서에는 매매와 판매 정보가 많이 있었지만 고객은 "우리에게 흥미로운 정보만 골라 번역해주세요"였다. 그래서 최종 결과물은 10페이지짜리 정보였다. 이미 이런 일을 많이 해보았기 때문에 우리는 고객이 원하는 것이 무엇인지 잘 알고 있다. 어쨌든 초벌 번역을 돌아오는 월요일 아침에 보내주었다. 이런 번역물은 정보만을 아주 급하게 요구하기 때문에 관련된 품질 관리는 철자 확인, 문법 확인과 모든 숫자에 대한 확인이었다. 이런 확인 작업을 한 명의 번역가가 했다.

이와 같은 경우에 점검자가 높은 수준의 품질 관리를 하는 것은 어렵다— 시간이 없기 때문이다. 점검자가 할 경우 첫 번째 번역가가 한 일을 거의 되풀이해야 한다. 자연히 마감시간에 맞춰 주말에도 일했기 때문에 프리미엄을 요구했다. 101페이지를 읽고 필요한 정보만 발췌하는 데 걸린 시간도 고려해 번역료를 청구했다.

다른 예는 입찰 제안서이다. 자연히 고객은 완전한 번역을 원하지 않고 한두 가지의 중요한 정보만 골라주길 의뢰한다. 고객은 번역가가 정보를 훑은 결과만 가지고 입찰 제안서를 제출할 필요가 없다거나 응답에 대한 마감시간을 계산할 필요가 없다는 것을 결정하게 된다. 종종 고객의 사무실에 앉아 서류를 훑어본 다음 받아쓰기가 가능하도록 말로 번역을 해 주는 경우도 있다. 그런 경우, 번역가의 언어 능력만이 믿을 수 있는 유일한 것이고 고객의 질문에 답할 때만 보통 품질 관리가 필요하다. 고객은 그런 상황에서 번역가가 가지는 정확함의 정도를 인식할 줄 알아야 한다.

7.2.2 텍스트 훑어보기와 발췌

고객이 문서의 대부분이 무관하다는 이유로 완전한 번역을 원하지 않는 경우가 있다. 번역가가 문서를 대충 훑어보고 요구하는 정보만을 발췌할 수 있다면 고객에게 유용할 것이다. 어떤 부분은 완전히 번역해도 발췌만 해주면 고객의 시간과 돈을 절약해주게 된다. 안건의 요점만 준비해 줘도 관리나 법적인 세부사항은 처리가능하기 때문이다.

발췌는 특별한 능력이다. 한 문서의 세부사항을 모아 제한된 수의 단어로 (번역 형태로) 주요한 정보를 제공하기 때문이다. 일부 업체는 발췌를 포함한 저널을 만든다. 그런 저널을 읽음으로써 사람들은 요점을 읽을 수 있고 완전한 번역물에 대한 보증여부를 결정한다.

일의 한 부분으로 읽는 정보량이 꽤 많을 때가. 따라서 관계자가 읽어야 할 기사를 요약해주면 유용하다. 그러면 독자는 기사가 자신의 일과 관련 있는지 결정하게 되고 완전한 번역물의 가치도 알게 된다. 과학 기술 저널의 발췌는 보통 100 단어 정도이다. 이런 것은 번역가의 편집 능력을 상당히 요구한다. 이런 경우 품질은 고객에게 정말 유용한 정보만을 뽑아내는 것이다. 물론 표준적인 철자 확인과 문법 확인을 해야 한다. 다음의 페이지는 원문 기사와 그것을 발췌한 개요를 보여준다.

7.2.3 정보용 서류의 완전한 번역

정보 목적으로 생산된 대부분 번역물은 완전한 번역물이다. 사실과 숫자에 있어서 그런 번역은 완전히 정확해야 한다. 언어의 미학적 질이 덜 중요하지만 그럼에도 불구하고 고려해야 할 사항이다. 이런 경우에 수행해야 하는 최소한의 품질 관리는 아래와 같다.

- 의문이 나면 그 분야의 전문가나 고객에게 질문하여 해결한다.
- 모든 텍스트를 번역했는지 확인한다. 기본 사항이지만 많은 이유로 단어, 행, 문단, 심지어 페이지까지 쉽게 빠뜨릴 수 있다.
- 텍스트와 표의 모든 숫자와 날짜를 확인한다.
- 워드 프로세서 프로그램을 이용하여 철자를 점검하고 이용 가능하다면 문법도 확인한다.
- 점검을 위해 번역물을 동료에게 보낸다. 동료는 번역물을 좀 더 객관적으로 점검하고 모든 것을 이중으로 점검하게 된다.
- 필요하면 점검자와 교정할 부분을 의논한다. 점검자는 번역자와 동등한 언어 표현 능력을 가져야 하지만 경험이나 능력이 같을 필요는 없다. 교정과 변화는 관련된 부분에 모두 적용한다. 교정과 변화를 고칠 때 타이핑 실수를 해서는 안 된다.

건물 모의실험과 건물 표현: 최근 개발에 대한 개요

A J 라이트(Wright)† MSc PhD MCIBSE, D Bloomfield‡ BSc MCIBSE and
T J 윌트셔(Wiltshire)† BSc PhD MCIBSE
† 건축학부, 뉴캐슬어폰타인대학교, 뉴캐슬어폰타인 NE1 7RU, 영국
‡ 시스템수행예측과, 건물연구소, 가스톤, 왓포드 WD2 7JR, 영국

1991년 4월 22일 받음, 1991년 8월 5일 최종 형식

1 서론

현재 이용 가능한 열(熱)건물에 대한 프로그램을 모두 검토하는 일은 방대하고 무의미하다. 같은 문제에 대해 다른 건물과 비교하고, 측정된 자료로도 비교하고, 또 건물들의 능력을 평가하는 등 많은 연구가 이미 행해져왔다.

이 논문의 목적은 열 모형의 현 상태를 개요하고 미래의 경향을 알아보는 것이다. 단기적으로 현재 프로그램의 자료구조는 프로그램 개발이 건물 모의실험 개발을 지연시키는 경향의 힘과 결합하는 방법과, 장기적으로 새로운 도구 출현으로 미래에 대한 희망을 제시하는 방법을 보여준다.

여기서 검토되는 공학과 건설업계에 대한 최근 연구의 주요 초점은 제품자료교환(STEP)을 위한 자료모델링과 국제표준개발이다. 건물에 있어서의 목적은 설계팀의 구성원끼리 정보교환을 용이하게 하기 위해 건물을 묘사하는 일반적인 계획을 가지는 것이다. 이것이 성공하면 이것은 모의실험 프로그램에 대한 암시가 분명하다. 이 표준에 따르는 사람들은 업계의 호감을 받을 것이며 설계도구의 통합이 보다 쉬워질 것이다. 현재 STEP의 언어와 구조는 정의되어있지만 구체적인 응용 분야에 대한 표준 실체는 정의되어 있지 않다. 현재 건물의 자료모델에 대한 합의는 없다.

컴퓨터 연산시 객체지향 프로그램(OOP)은 프로그래밍 분야에서 강력한 고도의 생산적 접근방법으로 급속히 인정받고 있는데, 그것을 지원해주는 하드웨어가 이용 가능하고 가격도 싸기 때문이다. 하지만 이런 기술은 소프트웨어 객체에 대응하는 실세계 객체와 STEP와 같은 자료모델의 실세계 객체에 완전히 대응하도록 요약하여 자료구조와 함수에 고도의 모듈 개념을 가져온다. 이런 요약을 통한 모듈 개념은 그런 객체를 공유한 프로그램 생산에 최고로 이용가능한 방법이다. STEP 언어 익스프레스(Express)는 객체 지향 언어의 특징을 가진다. 건물 모의실험을 위해 OOP를 사용한 현재 4개의 프로젝트를 여기에서 설명하는데, 각각은 강조점이 서로 다르다.

2 최근 프로그램의 구조

야기되는 문제의 해결책을 찾기 전에 최근의 모의실험 프로그램 구조에 대한 고려가 필요하다. 열(熱)모델링 과정 동안 사용자와 서로 다른 지식 원천 사이의 관계는 일반화된 설비와 제어모델링 시스템에 대한 참조 2의 그림 1에 나타나 있다. (사실, 어떠한 시스템도 지식 기반에서 폭넓은 선택을 제공하지 않으며 많은 경우에 유일한 해결책만이 이용 가능하다.) 이런 상황은 건물을 모델링할 때와 매우 비슷하다. 분명히 각 단계에서는 많은 다른 자료 표현이 존재한다.

그림 2는 최근의 프로그램 세대를 대표하는 모의실험의 서로 다른 단계를 보여준다. 사용자는 프로그램에 대한 문제를 정의하고 컴퓨터에서 데이터베이스를 직접 또는 간접적으로 사용한다. 각 시간단계에서 컴퓨터에 나타난 문제를 기술하여 물리적인 과정과 범위 조건을 만족하는 시스템 방정식의 계수를 만들어낸다. 이런 방정식은 숫자 과정을 통해 해결되고 계산결과는 출력을 위해 저장된다. 어떤 결과는 피드백되어 시스템 방정식의 다음 시간단계에 재사용된다.

그림 2의 내부 상자는 각 시간단계에서 실행된 계속 순환되는 계산을 포함한다. 입문서의 초기 버전과 같은 『1989년 건물 원칙』에는 건물에 대한 자료표현의 다른 형식도 이제 보다 상세히 기술되어 있다. 문제 해결책의 90 퍼센트 이상이 실려 있다. 해결책은 일반적으로 축약된 형태로 표현했고, 중간의 숫자 계산은 일부 생략했다.

가스 터빈의 산화질소 배출량 통제 - 규제와 기술에 대한 1991년 개정판

스커(Schorr) M.M.   92-00359

에너지 공학, 1991, vol 88, no. 6, 25-54, 그림 9개, 참고문헌 3개.

현재 미국의 입법상 규제상 배출량 통제 필요 사항을 토론한다. 여기에는 새로운 공기정화법 개정안과 가스 터빈의 오염 배출량을 통제하기 위해 현재 이용 가능한 기술들이 포함된다.

연소배기가스의 열(熱)재생 최적화(이탈리아어)

세르지오(Sergio) A. 외.   92-00360

열공학 1992년 1월, no. 1, 61-66, 그림 4개, 참고문헌 6개.

연소배기가스의 열재생은 열교환기의 효율성과 상호관련이 있거나 최적표면 함수로 최대산출을 정의하기 위해 축열장치의 효율성과 상호관련이 있다. 개인용 컴퓨터에 사용되는 연산 알고리즘을 기술하고, 상이한 작동 조건에 대한 열최적을 결정하고 대안들을 비교해본다.

종합에너지 사용 최소화를 위한 건물의 열(熱)관성 활용과 최적화

시먼즈(Simmonds) P.

92-00361

미국공조냉동공학회. 1991, vol 97, part 2,논문번호 IN-91-16-4, 1031-1042, 그림 12개, 표 5개 , 참고문헌 5개.

역동적인 컴퓨터 모의실험 프로그램을 사용하여 겨울과 여름의 작동에 대한 건물의 열관성을 활용함으로써 사무실 건물의 난방과 환기 설비에 대한 최적화 설계가 이루어진 방법을 보여준다.

고압축비에서 빨리 연소하는 가스 연료 불꽃 점화 시스템의 설계와 평가

스톤(Stone) C R., 래돔마토스 N. 92-00362

산업에너지공학 1991년 12월, 202-211, 그림 7개, 표 3개, 참고문헌 34개

열병합 발전을 사용함으로써 디젤 엔진을 불꽃 점화 작동으로 전환하여 큰 관심을 모은 것에 대해 기술한다. 2개의 연소 시스템의 선택(단실과 예연소실)을 재검토하고 단실 연소 시스템의 장점을 보여준다. 빨리 연소하는 고압축비 린번 연소 시스템의 설계 철학을 토론하고 천연가스와 천연가스/이산화탄소 혼합물을 사용한 실험에서 얻은 실험값을 보여준다. 특히 연소분석과 배출량 수행에 대해 강조하고 산화질소의 배출량이 특히 낮은 것에 대해 설명한다. 결과를 예측하기 힘든 절기판으로 분당 1,500번 회전하는 엔진에서 0.5~1.2까지 범위의 등가비율에 대한 포괄적인 수행 자료를 제시한다.

건물 모의실험과 건물 표현 - 최근 개발에 대한 개요

라이트(Wright) A J.

92-00363

건물, 서비스, 공학, 연구, 기술. 1992, vol 13, no.1, 1-11, 그림 4개, 참고문헌 31개

건물에 대한 열 모델링의 최근 상황을 재검토하고 개발 가능성이 있는 미래의 자료 모델링, 객체지향 프로그래밍, 그리고 특별한 연구 프로젝트의 개발에 대해 기술한다. 개발을 추진하는 힘의 맥락에서 자료구조의 한계와 최근의 프로그램 과정을 설명한다. 미래의 공학 소프트웨어에 많은 영향을 끼칠 가능성이 있는 최근의 국제자료교환표준에서 나온 건물 모델링의 관점을 검토한다. 건물 모의실험에 대한 객체지향 프로그래밍의 적용 가능성도 설명한다. 마지막으로, 많은 연구 프로젝트를 기술한다. 일부 프로젝트는 새로운 모의실험 프로그램 생산을 목적으로 하고, 일부는 공통되는 건물 설명을 공유하는 설계 도구의 통합을 목적으로 한다.

열펌프와 열재생

난방 방식의 혼합용, 분리용, 주거용 열펌프에 대한 평가
도만스키(Domanski) P A.
미국공조냉동공학회.. 1991, vol 97, part 2, 논문번호 3525, 324-330, 그림 4개, 표 2개, 참고문헌 2개
난방 방식의 혼합용, 단일 속도용, 분리용, 주거용 열펌프의 수행 평가를 위한 분석과 방법론을 제시한다. 이 방식은 DOE 8.3℃(47°F)비율에서의 수용력 계산과 시스템을 완벽히 갖춘 연구소 실험을 거치지 않은 지역 4의 최소 설계 난방 요구사항에 대한 계절용 난방 수행 요인의 계산을 허용한다. 시스템 수행에 대한 실내 코일과 확장 장치와 환풍기가 끼친 영향에 대한 평가도 분석한다. 이런 절차의 검증과 이용가능성의 한계에 대해서도 논의한다.

태양열 이용 열펌프 시스템-측면 강철 피복을 사용한 예에 대한 평가

러브데이(Loveday) D L.
건물, 서비스, 공학, 연구, 기술. 1992, vol 13, no. 1, 37-41, 그림 4개, 표 3개, 참고문헌 18개
영국의 한 주택에 설치된 공기열원 열펌프의 현재 수행을 설명하는 상관관계 방정식을 제시한다. 이 방정식은 공기 예열기로 작동하는 측면 강철 피복이 제공하는 열펌프 태양열 보조의 전반적인 시스템 성능에 대한 효과를 평가하기 위해 사용된다. 그 결과를 예열하는 재래식 타일 지붕과 예열을 전혀 하지 않는 두 경우의 결과와 비교하고, 타일 지붕의 경우에서 측정된 자료를 참조해 평가 절차를 확인한다. 시스템 성능은 피복을 이용함으로써 향상될 수 있음을 보여준다. 하지만 환풍기 힘과 서리제거 순환운동의 효과는 중요한 것으로 드러났으며, 그런 시스템의 비용 효율성에 대한 완벽한 조사는 대규모로 응용되기 전에 이루어져야 한다는 것이 결론이다.

번역 중인 텍스트의 정보를 근거로 주요한 결정이 이루어지기 때문에 번역시 오만하거나 부주의하면 안 된다. 언어 사용이 정확할 필요는 있지만 그렇다고 최종 결과물이 문학 명작이 될 필요는 없다.

7.2.4 출판 번역

출판 번역에 임하면 번역가는 일을 좀 더 진지하게 대하게 된다. 번역물은 제한된 수의 사람이 읽는 회사 문서로 출판되거나 매우 값비싼 천연색 출판물의 근간이 되기도 한다. 이런 경우의 고려할 점은 출판물이 독자에게 넘어가기 전에 번역가는 번역물에 부가적인 상당한 공을 들여야 한다는 사실이다. 번역물의 품질이 출판하기 힘들다는 정도가 되면 그에 따르는 추가적인 일에 대한 비용을 번역가가 떠맡을 수도 있다. 번역료가 총생산비용의 15퍼센트라는 사실은 별 의미가 없다.

일단 번역가가 번역 일을 끝낸 뒤 고객이 행하는 텍스트에 대한 부가적인 일이나 실수는 번역가의 책임이 아니라는 점을 분명히 인식할 필요가 있다. 번역물이 인쇄되기 전에 최종 버전을 보는 것이 이상적이다.

7.2.5 광고와 마케팅 번역

광고문 제작은 그 자체가 예술이고 정말 번역과는 분리되어야 한다. 번역가가 가능하면 텍스트를 가장 충실히 번역한 다음, 적절한 편집 인가를 받은 뒤, 광고문을 카피라이터나 편집자에게 건네는 것이 가장 이상적이다. 그런 최종 결과가 완벽하게 바람직할 수도 있지만 아닐 수도 있다. 메모에 왜 어떤 개념은 번역된 형태에서는 효과가 나타나지 않는지 설명해두면 좋다. 일을 수락하기 전에 먼저 이런 점을 고객과 의논하는 것이 좋다.

고객은 원천언어로 된 텍스트의 최종 버전를 만들 때 상당한 자원을 투자했을 것이다. 그러므로 외국 언어로 된 광고문을 만들 때도 상당한 자원을 들이는 게 바람직하다.

텍스트는 그 언어를 사용하는 나라의 고객 대행자나 자회사에 보내는 것이 이상적이다. 예를 들어, 영국에서 팔리는 것이 독일에서는 팔리지 않을 수 있다. 마찬가지로, 한 나라의 마케팅에서 사용된 방법이 다른 나라에서는 응용되지 않을 수 있다.

고객의 세부 명세서 받기

번역가는 고객이 부탁한 것만 한다. 그래서 필요한 세부사항은 모두 글로 받아야 한다. 프로젝트가 잘 진행되지 않을 때 애매한 전화상의 대화는 참조할 가치가 없다. 결국 품질은 고객이 요구한 것을 제공하는 것이고, 이것이 문서로 증명되지 않는다면 아무리 주장해도 소용이 없다. 번역을 시작하기 전에 다음 점들을 고려해야 한다.

- 번역물이 어떤 유형의 출판물인가?
- 텍스트에 어떤 문체가 요구되는가? - 어느 정도의 편집 인가가 필요하거나 요구되는가?
- 카피라이터가 텍스트에 대한 일을 하는가?
- 번역물을 주어진 여백에 맞춰야 한다. 번역물의 단어 수는 원천 텍스트의 단어 수와 틀리다는 것을 기억해야 한다.
- 고객은 번역물로 무엇을 할 것인가?
- 번역물을 확인하는 책임을 누가 지는가?

많은 번역가들이 번역물을 고객에게 보낸 뒤 행해지는 추가적인 일을 인식하지 못한다. 번역가에 대한 피드백은 거의 없거나 낮은 정도이다. 대개 번역물이 형편없거나 예외적으로 너무 좋을 때만 말이 나온다.

7.2.6 미래 번역물을 위한 번역물 생산

영어 번역물이 차후에 다른 언어로 번역되는 경우가 많다. 그런 경우, 번역가는 두 번째 번역가가 원천 텍스트에 존재하지 않는 모호함에 직면하면 안 된다는 점을 명심해야 한다. 모든 경우처럼, 번역의 품질도 원천언어의 품질에서 결정된다. 이것은 때로 GIGO(기고: 쓰레기가 들어가면 쓰레기가 나온다) 요인으로 불린다.

아래는 번역 전 편집의 필요성에 대한 좋은 예이다. 원저자는 하고 싶은 말에 대해 꽤 분명히 생각했을 것이다. 하지만 번역가는 원저자가

의도한 것을 이해하는 데 큰 어려움을 겪는다. 많은 경우에, 저자는 텍스트를 쓴 다음 통독을 하지 않고 번역가를 마음에 두지도 않는다. 의문이 생기면 고객에게 물어야 한다. 아래 예는 번역에 앞서 원천 텍스트가 편집될 필요성을 보여준다. 이것은 가상의 예문이 아니다. 이것은 자금을 모으려고 벤처기업 투자자에게 제출한 보고서의 일부이다. 텍스트의 의미 파악은 독자에게 맡기겠다.

후원
재정적인 후원에 대한 예측은 단기간에 확인만 될 수 있습니다. 이전에 조사된 잠재성이 원래 명시된 것 보다 더 크기 때문입니다. 얼마만큼 또 얼마나 빨리 XYZ 회사가 발전하길 투자가는 기대합니까? 투자가를 통해 얼마만큼의 기업 후원이 가능합니까? 이런 요인들은 현재와 미래의 필요사항에 영향을 끼칠 것입니다 마련된 후원 서비스를 이용한 독립적인 운영을 위해, 잠재적으로 접근 가능한 우량기업에 일치하는 알려진 지위로 최소 100,000~150,000 파운드의 투자를 요구합니다. 계획된 성장은 유기적이거나 자금을 제공받을 수 있으며, 그러므로 가속화될 수 있습니다. 위의 내용은 타협과 토론에 공개되어야 합니다.

표 15. 쓰레기 텍스트의 예

7.3 지역화

번역의 품질은 꽤 완벽한데도 문체와 표현은 의도된 시장과 맞지 않을 수 있다. 우리가 성취하는 최고의 결과물은 최종 버전을 고객에게 제출하기 전에 외국에 있는 고객의 사무실 사람들과 함께 머리를 맞대어 번역에 관한 그들의 의견을 더함으로써 이루어진다.

이것은 그 언어를 사용하는 나라에서 일하는 사람들이 현재의 언어 사용과 적절한 은어를 잘 알고 있기 때문에 매우 유용하다. 이것은 마케팅에서 특히 중요하다. 한 나라에서 완벽하게 받아들여지는 상표명이 다른 나라에서는 우습게 들릴 수도 있다. (미츠비시의 '파제로(Pajero)' 자동차 이름, 스웨덴의 '플롭(Plopp)' 초콜릿 이름 등.) 그 외 많은 예를 독자가 안다고 본다.

7.4 법률 번역

이것은 번역가가 정말로 진지해지는 시점이다. 문장의 콤마 하나의 위치가 평결을 바꿀 수 있다.

스웨덴어에서 한 예를 살펴보자.

BENÅDAS, EJ DEPORTERAS (사형집행 유예, 국외추방 아님)
또는
BENÅDAS EJ, DEPORTERAS (사형집행 유예가 아니라, 국외추방)

법률 텍스트를 번역하기란 쉽지 않다. 한 가지 예로, 내가 스웨덴의 법학과 수업을 들었을 때 한번은 일류 스웨덴 은행이 발행한 『은행대출을 관리하는 일반 용어』라는 텍스트의 번역물에 대한 토론이 있었다. 법학도들은 자신 있는 번역에 대한 시도는 고사하고 스웨덴어로 된 원천 텍스트의 일부 조항 해석도 서로 틀리게 했다. 하고 싶은 말은 법률 번역을 가볍게 여기면 안 된다는 것이다. 한 나라에서는 존재하는 법률 개

넘이 다른 나라에서는 존재하지 않을 수 있다. 이런 경우 번역가는 어떻게 해야 하는가?

각주가 텍스트의 끝에 오는 번역가의 메모보다 선호되는 경향이 종종 있다. 각주는 의문이 드는 사항에 대해 즉각적인 참고를 주며 독자의 마음이 사실에 쏠리도록 유도한다.

번역이 법정 증거로 사용될 예정이면 번역가는 책임을 느껴야 한다. 그런 번역물은 공증되어야 한다. 몇몇 경우에, 공증인은 번역된 언어에 대한 지식이 있어야 하며 번역물이 정확하다는 사실을 점검한다. 일부 공증인은 단지 작성된 서면을 직접 보고 날인한다. 요구되는 품질 관리의 수준은 매우 높으며 번역료에는 행해져야 하는 추가 점검 비용까지 포함한다.

법률 번역문이 정보 목적으로만 사용된다면 다음과 같은 행을 번역물 끝에 서면 진술서로 첨가해야 한다.

"이 번역은 주의와 관심을 쏟았지만 법적인 문서로 여겨지면 안 되고, 해석상 논란이 발생하면 원천언어의 문서가 우선함을 밝힌다."

표준 점검을 하기 전에 가슴에 손을 얹고 "내가 이 번역을 정확하게 할 수 있을까?"를 생각해야 한다. 목표언어에 존재하지 않는 법률 개념을 만났을 때 문자 그대로 번역하면 전혀 받아들일 수 없기 때문이다. 원천언어에서 말하는 암시를 정확히 이해한 다음 목표언어에서 받아들일 수 있는, 가장 대응되는 말로 번역해야 한다.

이런 유형을 번역할 때 번역가는 메모를 사용하면 좋다. 원천 텍스트를 이해 못한 무능력을 숨기기 위해서가 아니라, 예를 들면, 원천언어에는 존재하는 법률 개념이 목표언어에는 존재하지 않는다고 설명하기 위해서이다. 전형적인 예는 법률 제정의 적당한 이름 짓기이다. 공식적인 번역 이름이 없다면 번역가가 적당한 이름을 지은 다음 괄호를 사용해 설명을 추가하면 좋다.

자연히 확인과 증명에 걸린 시간은 정보용으로만 번역하는 것보다 시간이 훨씬 많이 걸린다. 말이 난 김에, 특허 번역은 이 범주에 포함되어야 한다.

공증 또는 인증?

공증이나 인증이 필요한 번역물은 법률 번역이 그런 것처럼 똑같은 수준의 품질 관리를 요구한다. 두 번역의 차이는 번역한 품질을 확인하기 위해 번역가가 서명을 하는 점이다. 영국의 법 체제는 관습법을 기초로 하기 때문에 번역가가 선서를 하지 않는다. 결과적으로 번역물이 대신 선서를 받아야 한다.

몇 년 전까지만 해도 법적 신뢰를 요구하는 번역물은 공증인에게 보일 필요가 있었다. 이것은 공증 사무실로 가서 공증인 앞에서 진술서에 서명하고 공증인의 도장을 찍는 것을 의미했다. (물론 공증에 대한 비용은 번역가의 몫이다.) 공증인은 번역물을 보증한 것이 아니라 번역가의 서명을 목격한 것이다. 오늘날 통번역협회의 정회원인 노련한 수석 번역가들이 번역물을 확인하고 신뢰성을 보증하여 도장을 찍는 새로운 시스템이 도입되고 있다. 이것에 관한 세부사항은 10장에서 다룬다.

덤으로 말하면, 법률용이나 공증 및 인증이 필요한 번역을 할 때마다 번역시험장에 앉아 이 번역물의 질에 따라 나의 미래 경력이 달라진다고 상상하면서 시험 치듯 번역하는 게 나의 철학이다.

7.5 생산 수용능력

번역을 할 때 허용되는 시간은 경험상 항상 부족하다. 그래서 고백하건데 좀 더 잘 고칠 수 있다는 생각이 들 경우에는 항상 번역에서 손 떼는 걸 꺼려했다. 하지만 그런 생각은 상업적인 현실주의로 무너진다.

고객은 적절한 번역에 필요한 시간 개념이 없다. 급하다고 의뢰해 놓고도 번역가가 일에 대한 추가 비용을 얘기하면 그때서야 급하지 않다고 변경하는 경우가 허다하다. 번역가는 장기적인 목표를 세워 매끄럽고 정확한 번역은 시간에 걸린다는 사실을 고객이 깨닫도록 해야 한다. 마찬가지로, 고객은 제한된 짧은 시간에 이뤄진 번역물은 품질이 낮을 가능성이 높다는 것을 알아야 한다.

이런 문맥상 몇몇 통계를 살펴볼 가치가 있는 것 같다. 15년 동안 번역회사를 운영한 경험 때문에 나는 회사의 번역생산 통계가 어떤지 잘 안다. 직원 번역가는 매달 평균 약 35,000 단어를 생산한다. 이 표준 작업량에는 다른 번역가가 생산한 똑같은 수의 단어 점검도 포함된다. 이것은 매일 약 1,500 단어이다.

나는 하루에 9,000 단어를 타이핑할 수 있지만 이것은 비현실적인 숫자이다. 그런 식으로 매일 지속하기 어렵고 품질 관리도 포함하지 않기 때문이다. 또한 이것은 하루에 오랜 시간을 일한다는 것과 피로를 축적시켜 어쩔 수 없이 실수를 초래한다는 것을 의미한다.

번역을 구술한다면 훨씬 더 많은 작업률을 성취할 것이다. 경험상 나는 시간당 2,200 단어를 구술한다. 이것을 위해 요구되는 정신적 노력은 실제 단어를 직접 타이핑하여 입력하는 것보다 훨씬 더 크다. 당연하겠지만 이런 정신적 노력을 하루 종일 하는 것은 불가능하다. 점검해야 할 양도 훨씬 더 많아지는데, 변화를 주고 싶을 때 어떤 경우에는 텍스트의 한 부분으로 되돌아가 다시 구술하는 것이 비실용적이기 때문이다. 그뿐만 아니라 타이피스트가 잘 못 알아듣거나 철자를 잘 못 쓴 경우에는 번역의 의미가 변하기도 한다.

다른 사람이 남의 번역을 확인하는 데 걸리는 시간은 번역의 질과 원천 텍스트의 질 및 요구되는 점검의 정도에 따라 달라진다. 모든 것이 다 번역되었고 숫자와 날짜가 정확하다는 것을 확인하기 위한 점검이라면 텍스트를 빨리 훑어볼 수 있지만 이름이 암시하듯 이것은 빨리 행해지는 단순한 점검이다. 정확한 단어 대 단어 확인은 시간이 많이 걸린다. 번역물이 매끄러운 초벌 수준이라면 유능한 점검자는 시간당 약 1,500단어를 점검할 수 있다. 이것은 A4 용지로 다섯 페이지 분량이다.

번역물이 출판이나 마케팅용으로 사용된다면 유능한 카피라이터나 편집자가 점검해야 한다. 마찬가지로 번역물은 지역에 따라 다르게 번역해야 한다. 결과적으로 시간이나 자원을 이런 일에 사용할 수 없다면 최종 번역의 품질은 보장할 수 없다.

번역 도구를 사용한 생산 수용능력

번역 도구의 사용이 날로 보편화됨에 따라 컴퓨터가 번역을 대신하기 때문에 번역료는 이와 관계가 있다는 인식이 지배적이다. 번역가들이 가장 강력하게 주장할 점은 고객은 번역가의 지적이고 전문적인 능력을 "지식 근로자"로 보고 비용을 지불해야 한다는 것이다. 번역가가 번역 생산을 용이하게 하기 위해 번역 도구를 사용한다 해도 그 과정에서 적절한 지적 결정과 지적 선택을 하려면 여전히 번역가가 필요하기 때문이다.

고객은 번역저장이나 용어 도구와 같은 번역 도구를 사용하는 번역가를 통해 다음과 같은 혜택을 입는다.

- 완전히 일관성 있는 용어 사용
- 더 빨라진 회송
- 이전 번역물의 참고가 쉬워진다. 전자 형식으로 저장된 이전 번역물은 완성 원고보다 검색이 더 쉽기 때문이다.

7.6 고객에게 정직하기

번역가는 시간이 부족해도 항상 의뢰를 받으면 구미가 당긴다. 정확하고 훌륭한 번역은 시간이 걸린다고 고객에게 알리고 설득하는 것은 번역가가 해야 할 일이다. 비현실적이거나 불가능한 마감시간을 주면 일을 정중히 거절하고 이유를 설명해야 한다. 번역가의 명성에 흠이 되는 질 낮은 번역을 하기보다 차라리 일을 거절하는 편이 낫다.

물론 절박한 마감시간에 쫓겨 일을 해야 할 때도 있다. 대개 이런 일은 고객의 엉성한 계획 때문에 생긴다. 예를 들면, 우리 고객 중에 스웨덴에서 대형 프로젝트를 수행하는 고객이 있었다. 고객의 직원 중에 스톡홀름에서 일하는 사람이 있었는데, 월요일 아침 일찍 비행기로 가서 금요일 오후에 돌아오는 직원이었다. 꽤 자주 우리는 그날 금요일 오후에 번역물을 맡기는 급한 전화를 받곤 했다. 월요일 아침에 스톡홀름으로 돌아오는 사람보다 먼저 영어를 주말에 검토할 수 있도록 번역해주면 좋겠다는 내용이었다. 그런 경우, 우리가 한 일은 고객에게 점검할 시간이 없다고 알리는 거였다. 또한 각 페이지 위의 난외 표제는 번역이 점검되지 않은 초벌임을 분명히 밝혔다. 월요일에 텍스트에 대한 첫 점검이 이루어졌고, 고객은 상당한 변화를 인식했다.

7.7 개인 프리랜서가 만나는 문제

번역회사에서 일을 할 때 나는 직접 동료를 선택하여 내가 한 번역물을 점검해 달라고 넘겼기 때문에 운이 좋은 편이었다. 대부분의 번역가는 개인적으로 프리랜서 일을 하기 때문에 이런 선택권이 없다. 그렇다면 누가 번역물을 점검하는가? 하는 문제가 생긴다.

번역물을 스스로 점검하는 것은 매우 주관적인 행위이다. 보고 싶은 것만 보기 때문이다. 스스로 할 수 있는 표준 점검이 있으며 그것들은 이미 앞에서 다 말했다. 물론 문제가 생기면 동료나 고객에게 물을 수 있다. 마찬가지로, 자신의 번역물을 점검해달라고 요청할 수도 있다. 하지만 경험으로 볼 때 번역가들은 이상한 무리라서 남의 비평을 매우 쉽게 받아들이지 않는다. 사실, "번역가는 모두 변덕쟁이"라는 말을 들은 적도 있다. 대담한 말이지만 많은 경우에 틀린 말이 아니다. 번역물을 점검해줄 동료가 없다면 적어도 다시 훑어보기 전에 일정 기간 그냥 두는 것이 좋다. 그러면 새로운 눈으로 보게 된다. 점검을 위한 충분한 시간을 가져야 한다. 번역물이 완전히 번역물처럼 읽힌다면 문제가 있는 번역물이다.

번역대행사에서 일한다면 번역가는 어쨌든 대행사가 알아서 번역물을 점검해준다고 생각하기 쉽다. 하지만 대행사가 점검해주길 바라기보다 최고의 번역물을 생산하는 것이 번역가의 책임이다. 내가 일했던 번역회사는 가능하면 모든 번역을 점검해주었지만 그렇다고 그것이 프리랜서가 정확하고 만족스런 번역을 제공해야 하는 책임까지 면제하는 것은 아니다. (예를 들면, 고객은 시간제한으로 점검이 어렵다면 항상 조언을 듣는다.) 자연히 대행사가 번역물에 대해 추가 작업이 필요하다고 느끼면 질적으로 더 나은 번역을 해줄 다른 번역가를 대신 찾게 된다. 게 다가 처음 일을 맡겼던 번역가에게 번역물을 표준 수준으로 끌어올리는 데 드는 추가 비용을 청구할 수도 있다.

7.8 품질은 시간과 비용이 든다

번역료 청구는 번역물의 질에 따라 달라진다. 일부 고객은 별도로 행해 지는 점검과 지역화를 인식하지 못한다. 그래서 고객에게 번역물의 용도가 무엇인지 물어보는 것은 중요하다. 다음은 번역물이 번역회사에서 행해지는 단계를 설명한다.

고객이 비현실적이고 불가능한 것을 요구하는 것은 비합리적이다. 동네 자동차 정비소에 가서 "차를 수리해야 하는데 오후 3시까지 찾으러 오겠다"고 요구한다면 반응이 어떨지 생각해보자. 정비소는 의심의 여지 없이 며칠 동안 수리 예약이 되어 있을 것이다. 다행히 정비소가 수리할 시간과 자원을 가지고 있다면 차를 오후 3시에 찾을 수 있을 것이다. 게 다가 차를 가져가기 전에 정비소에 수리비를 지불해야 한다.

고객은 교육을 통해 번역물을 생산하는 데 걸리는 시간을 이해해야 한다. 번역은 원천 텍스트를 읽으면 목표언어의 단어가 손가락 끝에서부 터 술술 나오는 그런 것이 아니다. 추가적인 연구와 동료의 지혜를 빌리고 고객의 요구에 맞도록 텍스트의 형식을 잡는데 상당한 시간이 걸린다.

번역을 시작하기 전에 일주일 기다려야 하고 번역물을 받으면 현금을 지불해야 한다고 고객에게 말함으로써 고객의 반감을 사는 것을 옹호하려는 게 아니다. 하지만 번역은 매우 힘든 일이고 번역의 질은 시간과 비용이 든다는 사실을 고객이 인식하도록 하는 것이 번역가의 의무이다. 번역회사나 그룹에서 이용 가능한 품질 관리용으로 채택된 과정의 예가 아래에 있다.

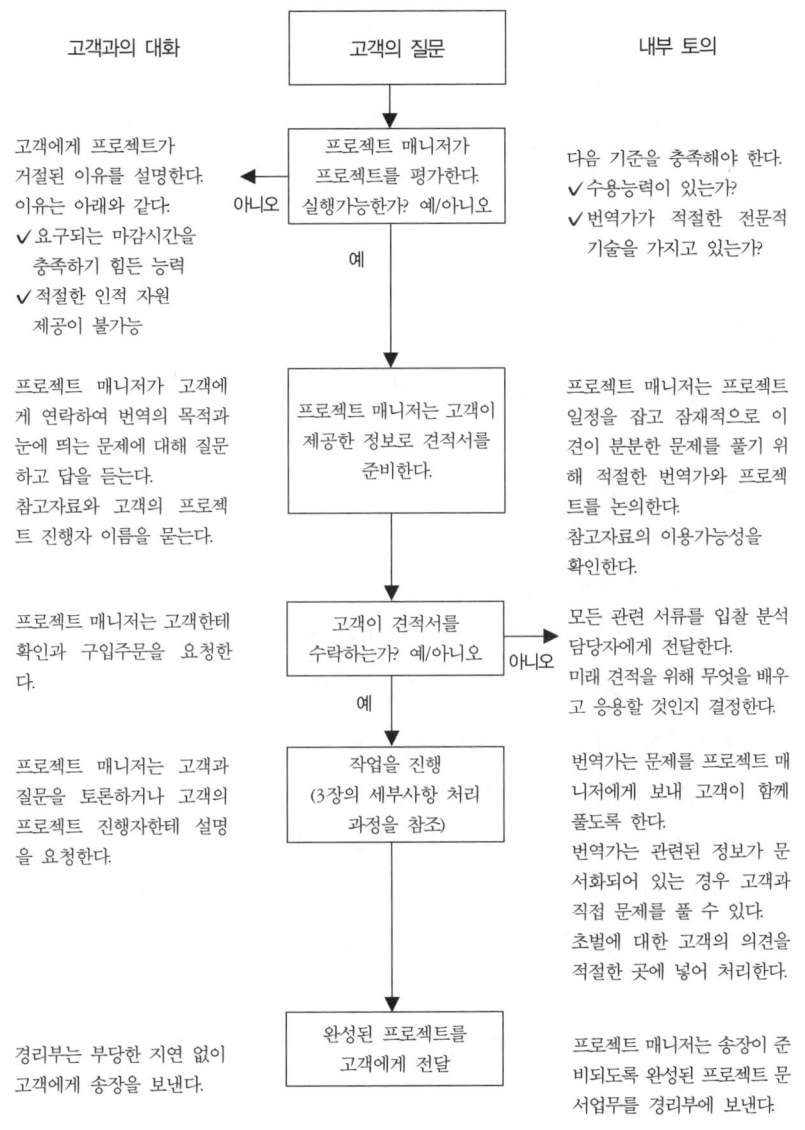

고객과의 대화	고객의 질문	내부 토의

고객의 질문

고객에게 프로젝트가 거절된 이유를 설명한다. 이유는 아래와 같다.
✓ 요구되는 마감시간을 충족하기 힘든 능력
✓ 적절한 인적 자원 제공이 불가능

←아니오— **프로젝트 매니저가 프로젝트를 평가한다. 실행가능한가? 예/아니오**

다음 기준을 충족해야 한다.
✓ 수용능력이 있는가?
✓ 번역가가 적절한 전문적 기술을 가지고 있는가?

예

프로젝트 매니저가 고객에게 연락하여 번역의 목적과 눈에 띄는 문제에 대해 질문하고 답을 듣는다.
참고자료와 고객의 프로젝트 진행자 이름을 묻는다.

프로젝트 매니저는 고객이 제공한 정보로 견적서를 준비한다.

프로젝트 매니저는 프로젝트 일정을 잡고 잠재적으로 이견이 분분한 문제를 풀기 위해 적절한 번역가와 프로젝트를 논의한다.
참고자료의 이용가능성을 확인한다.

프로젝트 매니저는 고객한테 확인과 구입주문을 요청한다.

고객이 견적서를 수락하는가? 예/아니오 —아니오→

모든 관련 서류를 입찰 분석 담당자에게 전달한다.
미래 견적을 위해 무엇을 배우고 응용할 것인지 결정한다.

예

프로젝트 매니저는 고객과 질문을 토론하거나 고객의 프로젝트 진행자한테 설명을 요청한다.

작업을 진행 (3장의 세부사항 처리 과정을 참조)

번역가는 문제를 프로젝트 매니저에게 보내 고객이 함께 풀도록 한다.
번역가는 관련된 정보가 문서화되어 있는 경우 고객과 직접 문제를 풀 수 있다.
초벌에 대한 고객의 의견을 적절한 곳에 넣어 처리한다.

경리부는 부당한 지연 없이 고객에게 송장을 보낸다.

완성된 프로젝트를 고객에게 전달

프로젝트 매니저는 송장이 준비되도록 완성된 프로젝트 문서업무를 경리부에 보낸다.

표 16. 질문에서 배달까지의 번역 과정

하지만 항상 문제가 되는 것은 내가 거절하더라도 다른 누군가가 고객의 마감시간에 맞춰 번역을 하겠다는 의향이 있다는 사실이다. 그래서 일을 맡을 것인지, 또 요구되는 마감시간에 맞춰 고객의 명세서에 따라 번역을 할 것인지의 여부는 번역가의 선택에 달려있다. 진지하게 고객 교육을 하지 않는 한 이런 일에 대답하기란 쉬운 일이 아니다.

7.9 선제 표준

번역 일을 수락하기 전에 알아야 할 기본적인 질문은 다음과 같다.

- 주제가 무엇인가? 자신이 주어진 주제에 대해 잘 알고 있는가?
- 번역 평가용으로 전형적인 몇 페이지를 볼 수 있는가?
- 일의 분량과 마감시간은?
- 번역물의 용도는? 정보용, 출판용 또는 법률용?
- 이전의 번역물이나 이용 가능한 참고자료가 있는가?
- 의문사항에 답할 사람이 있는가?
- 어떤 형식으로 번역해야 하는가?
- 고객이 점검을 위해 번역물을 외국에 있는 자회사에 보내는가? 보낸다면 적극적인 비평이 자신에게 돌아올 것인가?
- 특별한 용자용어(用字用語)를 사용하는가?

번역물의 질을 결정하는 것은 매우 어려운 행위이며 가장 흔한 논쟁의 원인이다. (모든 사람이 번역물을 똑같은 문체로 생산하면 삶은 참 따분할 것이다.) 개인의 문체는 매우 중요하며 자신의 문체가 고객이 채택한 문체와 다를 수 있다. 이런 문제를 만나더라도 번역을 정확히 할 자신이 있으면 고객에게 다음과 같은 말을 생각해보라고 제안한다. "똑같은 번역을 10명의 번역가에게 의뢰해도 똑같은 번역물은 하나도 없습니다. 하지만 번역물은 다 똑같이 정확합니다."

7.10 품질 관리 운영

번역 과정 동안 서로 다른 품질 관리 운영을 적절한 형식으로 기록해야 한다. 간단한 모델이 다음 페이지에 있다.

번역

번역은 원래 품질 관리 운영이 아니라 최종 생산물의 품격을 정한다. 하지만 번역물의 질은 원천 텍스트의 질에 따라 달라진다. 이것은 번역 이론에 속하지만 이 책의 범위에서는 그렇지도 않다.

용어집 편집

새로운 자료로 일할 때 모르거나 고객에게만 특별한 용어를 모아 용어집을 만들면 항상 유용하다. 번역가의 취향에 따라 이런 일을 텍스트를 읽기 전에 하거나 텍스트로 일을 하면서 할 수 있다. 나는 텍스트로 바로 번역하면서 모르는 단어를 만나면 목록을 만든다. 텍스트를 가지고 일하다 보면 모르는 의문사항도 알게 되는 경우가 있다. 텍스트의 필요한 항목에 표시를 해두면 교정과 편집을 할 때 특별히 주의를 하게 된다.

질문 목록을 만들어 고객에게 설명을 부탁한다. 고객이 그 일의 전문가나 전문가이어야 하니까. 하지만 저자가 텍스트를 통독하지 않았거나 질문을 받았을 때 텍스트를 자연히 바꾸게 되는 경우도 더러 있다.

형식 P/1, 발행 1

GBS 컨설팅

작업 요청서
번역물

100 노스코트, 브래넬, 버크셔 RG 12 7ws
- 전화: 01344 319570 ● 팩스: 01344 319571
- 휴대폰: 0771 8900431
- 이메일: Info@gsbconsulting.co.uk

작업 번호 _____

고객 주문 사항

이름 : _____
P/O : _____
바이러스 확인? □ 예 □ 아니오
참고 문헌? □ 예 □ 아니오
반송? ____

송장 정보

송장 총액 : £/SEK/Euro_____
환율　　: £=_____SEK/Euro
1£ =
부가가치세? £_____ 송장 총액 : £ ____
고객에게 우송되는 날짜　장부 보관용 날짜
　02/　/　　　　　02/　/

업무 세부사항

언어 : _____
단어 수 : _____ (S/T?) □
편집/교정 : _____ 시간: _____
메모:

특급요금 : □ 25% □ 50% □ 100%
보증료 - £25 or 동일비용 □

원천 자료 품질

언어 명확성: _____
서식 시트 사용: _____
다른 의견: _____

배달 설명서와 배달 전 확인

예정 날짜 : __/__/02　시간 : ____　S/W 형식 : W4W □ 다른 것 _____
보낸 날짜 : __/__/02　시간 : ____　배달 방식 : 우편? □ 팩스? □ 이메일? □

일반적인 번역 점검
- □ 고객의 요구사항 승낙
- □ 초벌 번역
- □ 완성유무 점검
- □ 원천문서로 1차 교정
- □ 철자 확인
- □ 원천문서로 2차 교정
- □ 최종 편집과 배달 전 형식

트라도스 사용시 점검
(번역을 쉽게 하기 위해 트라도스 소프트웨어
사용시 추가점검이 필요)
- □ 번역 종료 전 모든 번역 부분과 파일 저장 후 종료
- □ 초벌번역을 종료하기 위해 트라도스 도구 사용
- □ 종료 후 형식 확인
- □ 최종 편집과 배달 전 형식
- □ 편집. 필요시 BAK 파일 만듬

배달 전 점검완료에 대한 날짜/서명　　02/　/　_____
완성된 파일을 아카이브에 저장

양도 날짜 _2005/_

표 17. 작업 세부사항과 품질관리 기록용 작업 일지 예

철자 점검

철자 점검 프로그램은 필요할 뿐만 아니라 필수 도구이다 하지만 이것은 단어 철자가 틀렸다거나 알아볼 수 없다는 것만 표시하기 때문에 주의해야 한다. 또한 문맥을 벗어난 단어가 사용된 것을 말해주지 않는다. 예를 들어, 2(two) 대신 예인(tow)이 사용된 것을 알려주지 않는다. 이것의 최대 장점은 성가신 타이핑 실수를 세세히 찾아내어 고치도록 하는 것으로, 특히 혼자 철자 점검을 할 때 매우 유용하다.

통합 편집 교정 후 철자 확인 반복

프로그램이 점점 향상되어 문법 점검과 같은 부가 기능도 가능하다. 윈도우즈용 마이크로소프트웨어 워드는 철자 점검을 포함한 문법 점검 기능을 제공한다. 이것은 표준 철자 점검 기능에 추가된 것이다.

　　프로그램이 인지하지 못하는 것을 문제 삼기 때문에 이런 기능은 번역가에게 매우 유용하다. 컴퓨터가 제공하는 '적극적인 비평'이 완전히 객관적이기 때문에 번역가는 자존심에 상처 입지 않고 그것을 받아들이거나 거절할 수 있다.

본인 번역물 교정

자신의 번역물을 교정하는 것은 번역 과정에서 가장 어려운 일이다. 그리고 철자 점검은 대용어가 분명 아니다. 초벌 번역이 끝나면 가능한 한 오래 그것을 한쪽에 두는 것이 좋다. 이것을 설명하기 위해, 예를 들어 2년 전에 했던 번역물을 다시 꺼내 살핀 뒤 바꿀 곳이 있으면 바꾼다.

　　교정을 할 때 아래의 간단한 규칙을 따르면 좋다.

- 페이지와 문단 및 표의 내용까지 빠짐없이 점검하여 모두 번역했는지 확인한다. 기본적이지만 예를 들어 전화를 받고 돌아와 텍스트의 다른 부분부터 점검할 수 있다. 단락이 비슷할 때는 특히 더 그렇다. 자를 사용하여 원천 텍스트를 한 줄씩 점검해도 좋다
- 자신이 문단을 나누거나 합칠 경우가 있는데, 이때는 점검할 때 내용을 모두 고려해야 한다.
- 목차의 제목이 텍스트 본문의 제목과 일치하는지 확인한다. 대부분의 소프트웨어 패키지는 텍스트의 내용 목차 편집을 허용한다. 경험이 쌓이면 이런 모든 기능에 익숙해진다.
- 특별히 주목할 항목에는 표시를 한다.
- 번역물이 아닌 원천 텍스트의 일부로 생각하고 읽어본다. 이상하게 들리는지 확인한다. 원천언어의 구조와 구문을 확인한다.
- 이름과 숫자를 확인한다.
- 통합 편집한 후 다시 원천 텍스트의 일부로 생각하고 읽어본다.
- 철자 점검을 한 번 더 한다.

아래의 글이 한동안 우리 게시판에 적혀있었다. 출처를 밝힐 수 없기 때문에 원저자의 저작권을 고의로 침해했다고 생각지 않기를 바란다.

옛날의 나는 이랬다네.
철자를 틀리게 쓰고,
부정사도 분리해서 쓰고,
단어순서도 엉망이고,
구두점도 잘 못 찍고,

시제도 혼동했고,

고어를 많이 쓰고,

대문자를 무시하고,

진부한 표현을 즐겨 쓰고,

특별한 경우도 놓치고,

동의어와 반복문을 즐겨 쓰고,

하루에도 수백 번 과장하고,

말장난을 노래하듯 반복했다네.

하지만 최악은

마무리를 잊는 거였다네.

새로운 규칙을 배우는 것은 항상 따분하다. 자신이 정한 부호로 표시를 하는 것도 좋지만 다른 사람이 그 부호의 의미를 알지 못하면 문제가 생긴다. 분명하고 표준화된 부호를 사용한다면 통합해서 교정하는 사람은 일하기가 수월해진다. 표준교정부호는 1976년의 영국표준 BS 5261: 2부에 나온다. 번역가나 점검가가 가장 많이 사용하는 부호표를 부록에 실었다.

타인 번역물 점검

자신보다 타인의 실수를 발견하는 것이 훨씬 더 쉽다는 것은 엄연한 사실이다. 타인이 일하는 컴퓨터 옆을 지나가다 화면에 나타난 실수를 발견할 수도 있다. 2인자의 점검을 받는 것이 이래서 좋은 것이다. 과정은 본인의 번역을 교정할 때와 본질적으로 같다.

처음에는 원천 텍스트를 무시하고 목표언어 텍스트를 읽는다. 다만 번역물이 아닌 원천 텍스트의 일부처럼 읽는다. 번역물을 다 읽은 다음에 원천 텍스트를 참고한다. 그런 다음 모든 것이 번역되었다는 확인을 반복한다.

타인의 텍스트를 점검할 때 가장 조심해야 할 점은 문체이다. 문체는 개인의 취향이기 때문에 비평을 해도 쉽게 받아들이기 힘들다. 번역은 정확한데 문체가 부적절하다면 그냥 내버려두는 것이 좋다. 텍스트의 글은 어떤 식으로 쓰여도 된다. 하지만 같은 사건을 두고 일류 신문과 타블로이드 신문이 어떻게 다르게 표현하는지 생각해보면 도움이 된다.

점검과 편집의 차이를 명심해야 한다. 점검은 객관적인 실수와 불일치를 원래의 번역가가 알도록 하는 것이다. 편집은 번역가가 일반적으로 행한 일을 넘어선 것으로, 특별한 용도로 텍스트를 수정하는 일이다.

점검과 교정이 제대로 되려면 시간이 걸린다. 페이지당 300 단어가 있다고 가정한 경우, 5페이지 분량의 번역 텍스트를 교정하고 원천 텍스트와 비교하는 데 약 1시간이 걸린다.

텍스트를 훑어보면서 점검할 수도 있다. 이것은 텍스트가 모두 번역되었는지 아닌지 결정하지만 실제 번역물의 질을 결정하는 무작위 추출 검사이기도 하다. 이런 것을 통해 실제 번역물의 완전한 점검여부를 알게 된다.

점검자/품질 관리자나 고객의 초벌 수정으로 일하기

이것은 자명하다. 특히 구문이나 기술적인 실수가 아닌 개인의 문체에 대해 말하면 번역가는 받아들이고 싶지 않다. 하지만 고객의 말을 듣고 절충할 필요가 있다. 그들이 틀렸다면 사실을 언급해야 한다.

탁상출판

탁상출판은 본질적으로 품질 관리가 아니라 표현의 질이다. 물론 독자들이 번역물을 통독한다는 장점이 있다.

고객 수정을 최종 원고에 통합

텍스트가 인쇄되어 배분하려할 때 비로소 마지막 실수를 발견한다는 우스갯소리가 있다. 책임은 어디에 있을까? 인쇄된 상태로 놓일 때까지 문서 모양을 평가하기가 종종 어렵다.

탁상출판을 이용한 복사본 만들기는 번역가와 고객에게 번역물이 인쇄되었을 때의 모양을 보게 해준다. 고객이 편집 능력에 미적 변화를 주고 싶을 때가 바로 이때이다. 예를 들어, 주어진 공간을 채우기 위해 텍스트를 줄일 때가 있다. 많은 고객은 번역물이 원천언어의 텍스트 양과 반드시 같을 필요가 없다는 것을 알지 못한다.

최종 철자 점검

번역된 텍스트에 모든 편집상의 변화가 끝나면 최종적으로 철자 교정을 다시 해야 한다. 사실, 이것은 상식이다.

7.11 마감시간

많은 경우, 고객이 마감시간을 정하고 강요한다는 점이 유감이다. 번역을 좋게 하려면 시간이 걸린다는 사실을 고객에게 알리고 교육하는 것은 번역가의 몫이다. 물론 이런 태도는 상업적인 문제와 조화를 이루어야 한다. 시간에 맞춰 일을 할 수 없다면 다른 번역가가 자신의 여가 시간을 희생해서라도 고객의 요구대로 번역하려 할 것이다.

특별 프로젝트에 대한 복잡한 입찰에는 오랜 시간과 상당한 자원을 쓰면서 번역가에게는 주어진 시간 내에 번역을 해달라고 의뢰하는 고객을 많이 보았다. 고객은 입찰을 정해진 마감시간에 제출할 생각만 하지 번역가가 해야 할 상당한 시간에 대해선 전혀 고려하지 않는다. 물론 이것이 업무 외의 시간에 일을 하게 되어 추가비용을 청구하는 주된 경우이다.

7.12 하나의 번역물을 여러 명이 번역

이미 언급했듯 하나의 번역물은 한 명의 번역가가 하는 것이 이상적이다. 그럼으로써 문체, 용어 선택, 서식 등의 고려에 대한 충돌을 막을 수 있다. 최종 번역물을 담당하는 프로젝트 진행자를 둠으로써 일부 문제는 피할 수 있다. 하지만 이것은 조정과 조화를 위해 구체적인 번역료 합의가 없으면 프리랜서 사이에서 항상 실용적인 고려는 아니다.

관련 번역가는 프로젝트를 시작할 때 아래 정보를 알아야 한다.

- 프로젝트 진행자의 이름과 전화번호
- 번역 계획 과정을 보여주는 프로젝트 일정
- 아래의 다른 부문을 번역하고 점검하는 책임자는?
    - 특별한 레이아웃 요구사항
    - 오른쪽, 왼쪽, 위와 아래 여백
    - 활자체나 서식 시트
    - 페이지 수
- 이용 가능한 용어집
- 참고자료

문체와 용어선택이 항상 일치하지 않기 때문에 프로젝트를 진행하면서 일하는 사람끼리 함께 용어집을 만드는 것도 바람직하다. 물론 이런 작업 갱신에 책임지는 사람도 있어야 한다. 컴퓨터이용번역과 용어관리 소프트웨어가 이런 일을 용이하게 한다.

대부분의 프리랜서는 고립되어 일하기 때문에 한 프로젝트를 두고 여러 명이 일하는 것이 힘들 수도 있다. 공동 프로젝트로 일하는 것은 팀의 다른 사람으로부터 배울 것이 많아 매우 가치 있는 일이다.

7.13 번역 보고서

번역하는 동안 생긴 의문을 풀지 못 할 경우도 있다. 이런 일은 대개 텍스트의 작가를 이용할 수 없거나 번역이 끝날 때까지 질문에 대한 답을 들을 수 없을 경우 생긴다. 그럴 때는 자신이 가정하거나 받아들인 행동을 열거해보는 것도 가치가 있다.

번역 보고서는 건설적인 비평을 포함해야 한다. 원천 텍스트가 철자 오류나 애매모호함이나 생략 등을 가지는 경우도 허다하다. 번역 의뢰를 받다보면 점검하지 않은 채 서류를 제출하는 경우가 많아 놀라게 된다.

번역을 프리랜서 번역가가 한다면 번역 점검자가 보고서를 제출하는 것도 유용하다. 무지는 축복이고 건설적인 비평을 번역가가 모른다면 향상을 위한 기회도 없다. 프리랜서 번역가가 되어 고립되어 일하는 것의 단점 하나는 피드백의 부족이다. 이것이 제공되지 않으면 세상의 모든 것이 다 옳은 것처럼 보인다.

8.

외양과 번역물 전달

"텍스트라는 훌륭한 개울이 초원 변두리를 굽이쳐 흐른다."
1751-1816, 리처드 셰리든

개인용 컴퓨터에서 볼 수 있는 외양의 수준이 날로 진보하고 있다. 25년 정도의 기간 동안 기술 수준은 수정이 가능한 골프공 타자기(1977년에 약 600 파운드로 구입 가능)로부터 같은 가격으로 값싼 프린터를 겸비한 개인용 컴퓨터까지 구입할 수 있을 정도로 엄청 발전했다. 이것이 의미하는 바를 고려해보면 기술 변화와 정교한 장비 가격 하락의 폭은 꽤 놀랍다.

컴퓨터는 필요불가결한 도구가 아니라 하더라도, 또 소프트웨어 패키지에서 제공하는 기능을 배워 익히는 데 시간이 걸린다 하더라도 대단한 것이다. 소프트웨어를 사용하는 것이 매우 유혹적인 이유는 대부분의 프로그램이 사용하기 매우 쉬어 키를 누르기만 해도 이용 가능한 도움을 받을 수 있기 때문이다. 부수적인 일을 용이하게 한다는 것을 고려할 가치 있는 기본들이 있다.

8.1 스페이스바 사용 금지

번역물을 디스크에 담아 고객에게 전달한다면 행해진 일은 결과적으로 레이아웃을 수행하게 된다. 사용하는 폰트와 크기에 따라 레이아웃의 결과는 상당히 달라진다. 프린터에 따라 선택이 달라진다. 기본적인 점 행렬 프린터는 대개 유일한 서체(쿠리어 10)만 제공하는 반면 레이저 프린터는 크기가 4~150포인트까지 변하는 최소한 35개의 폰트를 제공한다. (쿠리어 10은약 12포인트에 대응한다. 1포인트 = 1/72인치).

아래의 크기는 포스트스크립트 프린터에서 이용 가능한 범위를 쿠리에 10과 비교하여 나타낸 것이다. 예를 들어, 이 책은 윈도우즈용 소프트웨어 워드와 휴렛 팩커드 2000C 잉크젯 프린터를 사용한 타임즈로만 10포인트를 사용해 조판되었다.

Courier 10
PEPITA 10 POINTS
Helvetica Oblique 10 points
Gill Sans 14 points
ALGERIAN 20 POINTS . . . *and so on.*

이런 이유로 텍스트 위치를 구성할 때 스페이스바를 사용하면 안된다. 물론 효과는 있겠지만 이후의 편집에서 필요하다면 모든 스페이스를 없앨 수도 있기 때문이다.

이런 충고가 꽤 단순한 것으로 들리겠지만 스페이스를 없애고 들여

쓰기나 탭 키를 사용해 적당히 줄을 맞춰야 하는 사람에게는 악몽과도 같다. 마찬가지로 사용하는 프로그램이 제공한 탭의 초기 설정을 사용하기보다 응용 프로그램에 대한 최소한의 탭 수를 설정하는 것이 좋다.

물론 대개 0.5'로 정해진 초기 설정을 사용하는 것이 편하긴 하지만 다소 제한적이다. 가운데와 오른쪽 및 데시멀 탭의 사용에 친숙해지면 많은 시간을 절약할 수 있다. 아래는 쿠리에 10과 스페이스바를 사용하여 구성된 텍스트의 보기이다.

```
Fruit                    Colour        Weight     Price
Apples                   Red           100 g      25p
Oranges                  Orange        150 g      30p
Peaches                  Peach         75 g       30p
Chinese gooseberries     Green         30g        25p
```

텍스트가 보기 좋게 정렬된 것은 모든 문자와 공백이 같은 폭을 가진 고정된 공백 폰트를 사용했기 때문이다. 텍스트의 아무것이 안 변해도 다른 폰트를 사용하면 텍스트 모양은 극적으로 변한다. 공백을 두는 작업을 하지 않고 탭을 삽입했기 때문에 텍스트는 효과가 있다. 폰트가 바뀌면 아래처럼 된다(화면에는 같은 레이아웃이 나타날지 모르지만).

Fruit	Colour	Weight	Price
Apples	Red	100 g	25p
Oranges	Orange	150 g	30p
Peaches	Peach	75 g	30p
Chinese gooseberries	Green	30g	25p

탁상출판은 현실이 되었고 개인용 컴퓨터나 매킨토시에서 작동하는 마이크로소프트 워드와 같은 표준 워드 프로세싱 패키지의 이용 가능한 기능들은 꽤 놀랍다. 요구하는 곳에 특별한 레이아웃 명령어를 제공받게 된다. 번역가란 직업이 문장가가 되는 것만은 아니다.

고객은 미적 만족을 주는 외양이 아닌 번역물에 대해 비용을 지불한다는 주장이 있다. 마찬가지로, 형편없는 번역물은 아무리 미적으로 표현한다고 해도 나아지지 않는다. 하지만 외양에 관심을 많이 기울인다는 자체가 실제 번역물의 질에도 관심을 가지는 것과 같다는 주장도 있다. 다음의 두 개의 단락과 표를 고려해보자. 텍스트는 동일하지만 레이아웃은 매우 적은 노력으로도 좋아진다는 것을 보여준다.

Simple table	Heading 1	Heading 2	Heading 3
Item 1	123	456	789
Item 2	789	123	456
Total	912	579	1245

Simple table	Heading 1	Heading 2	Heading 3
Item 1	123	456	789
Item 2	789	123	456
Total	912	579	1245

쿠리어 10과 같은 서체로 쓰여진 텍스트는 꽤 평범하고 단조롭다. 그것은 타자기를 사용할 때 각 단어가 한 행에서 정확히 같은 공백을 차지하도록 하기 위해 고안된 서체였다. 강조와는 별도로 거의 변화가 없는 서체였다.

진하게 하기와 같은 특징은 아직 이용할 수 없었다. 다른 폰트와 적당한 공백을 사용하여 문서의 외양이 상당히 좋아졌다. 마찬가지로 표의 외양도 워드 프로세싱 프로그램의 표 기능을 이용해 좋아졌다.

표 기능을 이용하면 표를 쉽게 만들 수 있다. 표의 형식이 융통성이 있고 고정된 탭 위치를 재설정할 필요 없이 바꿀 수 있기 때문이다

필요한 모든 자료를 입력한 뒤 원하면 표의 선이 나타나지 않도록 할 수 있다. 프로그램이 제공하는 것을 알아보고 자신이 원하는 방법을 선택하면 된다.

8.2 단(段) 설정

워드 프로세싱 프로그램이 제공하는 기능 범위는 상당하다.

가능한 외양 수준은 사용하는 프린터가 제공하는 정교함의 정도에 따라 달라진다.

이런 경우처럼 단(段)을 설정하는 것은 쉬운 일이며 바로 행할 수 있다.

단은 번역물의 레이아웃을 원천 텍스트에 맞추기 위해 사용되지만 별도의 시간이 든다. 물론, 고객이 외양을 선택한다 해도 책임은 번역가의 몫이다.

번역물이 내용과 레이아웃에서 원천 텍스트를 완벽히 재현하길 바랄 것이다. 이런 것이 상품의 강조점이 될 수 있지만 역시 시간이 걸린다.

원천언어와 목표언어의 단어 수 사이에는 차이가 있다는 것을 고려해야 한다. 이것은 당연히 레이아웃에 영향을 미치고 모든 번역을 주어진 여백에 다 입력하지 못할 경우도 생긴다.

고객은 이런 현상을 알지 못하기 때문에 알릴 필요가 있다

어떤 경우, 그 차이는 30퍼센트나 된다.

아래의 예를 보자.   이를 자르는 것은 짜

번역 후 텍스트 길   증스런 일이다.

8.3 텍스트 확장

"천연세럼이 풍부한 핸드크림"("Crème traitante enrichie au sérum naturel")이라는 텍스트를 살펴보자. 이것을 영어, 독일어, 스페인어, 이탈리아어로 번역한 것과 비교하면 다음과 같다.

> *Crème traitante enrichie au sérum naturel*
>
> *Hand treatment cream enriched with natural serum*
>
> *Handpflegecreme, angereichert mit natürlichem Serum*
>
> *Crema tratante para las manos enriquecida con suero natural*
>
> *Crema per il trattamento delle mani arricchita con siero naturale*

8.4 매크로

대부분 프로그램은 뛰어난 설명서를 제공하며 유용한 기능을 익히기 위해 허비한 시간은 아깝지 않다. 번역 일을 할 때마다 시간이 턱없이 부족하다는 경험을 자주 하지만 그래도 새로운 소프트웨어를 사용하는 경우에는 작업 시간이 끝나기 30분 전에 시간을 내어 일을 합리적으로 해주는 기능들을 살펴보려고 노력한다. 기능을 모르면 설명서도 읽는다.

매크로나 내장 용어집을 사용하면 시간이 절약된다. 법률 번역을 할 때 '주(州)행정법원'과 같은 긴 공식이름을 자주 사용하는 텍스트를 생각해보자. 매번 이런 전체 이름을 입력하기보다 매크로 기능을 사용하면 키를 두드릴 때마다 전체 이름으로 대치할 수 있다.

항목을 반복하기 위해 매크로 기능을 사용하면 좋다. 사용하는 프로그램에 따라 매크로의 범위를 정할 수 있다. 하지만 이것은 외양을 용이하게 하고 향상시키는 많은 도구들 중 하나이다. 매뉴얼을 읽고 자신의 일에 어떻게 도움이 되는지 알아보는 것이 좋다.

8.5 탁상출판

표준 번역물을 생산하는 기술 수준은 그리 정교하지 않아도 된다. 마이크로소프트 워드와 같은 프로그램이 광범위한 기능을 제공하고 있으며, 이런 기능의 대부분을 번역가는 사용하지 않는다. 하지만 디스크에 매뉴얼을 담고 있는 고객의 경우, 그것의 제작에 상당한 자원을 투입했을 것이다. 레이아웃과 표 및 그래프 등을 다시 하는 작업을 절약하기 위해 원천 텍스트의 그것들을 재입력해달라는 요청을 받을 수 있다.

탁상출판(DTP) 기능을 요구하는 이유가 바로 그런 경우이다. 그런 일을 하려면 먼저 번역가는 컴퓨터로 일정한 수준의 경험과 자신감을 가져야 한다. 탁상출판 프로그램은 워드 처리가 아니라 다양한 소프트웨어 패키지에서 텍스트 처리, 페이지 레이아웃, 그래프와 다른 파일 등을 불러오기 위해 고안된 것이다. 효율성을 높이려면 꽤 강력한 개인용 컴퓨터와 알맞은 크기의 화면(적어도 20인치)과 적당한 프린터가 있어야 한다. 결과적으로 그것들은 무경험자의 범위를 넘어서는 것 같다.

8.6 개인용 컴퓨터 패키지간의 호환성

다양한 외양 특징을 다른 프로그램에서는 다른 방식으로 개발한다. 번역가가 다른 프로그램을 고객에게 사용한다면 고객은 번역가의 전자 파일에 부가적인 텍스트 처리를 해야 한다. 또 진하게 하기나 이탤릭체로 하기 등과 같은 외양 특징을 입력해도 좀처럼 되질 않는다. 왜일까? 보낸 번역가의 텍스트 파일 프로그램이 이런 특징을 가진 소프트웨어 명령어를 인식하지 못하거나 고객이 번역가의 파일을 화면에 띄울 때 이런 특징이 나타나지 않을 수 있기 때문이다.

경험을 통해 다른 패키지는 서로 어떻게 호환되는지 알 수 있다. 마찬가지로, 파일을 저장하는 다른 방식이 있으며 이것을 다른 소프트웨어 프로그램이 사용할 수도 있다. 예를 들어, 워드퍼펙트에서 작업을 '일반 파일'로 저장한다면 이상한 형식 특징은 모두 제거된다. 또한 â, å나 ø와 같은 발음을 구별하는 부호는 모두 제거된다. 그 결과, 파일을 다른 패키지로 보낼 때 이런 문자는 모두 사라진다.

패키지간의 호환성이 날로 발전하고 있어서 문제는 줄어들고 있지만 그래도 문제는 여전히 존재한다.

예를 들어, 휴렛 팩커드 1600C 잉크젯과 휴렛 팩커드 레이저젯 4M 플러스처럼 같은 회사에서 제조한 프린터라도 인쇄되어 나오는 출력 정보는 서로 다르다. 그러므로 조심해야 한다.

8.7 전자출판

이 책을 개정하는 동안 나는 머지않아 번역가가 고려해야 할 기술과 실용 개발에 대해 알아보았다. 바로 전자출판에 관한 것이다.

지금 비(非)전자 형식으로 출판되는 문서 숫자는 날로 줄어들고 있다. 소프트웨어 프로그램간의 호환성이 날로 좋아지고 있지만 각 프로그램은 부호첨가나 표시문자에서 자체 방식을 고집한다. 예를 들어, 윈도우즈용 워드와 윈도우즈용 워드퍼펙트가 서식 시트를 사용하여 텍스트를 표시하는 방법을 살펴보자. 이런 것에 사용된 암호는 대개 숨어있지만 어떤 경우에는 겉으로 드러난다.

사용 중인 시스템을 모두 살펴보는 것은 이 책의 범위를 넘어선다. 하지만 머지않아 광범위하게 사용되는 시스템이 나올 것이다. 다음 페이지는 형식과 관련된 기능을 수행하기 위해 워드 프로세싱 시스템에서 발견되는 전형적인 특별표시로, 프로그램에게 명령하는 숨은 암호의 형식 예를 보여준다. 그것은 형식이 잡히지 않은 상태의 원래 텍스트와 특별표시 및 형식이 잡힌 상태의 텍스트를 보여준다.

특별표시 시스템 외에 범용 시스템도 있다. 가장 흔한 범용 시스템은 표준범용 표시언어(SGML)와 사무문서구조(ODA)이다. 이런 형식표준은 공개적이지만 한 나라나 한 회사의 통제를 받지 않는다. 포스트스크립트가 사실 표준페이지 기술언어(SPDL)이지만 표준범용 표시언어로 문서의 구조나 변경을 상세히 기술할 수 있다. ODA도 문서를 객체의 위계 집합으로 기술하는 점에서는 SGML과 비슷하다. ODA가 사용하는 용어는 SGML이 사용하는 용어와는 다르다.

HTML과 같은 다른 형식이 주목을 끌고 있다. 마찬가지로, 웹페이지 번역이 번역가의 새로운 시장으로 떠오르고 있다. 번역가는 결국 이런 것과 직면하게 되는데, 이런 것은 이 책의 범위를 넘어선다. 번역저장 시스템을 사용할 계획이라면 사용될 소프트웨어는 HTML을 다루는 기능이 있어야 한다.

미합중국 헌법 전문. 우리 미합중국 국민은 보다 완벽한 연방을 형성하기 위해, 정의를 확립하기 위해, 국내 안정을 보장하기 위해, 공동방위를 도모하기 위해, 공공복지를 향상하기 위해, 우리 자신과 후손들의 자유를 축복하기 위해, 이 미합중국 헌법을 제정하고 확립한다.

[폰트크기+2] [이탤릭으로 진하게] [가운데] 미합중국 [줄바꾸기] 헌법전문 [원래 폰트로] [폰트크기2] 헌법전문 [왼쪽 정렬] [모두 대문자] 우리 미합중국 [모두 소문자] 국민은 보다 완벽한 [이탤릭] 연방 [원래 폰트로] 을 형성하기 위해, 정의를 확립하기 위해, 국내 안정을 도모하기 위해, 공공복지를 향상하기 위해, 우리 자신과 후손들의 자유를 축복하기 위해, 이 미합중국 헌법을 제정하고 확립한다.	*미합중국 헌법전문* 헌법전문 우리 미합중국 국민은 보다 완벽한 연방을 형성하기 위해, 정의를 확립하기 위해, 국내 안정을 보장하기 위해, 공동방위를 도모하기 위해, 공공복지를 향상하기 위해, 우리 자신과 후손들의 자유를 축복하기 위해, 이 미합중국 헌법을 제정하고 확립한다.

예제 17. SGML 표시 예

8.8 고객에게 번역물 전달

고객에게 번역물을 넘기는 방법은 얼마나 급한가에 따라 달라진다. 추가 비용이 드는 방법이 선택되면 동의하기 전에 돈을 지불하는 고객과 합의부터 해야 한다. 급한 요구이면 고객이 추가비용을 지불해야 한다. 이용방법에는 팩스, 우편, 이메일, 택배 등이 있다. 번역가가 직접 배달할 수도 있지만 이런 경우는 실제 드물며, 번역가의 시간이 소중한 만큼 직접 배달은 시간낭비이다.

이 책의 초판에서 언급한 대부분의 선택은 오늘날 이메일로 대체되었다. 하지만 인증된 번역물이나 원천 텍스트를 받고자 하는 고객에게는 우편이나 택배 같은 방법을 여전히 사용하기 때문에 언급하고자 한다.

우편 서비스

대부분의 우체국은 우편물이 다음날 목적지에 도착하는 익일배달을 많이 취급하기 때문에 만족스런 서비스를 제공한다. 하지만 예측하기 힘든 파업 등이 생길 수 있으므로 배달의 신뢰성이 무너지는 경우도 있다.

익일배달보다 더 안전하지만 추가비용이 드는 특급배달조차 다음날 배달을 백퍼센트 보장하긴 힘들다. 유일한 위로는 추가비용을 환불받는다는 것이다. 하지만 번역물이 제시간에 도착하지 못하면 이런 것은 아무 소용이 없다. 데이터포스트(영국 우체공사의 지급소포 우편)는 요금이 매우 비싸지만 보장 확률이 백퍼센트다. 이런 서비스를 요구하면 동의하기 전에 별도의 배달비용에 대해 고객과 합의부터 해야 한다. 이런 서비스는 유동적이므로 우체국에서 최신 정보를 구한다.

이메일로 대부분의 번역물이 전달되기 때문에 우편 시스템에 대한 의존은 점점 줄어들고 있다. 나는 고객에게 원천 문서나 인증된 번역물을 보낼 때만 우체국을 사용한다.

팩스

팩스는 훌륭한 장비이다. 팩스를 이용하면 거의 동시에 여기저기서 정보를 얻을 수 있다. 하지만 복사본의 질이 원본의 질보다 떨어진다. 전용팩스를 사용한다 해도 이 문제는 여전하다.

전자우편

이것은 오늘날 대부분의 번역가가 사용하는 방법이다. 이것도 초기에는 대부분 장비 명세서의 약간의 차이로 인해 어려움이 있었다. 하지만 대부분의 경우 장비는 별 문제 없이 작동된다. 필요한 추가 장비는 모뎀이지만 이것도 오늘날의 컴퓨터에는 내장되어 있다. 음성전화와 자료전송 서비스를 위해 전화선을 추가하기보다 전자우편을 더 선호한다.

점점 복잡해지는 소프트웨어 패키지를 작동하기 위해 컴퓨터 용량이 자꾸 증가하는 것처럼 전화선으로 보내는 정보량도 같은 비율로 점점 증가하고 있다.

일부 모뎀 전송 프로토콜은 전송 시간을 줄이기 위해 압축과 압축 풀기 기능이 내장되어 있다. 실제로 자료전송을 하기 전에 텍스트 파일을 압축하는 별도의 패키지도 있다. 파일을 다른 나라에 전송할 때 이런 방법을 쓰면 전화요금이 덜 나오기 때문에 사용하면 좋다.

번역가들이 사용하는 팩스 설비는 14,400보드(1비트/1초) 속도로 작동한다. 내가 약 15년 전에 사용한 첫 번째 모뎀은 300보드로 움직여 많이 힘들었다. 속도를 높일 수 있었지만 전송 모뎀과 수신 모뎀이 더 빠른 속도로 작동해야만 했기에 그럴 수 없었다. 속도를 높이려면 표준 전화선을 사용하면 되지만 전송선의 질이 떨어져 속도를 제한했다. 전송속도를 예로 드니 바보처럼 보이는데, 현재의 속도가 매우 빨라 아주 짧은 시간에도 매우 느리게 느껴지기 때문이다.

종합정보통신망(ISDN)은 전화통신망의 용량이 크게 증가한 덕분에 오늘날 이용 가능한 시스템이다. 발신자 확인, 빠른 팩스, 더 선명하고 더 빨라진 속도가 특징이다. 더 좋은 설비들이 개발되어 종합정보통신망조차 구식으로 느껴질 정도이다.

전송속도가 훨씬 높아진 광대역 기술이 점점 더 사용되고 있지만 근처에 광대역 기지국이 없으면 사용할 수 없다. 사용하려면 기지국에서 5km 안에 있어야 한다. 이것은 지리적인 직선의 거리가 아니라 공급받을 수 있는 케이블의 거리이다.

일부 기관은 전자우편함이나 게시판 시스템을 제공한다. 이런 서비스는 전자우편을 받거나 저장하는 전자우편함을 빌려준다. 또 웹사이트나 정보를 위한 다른 출처에 접근하는 것을 허락한다. 전자매체를 통해 외부세계와 의사소통할 때는 보안에 주의해야 한다. 이것은 자신의 컴퓨터가 호스트 컴퓨터를 벗어나 실행되지 않을 때 특히 중요하다. 다른 시간대의 고객이 있을 수 있으며 고객이 정규업무 시간 외에 파일을 보낼 수 있기 때문이다.

수신자가 확인되지 않거나 수신자를 알 수 없을 때 절대 파일을 열면 안 된다. 미지의 수신인이 보낸 .exe로 된 첨부파일을 연다면 문제가 생길 수도 있다. 의심스러우면 전자우편을 열면 안 된다. 대신 답장을 보내어 출처를 알 수 없는 파일은 열지 않는 것이 자신의 방침임을 알리고 수신자 확인 요청을 한 다음 전자우편을 지운다.

도로와 항공 운송

전자우편이 나오기 전에 급한 서류를 외국에 보내기 위해 항상 국제특급배달을 이용한 때가 있었다. 오늘날은 예전만큼 덜 사용하지만 그래도 빨리 배달하고자 할 때 여전히 사용한다. 다시 한 번 비용을 지불하는 고객과 합의를 봐야 한다는 점을 명심해야 한다.

특히 전자우편으로 보낼 수 없는 문서를 처리할 경우 지역배달은 필요하다. 모든 외부 서비스처럼 비용이 더 든다 해도 이름 있는 회사를 이용하는 것이 좋다.

번역회사를 경영할 때 겪은 경험담으로 예를 들어보겠다 우리는 새 고객에게 프리랜서 번역가가 행한 번역물을 마감시간까지 보내기로 합의했다. 고객의 중역 중 한 명이 계약 신청서를 가지고 파리에서 열리는 중요한 모임에 가는 비행기 예약을 대신 했다. 번역가는 시간에 맞춰 일을 하겠다고 동의했고 고객에게 넘기기 전에 우리에게 고객의 회사명과 주소 등이 적힌 서류를 점검받고 인쇄하기로 했다.

번역가가 일을 늦게 마치는 바람에 우리는 번역물을 회수하기 위해 택배를 번역가에게 보내기로 합의했다. 급사가 늦게 출발했고, 교통도 막혔고, 타이어 펑크까지 났다. 여분의 타이어까지 펑크가 난 상태였다. 급사는 전화를 거는 대신 자동차를 그 자리에 두고 걸어서 가장 가까운 자동차 정비공장에 가서 타이어를 수리했다. 그때쯤 고객은 굉장히 화를 냈고 번역가는 당연히 신경이 예민해져 어쩔 줄을 몰랐다. 싸움에 낀 제삼자 입장이 되었다.

그 결과 고객은 파리행 비행기를 놓쳤고 모임은 연기되었다. 알고보니 그 고객은 이전에 내가 근무하던 곳의 직원으로 나와 함께 실적을 올린 사람이었다. 그 후 그 회사는 이름을 바꾸었지만 내 이름은 여전히 회사 기록에 남아 있었다.

이것이 고객과 하는 첫 거래였더라면 아마 그것은 처음이자 마지막 거래였을 것이다.

9.

잘 못될 때 해야 할 일

"경험, 유명한 사람은 자신의 실수에 집중한다."
1854-1900, 오스카 와일드

이것은 최후 심판일의 철학이 아니라 현실적인 것이다. 가끔 일이 잘 못될 수 있다. 잘 못된 일을 받아들이는 것은 사실을 인정하고 문제해결 능력에 있는 이런 요인의 효과가 다시는 생기지 않거나 최소한 제한하기 위해 필요한 척도를 알게 해준다. 사람이기에 실수를 하고 실수를 통해 흔히 배우며, 그래서 기회가 왔을 때 놓치지 않게 된다.

고객을 위해 처음으로 일을 하는 도중 실수한다면 운이 아주 나쁜 경우이다. 실적과 두 번째 기회를 잡기 힘들다. 그러므로 일을 하는 매순간 최선을 다해야 한다. 무엇보다 아래 상황까지 가면 안 된다.

> **아, 죄송합니다.**
> **오해가 있었나 보네요.**

9.1 예방책

마감시간을 넘기는 것이 아마 가장 심각한 요인일 것이다. 이런 일이 생기면 취할 수 있는 행동은 단 하나이다— 문제를 파악하고 고객에게 전화를 걸어 솔직하게 무슨 일이 일어났는지 설명한다. 마감시간까지 하기 힘들다는 사실을 인식하고 미리 전화를 한다면 고객의 양해를 받기 더 쉬울 것이다. 마감시간을 넘기고도 고객이 설마 모르겠지 하는 식으로 가만히 있으면 안 된다. 일정에 혼란이 생긴 경우 고객도 꼭 알아야 한다.

절차가 복잡해도 서면으로 모든 것을 기록해야 한다. 이것은 모든 부분에 대한 책임이고 본질적인 품질 보증이다. 주어진 날짜에 일을 의뢰한다는 조건으로 고객이 마감시간에 동의한 경우를 많이 보았다. 정한 날짜보다 늦게 의뢰하면서 정작 마감시간은 지켜지길 바라는 고객이 있다. 이런 경우, 고객에게 이메일이나 팩스로 의뢰받은 일이 약속시간보다 늦어서 마감시간을 지킬 수 없다는 것을 알려야 한다.

지연을 야기하는 것을 고려하는 것도 좋다. 그래야 최소한 필요한 비상대책을 세울 수 있으니까.

- 합의대로 고객의 일이 도착하지 않았다. 우편으로 인한 지연이라면 일이 도착했을 때 봉투를 보관하고 시간과 날짜를 기록해둔다. 이것은 현재 하고 있는 일에는 별 차이가 없겠지만 나중에 설명을 요하는 동네 우체국의 우편 분류실에 그것을 보내면 서비스가 나아질지도 모른다. 우체국의 서비스는 좋아질지 모르지만 시스템 상의 문제를 개선하지 않는다면 더 이상의 향상은 어렵다.

- 일이 예상보다 시간이 더 걸린다. 이것은 특히 일감을 보지 않고 마감시간에 동의했다면 이해 가능한 지연 요인이다. 다시 한 번 더, 지연이 필요한 이유를 받아들이도록 설명을 잘 해야 한다.
- 번역하기로 한 텍스트의 내용이 마음에 들지 않는다. 이것은 일을 하다보면 피할 수 없는 부분이다. 번역할 텍스트를 보고 난 뒤 수락해야 한다는 좋은 예이다.
- 의뢰받은 전자우편 첨부파일을 열 수 없다. 첨부파일을 열지 못하는 경우가 많기 때문에 고객에게 텍스트를 .RTF 파일로 저장하고 보내달라고 요청한다.

지연이 생길 경우 진실한 설명만이 받아들여진다. 대개 변명은 속이 다 보이므로 번역가의 명성에 도움이 되지 않는다. 지연의 이유가 자신의 제어 범위를 넘어설 때는 서류로 남기는 게 좋다. 우편 서비스가 아주 나빴던 과거도 있지만 지금은 전자우편과 팩스로 쉽게 이용 가능하기 때문에 외부 조건의 변동에 신경 쓸 필요가 없다.

컴퓨터가 고장 나는 경우도 있지만 그런 경우도 오늘날 매우 드물다. 디스크와 백업을 실행하면 설비 실패로 오는 충격을 줄일 수 있다. 마찬가지로, 좋은 서비스 계약으로 수리나 서비스에 대한 중단시간을 줄일 수 있다.

컴퓨터 바이러스에 노출되지 않도록 조심한다. 정품 소프트웨어를 사용하고 직접 디스크를 포맷하면 이런 위험은 줄어든다. 하지만 전자우편을 주고받거나 디스크를 바꾸는 등 외부세계와 소통을 시작하면 이런 위험에 더 많이 노출된다.

오늘날 사용 가능한 항바이러스 프로그램들이 있다. 그것들은 보호

정도에 따라 알려진 바이러스를 탐지하고 파괴한다. 어떤 방어 프로그램을 사더라도 새로운 바이러스가 계속 나오는 이상 방어 프로그램을 정기적으로 업그레이드시켜야 한다. 일부는 해가 없는 놀이로 여겨지기도 하고 일부는 모든 것을 완전히 황폐화시킨다. 화면의 문자가 갑자기 모두 화면 밑으로 뚝 떨어진다거나 파일 하나가 복사되면서 증가하기 시작하여 갑자기 하드디스크를 모두 채운다면 어떻게 반응해야 하는가?

9.2 장비보험

장비보험 가입여부는 상황에 따라 달라진다. 재택근무를 한다면 꽤 안전하다고 느낄 것이다. 자신의 컴퓨터에 접근하는 강도나 파괴자를 만난다면 어떻게 될지 생각해본다. 컴퓨터는 쉽게 분해당하여 유용한 부품은 빼앗기고 나머지는 팔릴 수 있다.

보험 가입은 분별 있는 행동이다. 그것은 장비 그 자체의 상당한 손실보다 디스크에 저장된 작업에 걸린 시간과 노력에 대한 것이다. 소프트웨어는 대체하거나 재설치하면 되지만 하드디스크에 저장된 번역 파일에 들어간 시간은 고된 작업임을 나타낸다.

컴퓨터는 상당한 투자를 의미한다. 하지만 하드디스크의 정보 입력에 얼마나 많은 시간을 들였는가? 정리한 모든 용어집은? 해를 거듭하며 생긴 정보와 번역물을 모두 복사해 두는 번역가는 훈련이 아주 잘 된 사람이다. 별도의 공간에 백업 디스크를 저장해두는 것도 좋은 습관이다.

호환성 장비를 가지거나 차 안에 컴퓨터를 싣는다 해도 특별한 컴퓨터 보험 증권에 가입했다면 상대적으로 적은 지출로 마음의 평안을 얻을 수 있다.

9.3 보수 관리

컴퓨터 하드웨어에 대한 보수 관리는 보험과 비슷하다. 무언가가 잘 못될 때까지 보수 관리는 필요 없다. 컴퓨터 하드웨어의 주요 제조업체들은 흔히 적정한 가격에서 3년간의 출장 서비스를 보장한다. 나는 이것이 가장 적당한 계약임을 알고 있다.

장비를 구입할 때 할 수 있는 최고의 거래를 해야 한다. 이름 있는 회사들은 품질보증서와 지불로 얻는 것을 제공한다. 보통 두 가지 선택이 있다― 기본으로 되돌아가기와 출장 보수 관리. 마음에 드는 장비 가격을 컴퓨터 잡지에서 찾을 수 있지만 장비의 가격이 낮으면 낮을수록 보증의 가치도 떨어진다는 점을 명심해야 한다.

많은 표준 장비를 실제로 '무배달 현금 판매' 가게에서 구입할 수 있다. 판매 수익이 낮은 이유는 일반적인 보증을 제공하지 않기 때문이다. 현실을 직시하고 제공되는 보증에 대한 서면 세부사항을 물어봐야 한다. 아래의 점들을 고려하면 좋다.

- 어떤 응답시간이 제공되는가?
- 계약서에 출장 보수 관리가 포함되는가?
- 기계가 수리를 위해 반환된다면 대체 기계가 제공되는가?
- 어떤 하드웨어 부품이 포함되지 않는가? 키보드가 포함되지 않을 때가 많다― 찻잔을 잘 엎지른다면 이런 것을 고려해야 한다.
- 서비스를 제공하는 회사나 제 삼자의 계약자를 통해 보수 관리가 제공되는가? 판매자에게 추가 비용을 지불해야 하는가?

입도선매 계약으로 구매하면 가끔 구매 후 실망하게 된다. 은행을 통해 매달 정기적으로 보수 관리비를 지급할 수 있는지 알아본다. 이런 방법은 제공된 서비스가 지불하는 액수와 맞지 않거나 서비스를 제공하는 회사가 서비스를 그만 둘 경우 지불에 대한 통제를 할 수 있다. 미리 서면으로 취소하지 않는 한 계약이 자동으로 갱신되는지도 알아본다. 보통 예고 통지는 석 달 전에 온다. 그런 진술서의 합법성에 의심이 가고 자신이 옳다 싶어도 때때로 그런 문제를 해결하려면 많은 시간과 불필요한 법무사 비용이 든다는 점도 명심한다. 최상의 거래를 위해 이리저리 돌아다니고 인쇄된 깨알 글씨도 읽어야 한다.

소프트웨어 보수 관리는 별개의 문제이다. 소프트웨어에 오류가 있고 정품 시스템 디스크를 돌려준다면 공급자는 적은 비용을 받고 그것을 다른 것으로 바꿔준다. 합법적으로 등록된 디스크를 제공한다면 많은 경우 아주 적은 수수료만 지불하고 디스크를 업데이트 받을 수 있다. 본인이 그 소프트웨어를 소유한 것이 아니라는 점을 명심해야 한다. 주어진 조건에서 사용 허가증을 산 것에 지나지 않음을 명심한다.

9.4 손해보상 보험

손해보상 보험이 필요 없다고 생각하는 번역가들이 있다. 손해보상 보험이 법적인 필요사항은 아니지만 소송을 당할 경우 자신의 입장이 어떻게 변할지 생각해본다면 고려의 가치가 있다. 승소 판결이 자신에게 불리해진 1인 기업가라면 비용 지불을 위해 개인 재산과 집까지 팔아야 할 경우가 생긴다.

특별한 번역물에 대한 송장의 가치는 그리 높지 않다. 수천 파운드 비용이 드는 천연색 광고 전단에 자신의 번역이 사용될 때 고객이 입을 비용을 고려해보자. 수천 명의 사람에게 광고 전단이 뿌려진 다음에야 번역에 실수가 있다는 것을 알아차렸다면….

통번역협회는 회원들을 위한 계획을 시행한다. 회원이 아닌 번역가는 이름 있는 전문적인 손해보상 보험 중개인과 만나도록 도움을 받는다.

9.5 연체나 지불 불능 고객

잠재적인 고객의 의뢰를 수락하기 전에 제공되는 일의 용어로 기분이 좋은지 확인해야 한다. 이런 용어는 서면으로 확실히 하고 양자 간의 합의도 확실히 해야 한다. 용어가 마음에 들지 않으면 그렇다고 말을 하고 거절하든지 아니면 타협점을 찾는다.

기정사실을 제시할 때 보통 최악을 알게 되는 것은 불행이다. 쓸데없이 연체를 하거나 지불하지 않으려고 변명하는 신호는 없는지 살펴야 한다. 지불 불능자가 된 고객이 비용을 지불할 가능성은 거의 없다. 미납으로 인한 재정적 어려움을 겪지 않으려면 고객이 미납 청구서를 계속 쌓아 고액이 되는 경우는 만들지 말아야 한다.

예를 하나 들어보자. 우리가 특별한 고객의 의뢰를 받아 일을 했는데 지불이 늦어져 송장들을 계속 발부해 결국에는 비용을 받은 적이 있다. 다음에 이 고객은 제 삼자에게 일을 의뢰했다. 제 삼자는 고객과 싸움까지 하게 되었는데, 이유는 고객이 계속 약속만 하고 우리가 송장을 발부해도 지불을 하지 않아서였다. 결국 지방법원에 가 고객을 상대로 소송을 했고 판결은 우리 편이었다. 고객은 거래를 청산할 기간을 받았으나 깨끗이 청산하지 않았고 오히려 돈이 없다고 탄원했다. 소송은 다시 지방법원으로 넘어갔고 우리는 고객이 사는 지방의 법정 심리에 출두해야 했다. 형편없는 상황 속에서 법정에 가는 데 두 시간이나 걸렸다.

우리는 지정된 시간까지 기다리다가 법정에 들어갔다. 고객은 아직 나타나지도 않았다. 다시 한 번 더 그에게 지불할 시간이 주어졌지만 역시 아무 일도 일어나지 않았는데, 최소한 서류상으로 법원 집행관이 차압할 수 있는 어떤 재산도 고객이 가지고 있지 않아서였다.

서비스 공급자로서 번역가는 고객이 번역료를 지불하지 않을 작정을 하는지 알 길이 없다. 비록 언젠가는 고객이 재정적인 어려움을 겪게 될지라도 말이다. 고객의 빚이 번역가가 포기할 정도로 커지면 안 된다.

번역 일을 시작할 때 거의 의뢰받은 일만 하게 된다. 가능하면 한 명의 고객에게 너무 의지하면 안 된다. 보통 기준은 수입의 25퍼센트 정도만 한 고객에게서 받으라는 것이다. 그 고객이 번역가를 바꾸거나 어떤 이유로 번역을 의뢰하지 않을 경우를 고려해야 한다.

노동에 대한 대가를 받기 위해 너무 많이 기다리거나 언제 번역료를 받는지 모를 경우도 있다. 그런 경우 어떻게 해야 할까? 고객을 잘 아는 경우라면 가벼운 마음으로 접근해 슬쩍 말해볼 수 있다. 나는 다음과 같은 내용을 고객에게 보내어 며칠 내에 수표를 받은 적이 있다.

은행 잔고가 별로 없습니다.
사실 거의 바닥까지 간 상태입니다.
수표 한 장이면 해결됩니다.
그러면 이를 악무는 것도 멈춥니다.
그리고 구입한 물품 비용도 갚습니다.

대부분의 번역대행사는 프리랜서와 대행사간의 상호 의존성 때문에 정기적으로 번역료를 지급한다. 보통 기한은 송장을 제출한 달의 다음

달 말에 지불된다. 지불에 대해 특별 기한이 있다면 최소한 수표의 예상 날짜를 알아야 계획을 짤 수 있다. 하지만 월말은 매우 유동적인 경우에 해당하며 이런 경우 쓸데없는 어려움이 많이 야기된다. 불안하면 지불이 늦어지는 대행사가 어디인지 ITI에 물을 수 있다. 일을 수락하기 전에 미리 서면으로 지불 기한에 대해 분명히 합의부터 해야 한다.

고객과 직접 일하는 경우 처음부터 주어진 날짜에 지불해야 한다는 약속이 없으면 더욱 더 어려워진다. 의심스러우면 고객에게 신용조회를 요청한다. 신용조회를 했다 해도 단순히 액면 그대로 받아들이면 안 된다. 이것은 번역가의 생계수단이기 때문에 현실을 직시해야 한다. 고객이 감춘 것이 없다면 위법 행위는 일어나지 않을 것이다. 함부로 다룰 번역가가 아니라는 인식을 줘야 한다.

실제로 구매 증서를 모으는 고객이 번역물 비용도 지불하는 예외적인 경우를 대비해 항상 문서로 된 구매 증서를 챙겨야 한다. 일이 3개월 이상 걸린다면 단계적인 지불에 동의하거나 미리 지불을 분할하는 것도 좋은 방법이다.

많은 회사가 자신들의 지불 기한을 구술하려고 하는 것은 별로이기 때문에 처음부터 이런 기한을 알아내는 것이 최고다. 일방적인 선언이라면 송장에 기입된 "30일 이내에"라고 지불 기한을 구술하는 것은 의미가 없다. 상호 합의된 기한이 필요하다.

신용 한도액을 정한다. 결국, 새로운 고객은 모르는 사람들이므로 신뢰도나 정직성을 측정할 방법이 없다. 고객이 의뢰한 번역료가 수천 파운드에 달한다면 지불하기가 힘들어진다. 이럴 경우 번역가는 돈을 잃거나 포기해야 하는가? 초과 구매시 무이자로 무제한 신용이 가능하길 바라는가?

대형 업무에 대한 서면 견적서 제출을 요청받으면 지불 기한과 다른 조건들에 대한 서면 동의를 확실히 한다. 구두 동의는 거의 효력이 없다. 특히 계약한 사람이 번역료를 지불받을 시점에 회사를 떠난다면 더욱 더 그렇다.

번역료를 받기 위해 보통의 모든 수단을 사용하고도 늘 이런저런 변명에 속아 넘어간다면 더 이상 시간 낭비하지 말고 지방법원에 가서 채무자가 판결을 받도록 하는 편이 낫다. 채무자가 말이 통하는 사람이고 지불 능력이 있으면 몇 가지 시도로 청구서를 처리할 수 있다. 지방법원을 통해 5,000 파운드까지 청구할 수 있고 법무사 비용도 들지 않는다. 모든 지방법원의 주소와 전화번호는 전화번호부의 법원 주소란에 실려 있다. 양자택일의 분쟁 해결에 관한 소책자는 지방법원에서 구할 수 있다. 많은 경우에 지방법원을 통해 법적 조치를 취하겠다는 단순히 위협만 해도 상당한 효력이 발휘되어 지불이 빨라질 수 있는데 일단 지방법원에 출두하는 것만으로도 채무자의 신용에 금이 가기 때문이다. 채무자가 법정 재산관리에 들어갔다면 채권자인 번역가는 그런 정보를 받아야 한다. 유일한 건전한 충고는 좋은 채무자 통제 수단을 발휘하는 것이다─연체가 길어지면 길어질수록 지불받기는 어려워진다.

지불기한과 연체 이자를 강요한 법률이 오늘날 효력을 내고 있다. 이것은 1988년에 제정된 상업상 채무(이자)에 대한 연체법으로 불린다. 이것에 대한 보다 설명과 보다 나은 지불 관례는 www.payontime.co.uk에서 이용 가능하다.

9.6 연체에 대한 변명
대부분의 고객은 꽤 지불을 잘 하는 편이다. 하지만 몇몇 악인이 때로 삶을 고달프게 한다— 대개 은행지점장이 자신의 몫을 조를 때. 지불 독촉을 받으면 오만 변명이 다 나온다. 어떤 해명은 진짜고 그럴 듯하지만 어떤 해명은 지연을 위한 수단에 불과하다. 이것은 예상 가능한 현금흐름을 매우 어렵게 만든다. 지불을 예상할 때 다음을 응용하는 것도 괜찮다.

연체료 법칙 : $\dfrac{x+t+h}{s} = \text{P(days)}$

여기서,

$x =$ 송장에 기입된 지불 기한. 예) 30일. (이것은 흔히 고객이 송장을 쳐다보기 전에 고객이 정한 가능한 날짜 수로 해석된다.)

$t =$ 그 때 고객이 변명한 요인. 아래 열거된 변명들을 기초로 추정.

$h =$ 공휴일로 인한 추가적인 지연.

$s = \frac{1}{n}$. n은 지불을 찬성하거나 수표에 서명한 사람 수.

송장을 지불하지 않은 것에 대한 변명은 여러 가지이다. 다음은 우리가 받은 몇 가지 공통적인 변명이다.

1. "수표를 우편으로 보냈는데요 어제 부쳤기 때문에 지금쯤 받았어야 했는데요."
2. "아! 컴퓨터로 마지막 일을 방금 마쳤는데 이제 송장이 도착했네요. 아마 다음 달이 되어야 가동하는데요."
3. "송장을 거래하거나 수퍼에 서명하는 사람이 휴가를 가거나 아

프거나 지금 여기에 없어요."

4. "진술서를 받아야 지불할 수 있어요." (왜 송장을 보내달라고
   보채지? 송장과 진술서를 보내달라니!)

5. "서명해서 전해주었고 청구서는 지금 사장님 자리에 있어요."

6. "경리부에 보냈어요." 번역가는 경리부로 전화한다. "일을 의뢰
   한 부서에서 청구서를 못 받았는데요" 부서들과 재정적으로
   곤란한 상황에 처한 듯한 어떤 것 사이에 존재하는 이런 공백
   을 누가 정의할 수 있을까?

7. "아직 송장을 못 받았는데요. 아마 우편함에서 실종된 것 같아
   요. 송장을 한 번 더 보내주시면 바로 지불해드리죠" 그리곤
   똑같은 말이 다시 반복, 반복된다.

8. "아, 슬리도토빗씨는 더 이상 회사에 다니지 않아요. 무엇을 도
   와드릴까요?"

9. "경리부는 다른 건물에 있어요. 전화번호를 알려드릴 테니 전
   화해보세요. 어머, 미안합니다. 이 전화번호는 드릴 수가 없어
   요."

10. "죄송합니다. 말할 수가 없어요. 컴퓨터 안에 있는데 접근이 불
    가능해요."

11. "어머, 이것을 처리한 사람이 지난 휴가에 죽었는데 그의 책상
    을 열 수가 없어요. 송장이 비품들 속 어딘가에 있을 겁니다".
    (X-레이 눈을 가졌나?)

12. "경리부는 다른 건물에 있고 모든 내부 우편은 우체국을 통해
    옵니다. 배달 도중 잃어버렸거나 지연이 되나 봅니다."

13. "아직 우리 구매 주문서를 못 받으셨어요? 송장에 구매 주문

번호를 말해주시면 지불을 해드릴게요."

14. "장부를 회계 감사원이 가지고 있어서 지금 수표를 발행할 수 없습니다."

15. "수표책이 경리부 책상 안에 들어있는데 열쇠를 잃어버렸어요."

이것이 우리가 들었던 변명들이다─번역가들이 경험한 내용도 있을 것이다. 어떤 것은 다소 그럴 듯하지만 지연되는 것은 매한가지다.

예방이 치료보다 낫다는 말을 되새겨볼 만하다. 고객과 그 고객을 신뢰할 수 없다면 항상 서면 주문서로 물어봐야 한다. 주문서에 적힌 사람의 이름과 지불 기한 동의를 서면으로 꼭 받아야 한다. 전화상의 동의는 그 당시에는 꽤 그럴 듯하지만 노동의 대가를 지불받으려고 할 때 별 도움이 안 될 수 있다.

일이 몇 주 이상 걸릴 것 같으면 일을 진행하면서 지불 기한을 동의한다. 이것은 특별한 일을 진행하느라 다른 모든 고객의 일은 배제할 때 특히 중요하다.

번역료를 자꾸 지연하는 고객에게서 돈을 받기 위해 고군분투한 경험이 있다. 나의 유일한 충고는 계속 공손한 자세로 사실에 입각해 접근해라는 것이다. 들은 말과 동의한 것은 서면으로 기록한다. 고객이 상습범이 아니라면 다른 사람들도 그 문제를 알도록 ITI에 연락하면 도움이 된다. 고객이 다른 나라에 살고 있다면 그 나라의 대응하는 번역가협회에 알리는 게 좋다. 다른 동료들이 공유된 정보의 덕을 볼 수 있다.

9.7 제때 지불받기 위한 점검표

- 항상 잠재적인 고객에 대한 신용 조회를 해야 한다. 새로운 고객이 생기면 즐겁지만 그들과 함께 일하기 전에 항상 재정적으로 신용해도 되는지 확실히 해야 한다.

- 미리 기한을 협의한다. 판매 과정의 한 부분으로 새 고객과 지불 기한에 대한 의견일치를 본다. 번역가가 제시하는 신용 기한이 번역가의 서비스 가격과 관련 있으며 이자를 주장할 법적 권리가 있다는 것도 고객이 분명히 이해하게 만든다.

- 채무자에게 알린다. 상습적인 연체 고객이 있다면 연락해서 최근의 법이 고객에게 어떤 영향을 미칠 수 있는지 설명한다. 고객과 공급자와 좋게 일할 수 있는 관계를 조장한다. 그러면 문제가 발생해도 지불 문제는 약간 풀기 쉬워진다.

  예를 들어, 신용카드로 신형 와이드스크린 TV를 구입했다고 말한다. 제때 신용카드 지불을 할 수 없다면 무슨 일이 생길까? 제때 지불하지 않는 번역가의 고객과는 어떤 차이가 있을까?

- 고객에게 번역물을 보낸 것처럼 송장을 보낸다. 송장 보내는 것을 지연하면 안 된다. 이렇게 하지 않으면 제때 번역료를 받기 힘들다.

- 분명한 문서를 보관한다. 정확한 고객, 정확한 장소, 정확한 시간, 정확한 지불 날짜가 기재된 정확한 송장/진술서를 보냈는지 확인한다.

- 번역가의 권리를 이해한다. 소규모 회사가 그렇게 하는 것처럼, 법은 연체하는 모든 사람에 대해 이자를 청구할 수 있는 권리를 번역가에게 준다. 영국에서 번역가가 청구할 수 있는 총액은 영

국은행 대출의 기본 이자율에 8퍼센트를 더한 액수이다.

- 제때 번역료를 수금한다. 수금 시간표를 만들어 실행한다. 약속된 수표가 아직 도착하지 않으면 즉시 다시 알아본다.

- 효과적인 의사소통을 한다. 기존 고객이 예정된 송장을 빨리 인식하도록 만든다. 계속 연체하는 고객이라면 재정적으로 신용할 수 있는지 재점검한다.

- 번역대행사에서 일한다면 모든 일은 대행사의 고객이 아닌 대행사와 해결한다. 대행사는 연체할 권리가 없다. 대행사 고객이 번역가에게 지불하는 것이 아니기 때문이다.

- 올바른 태도를 유지한다. 돈을 언급한다고 당황해하면 안 된다. 구매를 할 때 공급자가 신용 조회를 한다고 거부한 적이 있는가?

9.8 고객 분쟁 처리 과정

번역물에 대한 품질 관리는 번역뿐만 아니라 일에 적용한 과정도 모두 포함한다. 책임이 매우 중요한데, 특히 분쟁 문제가 중재나 책임 분담을 위해 제 삼자를 참고할 때 그렇다. 번역물 생산의 모든 단계에 대한 적절하고 종합적인 문서화가 제일 중요하다. 고객의 요구대로 번역물을 생산하기 위해 관련된 모든 정보는 번역가가 보관하는 기록문서에 입력해야 한다. 불완전하거나 읽기 힘든 정보를 받아들이면 안 된다. 정확한 문서화만이 문제가 생겼을 때 어디에 잘못이 있는지 또는 어디에 제한이 있는지 추적할 수 있다. 문서화되지 않은 전화 통화 내용 참고는 분쟁에서 별 효력이 없다.

특별한 경우, 고객과 분쟁이 있을 거라고 예상하는 것이 현실적이다. 일부러 의도한 것은 아니지만 그래도 고객이 번역물의 질에 대해 분쟁을 일으키면 분쟁으로 이끈 요인들을 인식하고 그에 따른 치료책을 세워야 한다. 어떤 문제에 대한 자각을 통해 그런 문제를 처리하거나 재발을 방지하는 방어태세를 강화할 수 있다.

다음은 불만이나 분쟁을 일으키는 가능한 이유들이다.

1. 고객이 약속시간을 넘겨 일을 의뢰했다.
2. (아마도) 번역물에 사용된 용어가 부정확하거나 틀렸다.
3. 완전히 완성된 번역물이 아니다.
4. 번역물의 문체가 의도된 목적에 맞지 않다.
5. 번역물의 레이아웃이 고객의 명세서와 다르다.
6. 번역물이 정확한 소프트웨어 형식을 따르지 않았다.

위에서 야기된 분쟁을 처리하는 방법을 보여주는 순서도가 이 장의 끝에 실려 있다.

채택된 행동과 분쟁 결과를 비롯해 분쟁에 대한 모든 것을 기록하고 파일로 보관해야 한다. 필요하면 보고서를 고객에게 보내어 상세한 내용을 설명한다. 속이 빤히 보이는 변명은 금물이다. 이런 일을 하면 업무량이 늘어나지만 종합적인 기록을 보관하면 번역물을 완성하고 넘긴 몇 달 뒤에 번역료를 받으려고 애쓰거나 분쟁이 있을 때 해결이 훨씬 쉬워지기 때문에 그만한 가치가 있다.

번역가는 하루에 약 2,000 단어를 생산한다는 것이 일반적인 견해이다. 점검 시간은 번역의 질과 의도한 목적에 따라 달라지며, 번역 시간에 추가되어야 한다.

하나의 번역물을 몇몇 번역가가 나누어 하면 균일성을 위해 점검과 편집은 필수이다. 이런 선택을 하면 의뢰한 고객에게도 알린다.

9.9 중재

고객과의 분쟁이 토론으로 해결되지 않으면 번역가는 자신이 올바르게 행동했는지 생각해봐야 한다. 분쟁이 곧 현실화될 것 같다는 예감이 들면 즉시 이 문제를 전문가협회(회원일 경우)나 보험 중개인에게 알린다. 이런 중재 조건이 사업 항목에 진술되어 있어야 한다. 통번역협회가 다음에 나오는 순서도에서 사용된다.

중재가 고객에게 유리하게 판결나면 문제는 가능한 보상을 위해 손해보상 보험 중개인에게 알려진다. *청구액이 보험금 보유 초과 금액 미만이고 청구액이 적절하다고 여겨지면 번역가가 고객과 직접 해결하는 것이 좋다.* 그러면 보험회사가 보상금을 지불한다. 물론 보험금 보유 초과 금액 미만에서 말이다. 분쟁의 원인이 대리번역을 한 프리랜서 번역가에게 있다면 번역가나 번역회사를 통해 대리번역을 한 프리랜서 번역가에게 손해배상을 청구한다.

중재가 번역가에게 유리하게 판결나면 번역가는 외교술을 발휘하여 고객의 신뢰를 얻어 미래에도 계속 의뢰를 받을 수 있도록 애써야 한다. 하지만 문제가 중재로까지 가게 되면 고객의 신뢰는 무너져 다른 번역가를 찾아가게 될 확률이 높다.

다음의 순서도는 어디에 잘못이 있는지와 어떤 행동을 취해야 하는지를 분석하게 해준다. 이런 것은 중재까지 가지 않고 문제를 잘 풀 수 있도록 해준다. 고객과 문제를 직접 풀 수 없다면 중재만이 유일한 현실적인 해결책이다. 보험 중개인이 번역가와 고객 사이에서 중재자 역할을 하는 순간부터 번역가는 보험 중개인과 철저히 긴밀한 관계를 유지해야 한다.

순서도는 개별 번역가에게도 부분적으로 응용 가능하지만 대부분 단계는 번역물이 계속해서 완성물로 가는 과정을 보여준다. 순서도에 나타난 '대행사'는 번역을 할당받은 번역대행사나 번역회사를 나타낸다(또는 고객과 직접 거래하는 개인 번역가와 다른 번역가의 일을 번역하는 대리번역가를 나타낸다.) '번역가'는 번역대행사나 번역회사 또는 개인 번역가를 대신해 일을 수행하는 직원 번역가나 프리랜서 번역가를 말한다.

다음은 내가 경영했던 이전 회사의 품질 매뉴얼의 사용 설명서로, 정당한 방식으로 고객 불만을 해결하기 위해 취한 단계들을 설명한다.

고객 불만

문서 역사

수정 종류	날짜	서명
창작자	1996년 9월 11일	GSB
문제 A의 일반 배분 승인 날짜	1997년 8월 6일	GSB
조직 변화 이후의 수정. 관리된 사본을 표시하는 수정된 헤더.	1998년 1월 8일	GSB

이런 사용 설명서는 세 페이지에 걸친 순서도로 이루어져 있으며, 순서도는 고객 불만이 접수된 때부터 해결까지의 처리 과정을 설명한다.

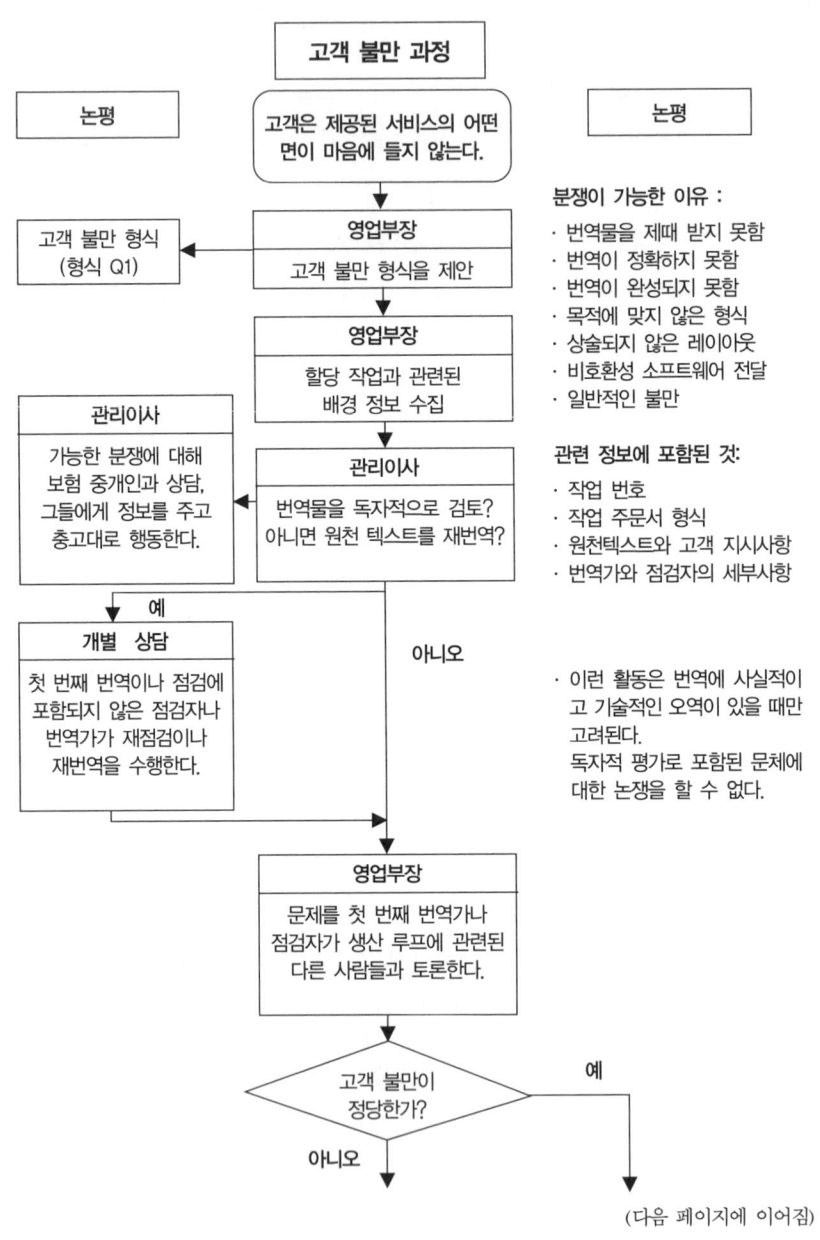

고객 불만 과정

고객은 제공된 서비스의 어떤
면이 마음에 들지 않는다.

논평

고객 불만 형식
(형식 Q1)

영업부장

고객 불만 형식을 제안

영업부장

할당 작업과 관련된
배경 정보 수집

관리이사

가능한 분쟁에 대해
보험 중개인과 상담,
그들에게 정보를 주고
충고대로 행동한다.

관리이사

번역물을 독자적으로 검토?
아니면 원천 텍스트를 재번역?

예

개별 상담

첫 번째 번역이나 점검에
포함되지 않은 점검자나
번역가가 재점검이나
재번역을 수행한다.

아니오

영업부장

문제를 첫 번째 번역가나
점검자가 생산 루프에 관련된
다른 사람들과 토론한다.

고객 불만이
정당한가?

예

아니오

논평

분쟁이 가능한 이유 :

· 번역물을 제때 받지 못함
· 번역이 정확하지 못함
· 번역이 완성되지 못함
· 목적에 맞지 않은 형식
· 상술되지 않은 레이아웃
· 비호환성 소프트웨어 전달
· 일반적인 불만

관련 정보에 포함된 것:

· 작업 번호
· 작업 주문서 형식
· 원천텍스트와 고객 지시사항
· 번역가와 점검자의 세부사항

· 이런 활동은 번역에 사실적이
고 기술적인 오역이 있을 때만
고려된다.
독자적 평가로 포함된 문체에
대한 논쟁을 할 수 없다.

(다음 페이지에 이어짐)

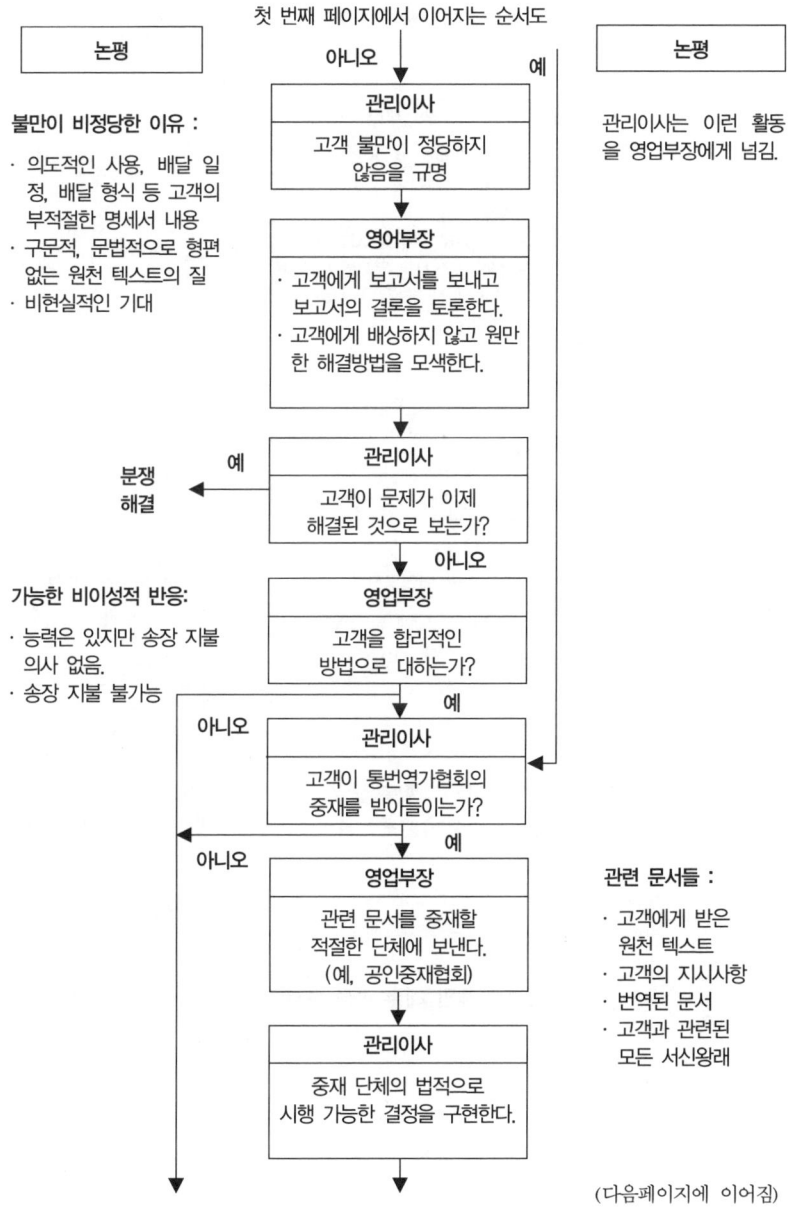

첫 번째 페이지에서 이어지는 순서도

논평

불만이 비정당한 이유 :

· 의도적인 사용, 배달 일
  정, 배달 형식 등 고객의
  부적절한 명세서 내용
· 구문적, 문법적으로 형편
  없는 원천 텍스트의 질
· 비현실적인 기대

아니오   예

관리이사

고객 불만이 정당하지
않음을 규명

영어부장

· 고객에게 보고서를 보내고
  보고서의 결론을 토론한다.
· 고객에게 배상하지 않고 원만
  한 해결방법을 모색한다.

예   **분쟁 해결**

관리이사

고객이 문제가 이제
해결된 것으로 보는가?

아니오

가능한 비이성적 반응:

· 능력은 있지만 송장 지불
  의사 없음.
· 송장 지불 불가능

영업부장

고객을 합리적인
방법으로 대하는가?

예

아니오

관리이사

고객이 통번역가협회의
중재를 받아들이는가?

예

아니오

영업부장

관련 문서를 중재할
적절한 단체에 보낸다.
(예, 공인중재협회)

관리이사

중재 단체의 법적으로
시행 가능한 결정을 구현한다.

논평

관리이사는 이런 활동
을 영업부장에게 넘김.

관련 문서들 :

· 고객에게 받은
  원천 텍스트
· 고객의 지시사항
· 번역된 문서
· 고객과 관련된
  모든 서신왕래

(다음페이지에 이어짐)

두 번째 페이지에서 이어지는 순서도

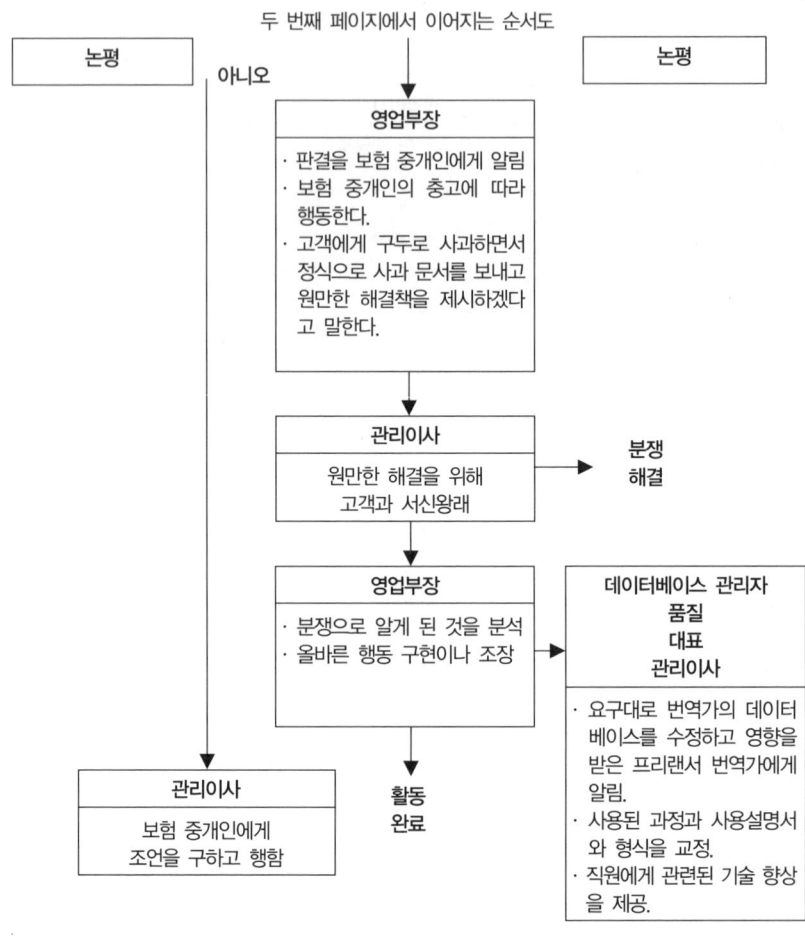

〈고객 불만 해결 과정 순서도〉

10.

번역가 전문기관

> *"번역은 기껏해야 모방이다."*
> *1803-1881, 조지 바로우*

10.1 국제번역가협회(FIT)

제목이 암시하듯 FIT(Federation Internationale des Traducteurs)는 회원으로 국가 기관을 뽑는 국제기관이다. 1953년 파리에서 창립된 이 기관은 전 세계 50개국 이상의 회원 협회를 두고 있다. 77개의 정회원 협회와 24개의 준회원 협회를 두고 있으며 십만 명이 넘는 번역가의 이익을 대변하고 있다. 국제번역가협회는 유네스코와 A 범주의 신분을 누리는 엄격히 비정치적인 기관이다. 언어 장벽을 극복하고 세계적인 이해를 촉진시키는 중요한 역할도 한다.

웹사이트 www.fit-ift.org를 방문하면 국제번역가협회의 최근 정보를 알 수 있다.

10.1.1 목적

국제번역가협회의 주요 목적은 다음과 같다.

a) 번역가협회를 한데 모아 협회간의 상호작용과 협동을 장려한다.

b) 번역가협회가 아직 존재하지 않는 나라에 협회가 구성되도록 후원하고 장려한다.

c) 다른 번역가 협회나 언어와 문화 사이에 의사소통을 연결한다.

d) 모든 회원 협회들 사이에 조화와 이해를 개발하여 여러 협회들 사이에서 야기되는 어려움을 해결하기 위해 바람직하거나 필요할 때는 언제든지 번역가의 이익을 촉진하고 후원을 제공한다.

e) 회원 협회에 유용한 정보와 조언을 제공한다.

f) 교육과 연구를 장려한다.

g) 조화로운 전문가 표준을 장려한다.

h) 전 세계를 통해 번역가의 도덕과 물질적 이익을 지지하고, 번역가의 직업이 인정받도록 옹호하고 발전시키며, 번역가의 사회 신분을 향상시키고, 과학과 예술처럼 번역에 대한 지식과 진가를 드높인다.

10.1.2 주요 문제

국제번역가협회는 특별위원회를 통해 교육과 작업 조건 및 직업 인식 등의 문제를 언급하여 전 세계 회원들의 요구를 충족시키기 위해 노력한다. 번역물과 번역가의 법적 사회적 신분 보호와 향상에 관한 유네스코 추천이 1976년 나이로비에서 채택되었는데, 이것은 역사적 이정표이다. 국제번역가협회는 번역전문가를 대표해 이런 성과를 자랑스럽게 여긴다.

동시에 국제번역가협회는 국제적인 의사소통과 협력 요구를 충족하기 위해 해야 할 일이 있는 것을 잘 알기 때문에 언어 장벽을 극복하고 세계적인 이해를 촉진하기 위해 주요 역할을 계속 할 것이다.

10.1.3 국제번역가협회 상

국제번역가협회는 많은 상을 수여한다. 간단한 세부사항은 아래에 있으며 자세한 세부사항은 웹사이트에서 알 수 있다. 수상 규칙은 1998년 4월 제네바에서 개최된 모임을 통해 국제번역가협회 위원회가 승인했다.

아스트리드 린드그렌 번역 상

이 상은 아동문학 번역을 장려하고 질을 향상시켜 전 세계 사람을 문화적으로 더 가깝게 만드는 번역가의 역할을 강조한다. 아동문학가 아스트리드 린드그렌의 자금에 기초한 아스트리드 린드그렌 펀드가 후원한다.

이 상은 번역물의 질이 뛰어난 번역가 한 사람에게 주거나 어린이나 청소년용 책을 번역한 단체에게 주어진다. 수상 여부는 국제번역가협회 세계대회의 국제 배심원이 결정한다. 수상자는 상장과 상금을 받는다.

피에르-프랑수와 카일레 기념 메달

피에르-프랑수와 카일레는 국제번역가협회의 창시자이다. 이 상은 번역 직업의 지위와 명성을 세계 수준으로 끌어올리는데 걸출한 공헌을 한 번역가에게 주는 상이다.

메달은 국제번역가협회 세계대회에서 수여되지만 국제 배심원이 세계대회가 열릴 때마다 수여하는 것은 아니다. 이 기념메달을 받은 번역가는 좋은 입지로 국제번역가협회의 회원이 된다.

카렐 차페크 메달

이 상은 소수 언어로 쓰인 문학작품 번역을 장려하는 차원에서 생겼다. 목적은 그런 문학번역 작품의 질을 올리고 문화라는 측면에서 전 세계 사람이 더 가까워지도록 하는 번역가의 역할에 주목하기 위해서이다.

카렐 차페크는 소설과 비소설 문학작품을 쓴 유명한 체코 작가이다. 이 메달은 유네스코 기념일을 경축하기 위해 1990년 7차 국제번역가협회 세계대회에서 카렐 차페크 탄생 100주년을 기념하는 뜻으로 처음 수여했다. 이 메달은 뛰어난 번역 자질을 갖춘 한 명의 번역가나 소수 언어로 쓰인 문학작품을 번역한 단체에게 주어진다.

이 메달은 국제 배심원의 결정에 따라 국제번역가협회 세계대회에서 수여된다. 명예로운 상으로 수상자는 상장과 체고번역가협회가 제공한 카렐 차페크 초상이 새겨진 메달을 받는다.

국제번역가협회 최고 간행물 상

이 상은 국제번역가협회 회원이 간행한 저널이나 그런 협회의 지부, 분회, 또는 지역그룹이나 부문을 위한 상이다. 국제번역가협회 세계대회 개최 동안 수여된다.

공로 증명서는 품질과 발표와 관련성 측면에서 번역가(또는 통역가)의 직업 이미지가 가장 잘 장려된 저널이 받는다. 배심원이 한 명 이상의 명예로운 수상 후보를 결정한다.

국제번역가협회 북극광 상 – 비소설 문학작품 최고번역 상

이 상은 비소설 문학작품 번역을 장려하고 번역 질을 높이며 문화 측면에서 전 세계 사람이 더 친밀해지도록 하는 번역가의 역할을 강조하기 위해 수여된다. 노르웨이 비소설작가번역가협회(NFF)가 기부금을 후원하며 저작권 수입으로 자금을 조달한다.

이 상은 뛰어난 번역 자질을 갖춘 한 명의 번역가나 비소설 문학작품을 번역한 단체에게 수여된다. 수상자는 국제 배심원이 결정하고 국제번역가협회 세계대회에서 수여된다. 수상자는 상장과 상금을 받는다.

국제번역가협회 북극광 상 – 소설 문학작품 최고번역 상

이 상은 소설 문학작품 번역을 장려하고 번역 질을 높이며 문화 측면에서 전 세계 사람이 더 친밀해지도록 하는 번역가의 역할을 강조하기 위해 수여된다. 노르웨이 소설가번역가협회(NO)가 기부금을 후원하며 저작권 수입으로 자금을 조달한다.

이 상은 뛰어난 번역 자질을 갖춘 한 명의 번역가나 소설 문학작품을 번역한 단체에게 수여된다. 수상자는 국제 배심원이 결정하고 국제번역가협회 세계대회에서 수여된다. 수상자는 상장과 상금을 받는다.

국제번역가협회 세계대회

국제번역가협회는 세계대회를 3년마다 개최하며, 또한 법률의회도 개최하는데 번역가는 서류를 제출하고 워크숍에 참여하여 전 세계 모든 곳에서 온 번역가와 동료를 만난다.

다음은 국제번역가협회의 구조와 회원 협회를 보여준다. 번역대행사와 같은 상업적 기관은 회원이 될 수 없다.

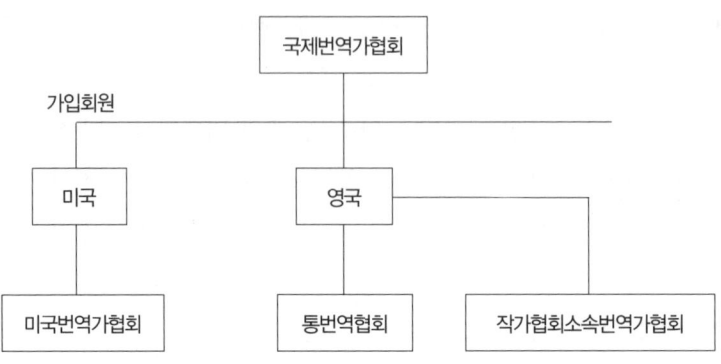

그림 18. 국제번역가협회(FIT) 구조

10.2 영국 번역가전문협회

영국의 번역협회만 언급하면 내가 자기 민족 중심주의자라는 비난을 받을 수 있다는 것을 안다. 하지만 국제번역가협회와는 별도로 이것들은 내가 처음 경험한 유일한 협회들이다. 국제번역가협회 웹사이트를 클릭하면 다른 나라의 모든 번역협회도 알 수 있다.

영국에는 3개의 번역가 전문기관이 있다. 그 중 두 개는 언어학자협회와 통번역협회이며, 둘 다 신중한 평가나 시험을 통과하면 공인된 전문 자격증을 수여한다. 여기서 적절한 번역 자격을 갖추면 성취의 정도에 따라 번역학위나 MIL 또는 MITI와 같은 자격증을 취득하여 사용할 수 있다. 세 기관에 대해 세부적으로 알아보자.

10.2.1 언어학자협회

언어학자협회는(IoL)은 1910년 언어학자들의 이익을 도모하기 위해 설립되었다. 현재 약 6,400명의 특별회원과 정회원 및 준회원이 있다. 2002

년 후반의 분야별 총 회원 수는 아래 그림에 나타난다. 회원은 한 분야 이상에 속할 수 있고 일부 회원은 어떤 분야도 선택하지 않음을 알 수 있다.

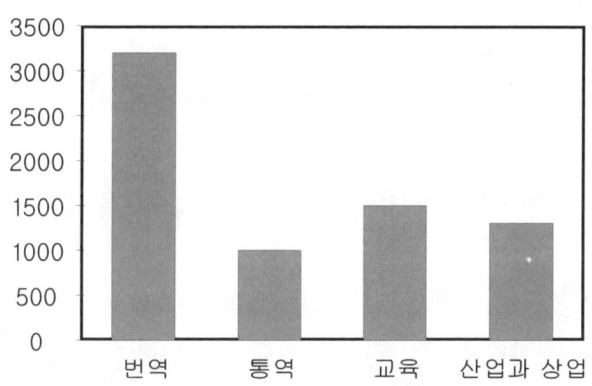

그림 19. 분야별 가입에 따른 언어학자협회(IoL) 회원 분석

언어학자협회는 영국에서 가장 규모가 큰 언어학자 단체로, 외국에도 광범위한 연결고리를 가진다. 수 년 동안 학문 분야 회원이 많았지만 현재는 사업 분야 회원이 많은 편이다. 언어학자협회는 1980년대 중반에 주요한 구조적 변화를 겪었다.

목적과 목표
언어학자협회는 많은 뚜렷한 목적과 목표를 가진다. 목적은 다음과 같다.

- 언어학자와 산업과 상업 및 공공 서비스에서 언어를 사용하는 사

람들이 언어를 능숙하게 사용하도록 장려한다.
- 국가 차원에서 언어 능력 표준을 정하고 향상시킨다.
- 교육용, 직업용, 전문용 언어시험 범위를 제공한다.
- 회원에게 서비스를 제공한다.
- 언어의 중요성에 대한 일반적인 인식과 언어학자의 전문적인 지위를 인정하도록 장려한다.
- 언어 문제에 관한 충고와 안내를 제공한다.

이런 목적은 다음과 같은 경영 목적으로 후원을 받는다.

- 회원을 전 세계적으로 늘인다(협력, 제휴와 학생 회원을 포함).
- 언어학자협회 시험 응시자 수를 전 세계적으로 늘인다.
- 추천 의뢰를 회원에게 제공한다.
- 가능한 곳이면 어디에서나 회원을 포함한 언어 서비스 단위 사용을 늘인다.
- 영국과 유럽 및 국제적으로 더 적극적인 로비 활동을 한다.
- 정부 부처와 브뤼셀과의 언어 서비스 계약을 넓힌다.

회원 혜택

언어학자협회는 공인된 언어 자격증을 제공한다. 회원은 지역 사회와 전문가 분야에서 활동하고 협회가 발행하는 저널 『언어학자』를 정기적으로 받으며 광범위한 도서관 사용이 가능하다.

회원은 전문가의 관심을 끄는 어떤 분야에도 가입할 수 있다. 분야에는 교육, 산업과 상업, 교육 및 통역 분야가 있다. 각 분야에서는 신입 회원과 전문인 및 기존의 언어학자에게 관심 분야에 대한 프로그램을 제공한다. 교제 그룹과의 연결망으로 번역 분야는 영국에서 가장 규모가 큰 번역가 단체이다. 회원은 스코틀랜드와 북아일랜드를 포함한 영국 대부분 지역과 해외의 많은 나라에서 이 협회의 지역 사회에 참여한다. 그들은 세계 곳곳의 언어학자에게 다양한 관련 프로그램을 제공한다.

협회는 언어학위 과정의 학부 학생과 최근 언어학을 졸업한 학생에게 많은 도움을 준다. 학생 회원이나 자매 회원이 되면 번역가와 통역가뿐만 아니라 마케팅, 보험, 국제은행, 행정 사무 및 유럽연합에서 일하는 언어학자를 포함한 명성 있는 전문가 단체의 회원이 된다.

개인 회원에는 5개의 등급이 있고, 그 중 3개는 회원 이름 뒤에 문자를 붙여 구분한다. 5개의 등급은 특별회원(FIL), 정회원(MIL), 준회원(AIL), 자매 회원과 재학생이다. 특별회원, 정회원, 준회원의 세 등급만이 전문가의 성과를 나타낸다. 광고에 자매 회원의 출현을 금지하는데, 이용자가 어느 정도 언어를 성취했다는 인상을 줄 수 있기 때문이다. 광고 회사와 교육 및 다른 기관과 전문가 단체는 법인 회원을 신청해도 된다.

대부분 전문가 단체처럼 언어학자협회도 직업윤리법이 있어서 회원은 협회의 규율 절차에 따라야 한다. 다행히 그것은 거의 무용지물인데 실제로 불만이 거의 없기 때문이다.

언어학자협회는 주요한 시험 단체이다. 협회의 최신 요강인 국제의사소통언어시험(ELIC)은 현대 언어 시험 척도로 널리 인정받고 있다. 시험 범위는 초보자부터 대학원이나 전문직 수준까지로 나뉜다. 번역 전공 학위는 번역 직업의 입문 자격증으로 널리 인정받고 있다. 영어와 중국어 전공 학위를 위한 시험뿐만 아니라 소수 언어와 공공 서비스 통역 전공 학위를 위한 시험도 가능하다.

협회는 종합시험 범위를 제공하고 내무부와 국방부 및 다른 전문가 용 시험도 시행한다. 협회의 종합시험은 실전과 직업상의 언어표현 능력 을 평가하는 자격증이다. 시험은 100개 국어 이상으로 치러진다.

협회의 정회원(MIL)은 교사 학위를 가진 자격증으로 인정받는다. 협회의 자격증과 회원은 국제적으로 인정받고 있다. 오늘날 언어학자협 회는 회원 인명부와 목록을 간행한다.

공공 서비스 통역 학위

협회는 현재 영국에서 이용 가능한 공공 서비스 통역가용 직업 통역 자 격증만 제공한다. 전문화된 맥락에 따라 3개 분야에 공공 서비스 통역 전공 학위가 주어진다. 3개 분야는 영국 내의 법률 분야, 건강 분야, 그 리고 지방자치단체 분야이다. 이 자격증은 표준 학위에 상당하는 언어 수준을 요구하고 공공 서비스 통역가 국가 인명부에 등록되는 기본 자격 증이다.

국가 인명부는 대법원과 내무부를 대신하여 언어학자협회가 관리한 다. 이것은 영국 전역에 걸쳐 공공 서비스 내의 전문가 수준에서 일하는 자격과 경험을 지닌 통역가와 협회가 인정한 통역가들의 세부사항을 모 두 제공하는 유일한 데이터베이스이다.

번역 전공 학위

번역 전공 학위는 활동 중인 번역가와 뛰어난 언어 표현 능력으로 전문 번역을 업으로 삼는 사람들을 위한 전문가 자격증이다. 이것은 적어도 언어학의 우등 학위에 상당하는 언어 표현 능력을 가진 후보에게 이용 가능한 자격증이다.

합격한 후보는 '딥트랜스(Dip Trans)'라는 칭호를 받는다. 또한 구술 표현 능력을 인정받으면 협회의 정회원이 되기 위해 지원할 수 있다.

학위는 후보가 전문가 수준으로 번역하는 능력과 번역가의 전문적인 일에 대해 어느 정도 인지하고 있는지를 시험한다.

번역시험 문장은 번역가가 일상 업무에서 만나는 번역물 정도의 표준 난이도를 가진다. 하지만 과도하게 어려운 기술적, 전문적 성격은 띠지 않는다. 후보는 보통 모국어나 습관어로 일하는 번역가만 전문적 표현 능력이 완전하다는 말을 많이 충고 받는다. 이런 학위를 받기 위해 사용되는 원천언어나 목표언어는 보통 영어이다. 다른 언어들도 시험용으로 준비 중이다.

국가 직업 자격증

언어학자협회는 통역(구술 언어)에서 국가 직업 자격증(NVQ) 수준 5를 공인받은 수여 단체이다. 공공 서비스 통역가 국가 인명부에 대한 대안적 접근 경로를 제공하는 이런 국가 직업 자격증은 현재 추진 중에 있으며 1999년에는 널리 이용 가능할 예정이다.

협회는 번역에서도 국가 직업 자격증 수준 5를 수여하는 단체로 인가받기 위해 신청서를 제출했다.

10.2.2 언어학자협회 상

협회는 다음의 여러 부문에서 많은 트로피와 상을 수여한다.

국제의사소통 언어 시험(ELIC)

- 드렐포드 기념컵 : 협회 창설자인 레이콘 드렐포드(Lacon Threlford)가

기부. ELIC 시험에서 최고 점수를 받은 대학에 수여.

- 대킨 로즈 공 : ELIC 시험에서 두 번째 최고 점수를 받은 대학에 수여.
- 유호츠키 컵 : ELIC 러시아어 최종 학위 모듈 1 시험에서 최고 점수를 받은 후보에게 수여.
- 코젠즈 엘리어트 트로피 : ELIC 포르투갈어 최종 학위 모듈 1 시험에서 최고 점수를 받은 후보에게 수여.
- 폴릭 컵 : ELIC 영어 배경 지식 논문을 가장 잘 쓴 후보에게 수여.
- 미들레톤 컵 : ELIC 스페인어 중간 수준 시험에서 최고 점수를 받은 후보에게 수여.

번역 전공 학위

- 리처드 루이스 트로피 : 번역 전공 학위에서 종합 1위 점수를 받은 후보에게 수여.
- 스크랩스 올리버 방패 : 번역 전공 학위에서 그룹 참가자 출신 중에서 종합 1위 점수를 받은 후보

2개 국어 표현 능력 증명서

- 핀레이 트로피 : 언어에 관계없이 2개 국어 표현 능력 증명서에서 최고 결과를 가진 후보에게 수여.

공공 서비스 통역 학위(DPSI)

누필드(Nuffield) 상은 공공 서비스 통역 학위에서 최고 결과를 가진 후보에게 수여된다.

그 외 회원 혜택

협회가 2개월마다 간행하는 저널 『언어학자』(*The Linguist*)를 오늘날까지 모든 회원에게 계속 보내준다. 이 저널에는 번역가를 위한 특별 기사와 기술에 관한 정기적인 정보가 실린다.

런던의 리젠트 대학(Regent's College)에 위치한 협회 도서관에는 3천권 이상의 전문가 및 기술 용어사전이 있다. 회원들은 협회 직원 회원을 매주 오후에 한 번 만나 질문에 대한 도움을 받을 수 있다.

협회는 언어 세계에서 주요한 역할을 하고 언어선도단체(LLB)와 밀접하게 일하고 있으며 국어 표준(여기서는 영어 표준)을 제정했다.

언어학자협회에 대해 상세한 정보를 원하면 아래로 연락하면 된다.

Institute of Linguists
Saxon House
48 Southwark Street
London SE1 1UN
Telephone: 020 7940 3100
www.iol.org.uk

웹사이트

언어학자협회 웹사이트는 일반적인 질문에 대한 정보 제공과 전문가 회원들을 연결해주는 주요 역할을 한다. 협회는 웹을 통해 언어 회원에게 서비스를 제공하고, 영국과 전 세계에 걸쳐 잠재력 있는 회원들에 대한 시험 단체로 활동하고, 또 언어학자 포럼을 통해 회원들끼리 토론과 정보 교환을 할 수 있도록 도와준다. 온라인을 통한 서비스 '언어학자 찾기'를 통해 협회 회원 전문가는 협회에 속한 다른 협회에도 관심을 가질 수 있고, 필요하면 개별적으로 통역가나 번역가 및 조언자나 다른 언어 전문가를 찾을 수 있다.

10.3 통번역협회

ITI(Institute of Translation and Interpreting)로 더 알려져 있는 통번역협회는 1986년에 설립되었다. 산업과 상업, 문학과 과학, 연구와 법 및 행정 분야에서 번역과 통역의 질에 관심 있는 사람들이 이런 협회를 압도적으로 원했기 때문이다.

통번역협회의 주요 목적은 전문가가 일반 언어학을 빠르게 대체하는 전문직의 최고급 표준을 장려하는 것이다. 특히 단일 유럽 시장이 등장하자 경제 번역과 통역의 중요성을 이해하려고 포럼을 개최하고 있다.

통번역협회는 대학교와 전문대학의 번역과 통역 훈련을 담당하고 있으며, 자체 내에서 직업 훈련 프로그램도 운영한다. 전문직에 종사하려는 사람들에게 지침을 제공하고, 번역물을 제공하는 사람과 잠재적인 고용주와 의뢰인에게도 조언을 준다. 또한 계속해서 장비, 소프트웨어, 데이터뱅크와 사전 제작자들과도 긴밀한 연락을 취하고 있다. 번역 및 통역과 관련된 모든 문제에 있어서도 정부와 산업, 미디어와 대중에게 정보를 제공하는 주요 공급처이다.

통번역협회는 국제번역가협회가 선출한 2개의 영국 투표 회원 중 하나이며 전 세계의 자매 협회들과도 긴밀한 연락을 취한다. 회원은 국제번역가협회 위원회와 간부 회의에도 참여하는데, 영국이 국제번역가협회 활동에 주요 역할을 한다는 것을 확실히 하기 위해서이다.

통번역협회는 대행사 역할은 하지 않지만 질의가 들어오면 적당한 언어학자와 번역대행사 이름을 제공한다. 언어 평가 필요조건에 대한 상담 서비스와 불만이 생길 경우 중재 서비스도 제공한다. 또 회원이 전문가 윤리를 깨뜨리는 경우를 대비해 전문가 표준 단체도 가진다.

협회를 관리하는 단체는 통번역협회 위원회이다. 위원회는 항상 모든 분야에서 과반수를 차지하는 활동 중인 통역가와 번역가로 구성된다.

10.3.1 회원

회원은 약 2,000명이다. 전문적인 표현 능력을 적절히 갖춘 사람들은 가입 위원회의 승인 아래 통번역협회 인명부에 이름이 실린다. 이런 회원은 칭호 MITI를 사용한다. 준회원(AITI)은 추가적으로 형식을 갖춘 일을 더 경험해야 하며 인명부의 개별 부문에 이름이 실린다. 나머지 회원으로는 특별회원(FITI) 학생, 구독자, 그리고 법인회원이 있다.

회원 범주
― 학생회원
학생회원의 자격은 다음과 같다.

- 영국과 외국에서 언어 위주의 전임으로 학부 과정 중인 사람.
- 외국에서 번역과 통역을 전임으로 공부하는 사람.
- 전임이나 시간제로 번역이나 통역 대학원을 다니는 사람

4년 이상이나 관련 학과 공부 졸업 후 1년이 지나면 학생회원으로 남아있을 수 없다.

－준회원

준회원이 되기 위해 가입 위원회의 승인을 받으려면 아래 조건을 모두 만족해야 한다.

1. 최소 연령은 21살이다.
2. 주제와 관련된 전공 학사학위나 가입 위원회가 인정한 그에 상응한 자격을 갖춰야 한다.
3. 최소한 2명의 번역가와 3명의 통역가로부터 능력과 일의 양과 좋은 평판에 대한 추천서를 받아야 한다.
4. 다음과 같은 최근 경험이 있어야 한다.
   (a) 번역가라면 최소 1년 동안 전임으로 일했거나 (이것은 3만 단어를 번역한 걸로 간주) 그에 상응하는 시간제 번역 경험이 있어야 한다.
   (b) 통역가라면 최소 100일간의 통역 경험이 있어야 한다.

번역가와 통역가는 시간이 지나도 준회원으로 남을 수 있다.
준회원은 이름 뒤에 칭호 AITI를 쓴다.

－정회원

정회원이 되기 위한 가입 조건은 다음을 모두 만족해야 한다.

1. 최소 연령은 25살이다.
2. 관련 학과 전공의 학사학위나 대학원학위를 가지거나 가입 위원회가 인정한 그에 상응하는 자격을 갖춰야 한다.

3. 최소한 2명의 번역가와 3명의 통역가 및 특별히 5명의 회의 통역자로부터 능력과 일의 양과 좋은 평판에 대한 추천서를 받아야 한다.
4. 다음과 같은 최근 경험이 있어야 한다.
   (a) 번역가라면 최소 5년간 전임으로 일했거나 (이것은 해마다 30만 단어를 번역한 걸로 간주) 그에 상응한 시간제 경험이 있어야 (이것은 번역물에 대한 성공적인 평가가 있거나 대안으로 3년 동안 전임으로 일한 경험이나 그에 상응한 더 오래된 시간제 경험을 요구함) 하고, 예외적으로 가입 위원회의 승인이 없을 경우 통번역협회의 회원 시험에 합격하면 된다.
   (b) 통역가라면 5년간 최소 200일간이나 3년 동안 최소 120일간의 통역 경험과 통번역협회의 통역 시험에 합격하면 된다.

준회원은 이름 뒤에 칭호 MITI를 쓴다.

― 특별회원
이것은 명예직이기 때문에 지원해서 되는 회원이 아니다.
최소 10년간 전임으로 전문가로 일했거나 그에 상응한 전문가로 10년 이상 시간제로 일한 정회원이 통번역협회 위원회 승인을 받아 특별회원이 된다. 특별회원 수는 자격을 갖춘 전체 회원 수의 1/10을 넘을 수 없다. 특별회원은 이름 뒤에 칭호 FITI를 쓴다.

― 법인회원
법인회원은 고등교육 단체, 전문가 단체와 연구 단체, 번역회사, 출판사,

산업 단체와 상업 단체, 정부 기관과 비정부 기관 및 번역과 통역의 질에 관심 있는 단체는 모두 될 수 있다.

— 구독자 신분

번역이나 통역을 전문직으로 관심을 보이는 사람은 누구라도 자격 여부와 기한에 상관없이 구독자가 될 수 있다.

조항과 조건

일하는 방식과 의뢰인과의 인간관계를 지배하는 조항과 조건에 대해 조언을 듣는 것은 매우 중요하다. 통번역협회는 그런 것에 관한 문서를 만들어 자신만의 사업 조항을 만들 때 유용한 자료를 제공한다.

행동규칙

통번역협회의 행동규칙은 공정거래소의 승인을 받았다.

통번역협회 간행물

통번역협회는 자격을 갖춘 회원들에 대한 종합 인명부를 해마다 갱신하여 출간한다. 통역과 번역 서비스 이용자는 모두 이런 인명부를 이용할 수 있다. 언어와 주제 분야에 따라 회원들의 주소와 전화번호 및 이메일 주소와 지닌 장비에 대한 세부사항이 모두 실려 있다. 이것은 웹사이트에서도 이용가능하며 CD-ROM과 인쇄물로도 이용가능하다.

　　통번역협회 회보는 격월로 출간되며 전 세계의 전문가로부터 받은 특집 기사와 정규적인 기고문이 실린다. 회보는 회원들끼리 정보를 주고받는 실용적인 의사소통 수단이며 다가올 사건이나 행사에 세부사항을 제공한다.

정기 간행물 외에도 통번역협회는 다양한 화제에 관한 소책자와 팸플릿을 간행한다. 이것들은 번역가와 통역가의 지침서로 이용 가능하며 번역과 통역에 갓 입문한 초보자부터 노련한 전문가에 이르기까지 모두 이용할 수 있다. 세부사항은 통번역협회 사무국에서 얻을 수 있다.

번역물 인증

회원의 질을 평가하고 적절한 언어 능력과 기술 전문성을 확보한 회원의 목록을 유지하고 불만이 발생하면 회원이 책임을 지는 전문가협회로서 통번역협회는 회원의 번역물을 인증하는 단체가 되기 위해 단계를 밟는다. 인증 받은 번역물이 정확하고 고품질이라는 것을 확실히 하려면 다음을 준수해야 한다.

- 정회원이나 특별회원이 직접 번역했다면 그 번역물은 인증이 가능하다. 정회원이나 특별회원이 한 번역물을 다른 정회원이나 특별회원, 또는 법인회원이 점검하는 것이 바람직하다. 다시 말하면, 인증을 받은 모든 번역물은 어디서든 점검을 받아야 한다는 뜻이다.
- 준회원, 정회원, 또는 특별회원은 통번역협회 윤리 규범(모국어 사용 규칙, 주제 분야에 한해 모국어를 사용하는 규칙)에 따라 인증을 받기 위해 번역물을 생산할 수 있다.
- 인증자의 주소와 성명이 있는 서류에 인증을 하고, 번역가를 확인하고, 원천 텍스트와 번역물의 사본을 모두 확실히 첨부한 다음 통번역협회 인증 도장을 찍어야 한다. 인증자는 첨부물의 페

이지마다 서명을 하거나 이니셜을 써야 한다.

배경 – 맹세한 번역물과 맹세하지 않은 번역물

영국에 존재하는 관습법 때문에 영국에는 민법을 가진 나라에서 볼 수 있는 '맹세한 번역물'이란 법적 신분은 없다.

그렇다고 해도 번역물은 다양한 목적 때문에 '맹세'나 인증을 받을 필요가 있다. 인증이나 맹세를 받는 것은 번역물의 질과는 관계없지만 번역가가 책임을 질 수 있도록 번역가와 번역가의 자격을 확인해준다.

번역물이 법무사 앞에서 맹세를 받을 때 법무사는 번역물의 질을 검증하는 것이 아니라 번역가의 신원만 직접 확인하는 것으로 만족한다. 하지만 인증은 번역물에 힘을 실어준다. 예를 들어, 문서를 일부러 엉터리로 번역하거나 꼼꼼하게 번역하지 않았다면 법정 모독이나 위증 또는 과실로 번역가를 고발할 수 있다.

당국의 통번역협회 인증 수락

통번역협회가 받아들이는 법률적 자문은 "수락이 가능하면 인증이 가능하다"는 것으로, 적절한 자격을 갖춘 우리 번역가들은 번역물을 인증해주고, 그런 인증이 도전을 받는지 또 도전을 받는다면 누구로부터 받는지 기다려야 한다는 것이다. 통번역협회 고문들은 그런 도전이 일어날 확률이 거의 없다는 것을 알지만 그래도 그런 도전이 일어난다면 확실한 전례를 남겨야 한다. 내가 아는 한 이런 계획이 운영된 이래로 통번역협회 인증에 대한 도전은 딱 한 번 있었다.

번역물의 사용자가 더 높은 등급의 인증을 요구하면 공증이란 것을 가르쳐주고 공증인에 대해 (필요하면 통번역협회 회원이 직원인 공증 회

사의 주소까지) 말해주면 된다. 종합적인 세부사항은 통번역협회가 간행
한 지침서에 모두 실려 있다.

인증 예

인증서의 한 예를 스캔한 것이 다음 페이지에 있다.

인증을 위한 어법은 다음 형식을 따라야 한다.

통번역협회의 정회원/특별회원으로 아래에 서명한 본인 [이름]은 [상세한
내용을 확인한]첨부된 문서를 본인의 지식을 총동원하여 소신껏 원본[원
천언어]에 진실 되고 충실하도록 전문 번역가로서 최선을 다해 번역했으
며 본인 명의와 ITI 회원 자격으로 검증되었음을 맹세합니다.

[이름 서명]

첨부:

A1, 문서(간단히 확인)
A2, A1의 번역본
B1, 문서(간단히 확인)
B2, B1의 번역본
…등

● 100 Northcott, Bracknell, Berkshire RG12 7WS, United Kingdom ● Website: www.gsbconsulting.co.uk ● Email: info@gsbconsulting.co.uk
● Tel: +44 (0)1344 319570 ● Fax: +44 (0)1344 319571 ● Mobile: +44 (0)771 8900431

관계자분께

참고번호 : 1286
날짜 : 2002년 9월 12일

인증서

언어학자협회 딥트랜스이자 특별회원이며 통번역협회 특별회원이자 스웨덴 전문번역가협회 정회원으로 덴마크어와 영어에 대한 지식을 가진 아래에 서명한 본인 지오프리 프란시스 사무엘슨 브라운은 첨부한 문서가 본인의 지식을 총동원하여 원본에 진실 되고 충실하도록 최선을 다해 덴마크어에서 영어로 번역했음을 맹세합니다.

번역을 하는 동안 정확성에 모든 노력을 들였지만 해석상의 분쟁이 발생할 경우 덴마크어로 된 원본 문서가 번역물보다 우선함을 밝힙니다.

첨부 문서(페이지마다 회사 도장과 본인 이니셜로 확인되었음) :
덴마크어에서 영어로의 번역물(총 2 페이지)
번역에 사용된 덴마크어 원본 사본(총 2 페이지)

2002년 9월 12일 브랙넬에서

지오프리 사무엘슨 브라운
IoL 딥트랜스 특별회원, ITI 특별회원,
스웨덴 전문번역가협회 정회원

〈인증서의 예〉

10.3.2 통번역협회 상

존 헤이즈 기념 상

도서 상품권으로 구성된 이 상은 최고 점수로 정회원 시험에 합격한 후보에게 수여된다.

존 사익스 기념 상

이것은 최근에 만들어진 협회 상으로 세부사항은 아직 발표되지 않았다.

10.3.3 연락 세부사항

다음의 주소로 연락하면 세부사항에 대해 알 수 있다.

> The Institute of Translation and Interpreting
> Fortuna House
> South Fifth Street
> Milton Keynes
> MK9 2EU
> 전화번호 : 01908 325250

세부사항은 통번역협회 웹사이트 www.iti.org.uk로 클릭하면 된다.

10.4 번역가협회

번역가협회(TA)는 작가협회에 소속된 그룹으로 1958년에 설립되었다. 목적은 작품을 번역하는 번역가를 후원하고 문학작품 번역을 최고의 표준으로 장려하기 위해서이다. 번역가협회에 소속된 대부분의 번역가는 문학 번역가이다. 번역가협회 회원을 통해 광범위한 다양한 환경에서 홀로 일하는 번역가는 문학작품 번역을 번역할 때 사업적인 면에서 후원과 자문을 받는다.

1958년 이전에는 이런 협회가 없어서 작가들 중에서 돈을 제일 못 버는 작가들이 돈벌이로 번역을 한다는 말이 있었고, 또 그것은 의심의 여지없이 사실이었다. 그들은 수입이 적거나 마감시간에 쫓겨 질이 나쁜 번역물을 생산하느라 항상 압박 속에서 살았다. 그런 이유로 책을 번역하는 작가에게 도움을 주기 위해 번역가협회가 생겼지만 오늘날에는 범위가 넓어져 다른 미디어에서 일하는 번역가들도 돕고 있다.

많은 것이 이루어졌다. 번역가협회는 열심히 일했고 괄목할 정도로 성공하여 전문직의 신분도 향상시켰으며 현재 수준에서 높은 보상도 받고 있다. 회원은 1958년 이래로 꾸준히 증가하고 있다. 회원 수의 증가로 이미 하나를 성취했지만 모두의 관심은 번역가협회에 강한 회원이 모이는 것이다. 회원의 목소리가 강하면 강할수록 번역가협회는 그만큼 더 좋은 전문직으로 거듭나기 때문이다.

번역가협회는 국제번역가협회에 가입되어 있다. 또한 문학번역가협회의 유럽위원회(CEATL) 회원이기도 하다.

10.4.1 번역가와 저작권

번역가와 저작권에 대해 쓴 책과 논문이 수없이 많다. 번역가협회와 다른 협회들도 이 문제에 대해 상당한 시간과 열정을 쏟아왔고, 그래서 이번에 이 문제를 고려해보는 것이 타당하다고 본다. 문학작품 번역가도 저작권과 관련이 더 많을 것 같다.

많은 번역가협회 회원이 번역물의 합법적 상태를 출발점으로 생각지 않은 채 번역가의 합법적 신분을 토론하는 데 상당한 시간을 보낸다.

저작권법은 국제 현상이기 때문에 그것이 번역에 대해 말하는 것을 진지하게 고려해볼 가치가 있다. 모든 유럽 나라와 대부분의 다른 개발도상 국들이 베른 조약(국제문학예술작품저작권협약, Berne Convention)으로 알려진 국제 협정에 서명했기 때문에 이런 협정 상태도 고려해할 가치가 있다. 협약의 조항 1은 소위 '문학작품'에 대해 국경을 초월해 보호해야 한다고 명시하고 있으며, 조항 2는 계속해서 문학작품의 의미를 정의하고 있다. 정의에 따르면 '문학의, 문학적인'이란 단어는 어떤 가치 판단을 포함하지 않은 기술적인 용어라는 것이 명백하다. 이것은 일종의 문화적 가치가 높은 작품이나 상상력에서 나온 산물만 '문학의, 문학적인'으로 언급되는 것이 아니라는 뜻이다. 구두와 글자로 표현된 모든 종류의 자료를 뜻하는 것이다. 그래서 조항은 "번역물을 비롯해 문학작품을 다른 식으로 변경한 모든 것은 원작과 마찬가지로 보호되어야 한다"라고 꽤 모호하게 상술하고 있다.

번역가에게 저작권 보호라는 이런 정범은 아주 중요하다. 그것은 번역가가 번역 의뢰를 받을 때 번역가는 벽에 페인트를 칠하거나 의자에 커버를 씌우려고 고용된 노동자처럼 '일을 하기 위해' 종사하는 사람이 아니라는 효과를 나타낸다. 번역가는 자신이 저작권의 주인인 양 '원작'을 번역해달라는 요청을 받는 것이다.

소설과 시와 희곡 번역가에게도 이것은 같은 개념이다. 그런 작품의 번역물을 원천언어로 쓰인 원작의 사본이나 완벽한 개작으로 보는 것은 모두에게 쉬운 일이다. 원작에 충실하면서 가독성 있는 번역물을 생산하기 위해 번역가는 목표언어로 창조적인 글을 써야 하고 그 결과는 사본보다 개작으로 더 잘 묘사되어야 한다. 연극계에서도 우리는 입센이나 체호프나 다른 작가가 쓴 똑같은 고전희곡을 계속 새롭게 창조한 번역물로 연극을 보게 된다. 그래서 다른 청중은 다른 감상을 하게 되고 번역가마다 '원작'을 창조한 것이 분명하기 때문에 번역물은 서로 완전 구별이 되는 것이다.

법이 번역가는 번역에 있어서 저작권의 주인이라고 말하기 때문에 법을 통해 번역가는 번역 자료에 대한 특별한 권리를 가질 면허를 딴 존재가 된다. 예를 들어, 소설 번역가는 로열티로 받은 선불에 대한 답례로 출판업자에게 번역물을 양장본 활자판으로 발행하는 독점권을 주게 된다. 또한 출판업자는 그 작품을 부분적으로 연속 출판하고, 북클럽판으로 인쇄하고, 종이 표지판으로 재인쇄하는 등으로 번 수령액의 몫을 나누어 가지게 된다.

'저작권'을 이런 식의 많은 다른 '권리'로 나누다보면 결국 번역가는 더 많은 수입을 올리게 된다. 그것은 또 번역가는 자신의 번역물이 이용당하는 한 지불을 받을 권리가 있다고 규정한 1976년 유네스코의 나이로비 권고문(Nairobi Recommendation)을 따른다. 이러한 권고문은 번역가의 일은 문학작품의 원저자의 일과 똑같은 자격으로 처리되어야 한다는 베른 조약에서 제시된 것만 따른다.

그러므로 번역물에 대한 합법적 상태를 정의함으로써 저작권법은 번역가의 합법적 신분을 입증한다. 여기서의 신분은 창조적 예술가로서의 신분이지 장인의 신분은 아니다. 게다가 사실상 모든 유럽 나라의 저작권 법률 제정은 오늘날 번역가의 소위 '도덕적 권리'라는 것을 포함한다. 보존법(the Right of Integrity)은 번역가의 일이 손상되는 방식으로 사용되면 안 된다는 것을 확실히 한다. (영국에서는 주장되지 않았지만 다른 많은 나라에서는 자동적으로 주장된) 저작인격권(the Right of Peternity)도 출간된 번역물에는 항상 번역가의 이름을 표기해야 한다고 확실히 밝히고 있다. 이런 도덕적 권리를 통해 번역가는 이름도 얼굴도 없는 존재라는 대신 인권을 가진 존재로 입증된다.

'문학 번역가'의 신분과 자존심을 위한 이런 후원은 모두 매우 좋지만 번역가에 대한 저작권법의 실용적 가치는 사업 보고서, 사용설명서 매뉴얼, 회의 절차 등인 것일까? 대답은 그렇다인데, 번역가가 프리랜서에 기초하여 일을 하면서도 고용 동안에 번역물을 생산하지 않는다면 말이다. 비소설 작품이 저작권 보호를 받을 권리가 있는 문학작품 원작으로 인정하기 힘든 경우도 있다. 번역물이 일의 본질상 더 짧은 항목일 때는 살펴보기가 더 힘들 수도 있다. 이것은 의뢰받은 일이 사실상 사업 보고서나 주방기기 사용설명서 소책자에 대한 번역물일 때 특히 그렇다. 그럼에도 불구하고 이런 번역물은 여전히 베른 조약과 저작권법 아래 저작권 작품으로 자격을 받는다. 심지어 약병에 쓰인 설명서도 상상을 동원해 약간 다른 식으로, 즉 창조적인 방식으로 취급된다. "식사 후 하루 세 번 복용"이나 "음식을 드신 후 하루에 세 알 드세요"나 "하루에 세 번 식사 후 한 알씩 복용"이라는 말을 생각해보면 이해가 갈 것이다.

실제로 일을 하는 대가로 많은 돈을 받는 기술이나 상업상의 번역물이 번역가에 대한 잘못된 인식, 즉 번역가는 이름도 없고 로봇처럼 일을 하는 자유노동자이고 개인의 창조성이 결여된 사람이기 때문에 신분도 낮고 적절한 직업 구조에 대한 희망도 품을 수 없는 사람이라고 인식되는 데 한 몫을 한다. 문학 번역가는 (비록 비소설 동료 번역가 앞에서는 말하지 않지만) 그런 번역가가 자기 동료를 실망시킨다고 마음속으로 느끼는 경향이 있다.

번역은, 예를 들면 의료직이나 법률직 또는 더 가깝게 말하면 창조적인 글쓰기 직업처럼 신분과 직업 전망을 가진 전문직이어야 한다. 번역가는 자신이 가치 있다고 생각한 것을 인정받고 또 실제로 베스트셀러 작가와 사랑받는 작가들이 받는 것과 같은 방식으로 공과를 보상받을 기회를 갈망한다. 임시로 일하는 번역가는 심지어 의뢰된 것이 가장 창조적으로 훌륭하게 번역해야 하는 위대한 문학작품이라 해도 번역물을 의뢰하는 사람은 번역료 총액을 일시불로 지불하는 것이 마땅하다고 생각하게 만드는데, 그럼으로 해서 종종 동료들마저 그런 사람으로 끌어내리는 것 같다. 번역대행사는 시장 경제와 서비스업처럼 운영하려는 의도 때문에 번역가의 개성을 평가하거나 평가할 수 없다. 그렇기 때문에 부당한 위치에 놓인다.

모든 번역가가 체흐프의 희곡을 번역하는 것은 아닐 것이다. 하지만 삶을 살아가면서 대부분은 한 번만이 아니라 여러 번 다른 형태로나 다른 장소에서나 다른 시대에서 사용될 번역물을 생산할 수 있다. 저작권 법률 아래 번역가가 자신이 행하는 보통의 처리 방식에 급격한 변화를 줄 필요는 없다. 번역가가 자신의 '고객'에게 고정된 번역료를 계속 협상할 수 있지만 저작권 방식에 따르면 이제 번역가는 이 번역료는 고객이 제안한 번역물의 첫 사용에만 해당한다는 것을 명시해야 한다. 원칙적으로 이것은 번역물이 처음 사용될 때 전혀 예상하지 못한 번역물의 부수적 사용에 대해 반복 번역료를 요청할 수 있음을 허용한다. 그것은 고객은 즉시 목적에 맞게 사용할 특별 권리만 있을 뿐 저작권은 번역가의 손에 넘어감을 의미한다.

10.4.2 번역가협회 회원의 혜택

작가협회 회원이 누리는 모든 혜택은 번역가협회 회원도 누릴 수 있다. 이런 혜택에는 타협에 대한 조언, 계약 검토, 불만 이행이 포함된다. 당연히 조언은 모두 무료이고 비밀을 지켜준다. 끊임없이 검토되고 있는 모범적인 번역가/출판사 계약이 회원에게 무료로 이용 가능하다. 모든 작가가 관심을 가지는 보편적인 정보는 정기적으로 발행되는 협회의 저널 『작가』를 통해 얻을 수 있고, 문학번역가가 가지는 특별한 관심은 번역가협회의 간행물을 통해 얻을 수 있다.

해마다 정기적으로 열리는 모임을 통해 협회의 특별회원과 만나 의견을 교환할 수 있다. 모임은 최근의 관심사에 대한 좀 더 공식적인 대담이나 세미나에서부터 여름이면 협회 건물에서 열리는 비공식적인 파티에 이르기까지 다양하다. 모임은 흔히 출판업자, 편집자, 그외 관계 직종의 회원들이 참여하여 후원한다.

10.4.3. 기관

번역가협회장이 번역가협회의 일상을 관리하는데, 번역가협회장은 번역가협회 직원 회원이다. 또한 거의 석 달마다 모임을 갖는 12명으로 구성된 집행위원회도 있다. 연차 주주 총회(AGM)는 가을에 열리며 총회 후 보통 대담이나 토론을 나눈다. 연차 주주 총회에서 행하는 주요 항목 중 하나는 3년 동안 위원으로 일한 다음 순번제로 은퇴하는 회원을 대신할 새로운 집행위원회 회원(보통 4명)을 선출하는 것이다.

10.4.4. 번역가협회 회원

번역가협회 회원은 집행위원회의 재량으로 선출된다. 번역가협회는 작가협회 소속 부속 기관이며 번역가협회 회원이 되기 위해 내는 추가 회비는 없다. 두 범주의 회원이 존재하며 세부사항은 아래와 같다.

번역가협회 정회원

정회원은 외국 작품 한 권을 전체 다 번역했거나, 영국에서 인쇄나 전자 형태로 간행되거나 상업적으로 이행된, 그에 상당하는 양의 짧은 자료를 번역한 번역가로 제한된다. 일반 판매용은 아니지만 번역을 의뢰한 기관이 그 번역물을 간행한다면 영리 회사나 공익 단체를 위해 기술 문서를 번역한 번역가도 회원이 될 수 있다.

번역가협회 준회원

준회원은 하나의 작품 전체를 영어로 번역한 것이 출간이나 방송 제의를 받은 적이 있는 번역가나, 또는 논문이나 단편소설이나 시처럼 짧은 자료를 번역한 것이 출간되거나 상업적으로 이행된 적이 있는 번역가는 모두 준회원이 될 수 있다. 영국에 상주하면서 자신의 번역물이 외국에서 출간된 적이 있는 번역가도 준회원이 될 수 있다. 준회원은 정회원과 똑같은 회비를 내고 똑같은 혜택을 받는다.

10.4.5. 번역가협회 간행물

번역가협회는 일 년에 두 번 저널 『말 바꾸기』를 출간한다. 『희곡작품 번역가를 위한 지침서』와 『문학번역으로의 빠른 안내』도 발행한다. 번역가협회는 또한 작품을 출간하고자 계획하고 있는 출판업자에게 세부사항을 제공하기 위해 문학 번역가 데이터베이스를 구축하고 있다.

10.4.6 작가협회와 번역가협회의 상

작가협회와 작가협회 소속 번역가협회가 주관하는 특별한 번역 상이 있다. 상에 대한 후보 신청은 관련 출판사가 한다. 상에 대한 세부사항은 이 책(2003년 초)이 출간될 때 명백히 정해졌지만 현재의 상황을 알고 싶으면 작가협회와 번역가협회에 연락하면 알 수 있다.

10.4.6.1 작가협회 상

콜몬델리 상

시인들에게 주는 상으로 총 8,000 파운드다. 1966년 고인이 된 미망인 콜몬델리(Cholmondeley) 후작 부인이 기금을 제공했다. 작품을 쓴 한 명의 시인에게 주어지며 후보 신청은 받지 않는다.

재연 상

루시 애스터 양(Miss Lucy Astor)이 후원했으며, 두 번째로 출간된 소설에 대해 주어지는 상으로 상금은 10,000 파운드다. 후보 신청 마감일은 11월 30일이며 출판사가 후보를 신청한다.

에릭 그레고리 상

고인이 된 에릭 그레고리(Eric Gregory)가 설립했다. 마감일까지 30세 이하의 전도유망한 시인들에게 주는 상이다. 24,500 파운드가 제출된 작품과 각 수상자의 재산을 고려하여 분배된다. 신청마감일은 10월 31일이다.

톰-갤런 상

2년에 한 번 단편소설에 주어지는 상으로 상금은 1,000 파운드이다. 이전의 신청 마감일은 2002년 9월 20일이었다.

리차드 이미슨 기념 상

라디오 신인 작가들 중 방송된 최고의 드라마 작품에 주는 상으로 상금은 1,500 파운드이다.

맥키터릭 상

고인이 된 톰 맥키터릭(Tom McKitterick)이 기금을 제공한 상이다. 마감일까지 40세 이상 작가의 첫 작품에 주어지는 상으로 출간 여부와는 상관없다. 상금은 4,000 파운드이다. 신청 마감일은 12월 20일이다.

마가렛 론다 상

론다(Rhonda)의 친구들이 설립한 3년에 한 번씩 주어지는 상으로, 특별한 프로젝트를 수행하는 여성 저널리스트를 돕기 위한 상이다. 다음의 신청 마감일은 2004년 12월 20일이다.

사기타리우스 상

마감일까지 60세 이상의 작가가 출판한 첫 번째 소설에 주는 상으로 상금은 2,000 파운드이다. 신청 마감일은 12월 20일이며 후보 신청은 출판사가 한다.

소머셋 몸 상

소머셋 몸(Somerset Maugham)이 설립한 상으로 35세 이하의 영국 작가들이 외국 여행을 통해 작품을 잘 쓸 수 있도록 하는 상이다. 총 상금액은 12,000 파운드이며 출판된 책에 주어진다. 신청 마감일은 12월 20일이며 신청 후보는 출판사가 한다.

베티 트라스크 상

고인이 된 베티 트라스크(Betty Trask)가 설립한 상으로 마감일까지 35세 이하의 작가가 쓴 첫 번째 소설에 주어진다. 출판 여부는 상관없으며 상금은 25,000 파운드까지이다. 낭만 소설이나 전통 소설은 괜찮지만 실험 소설은 안 된다. 신청 마감일은 1월 31일이다.

여행 장학금

해마다 주어지는 상으로, 영국 작가들이 외국의 동료들과 계속 연락을 취하도록 해준다. 상금은 6,000 파운드이다. 이 상은 경쟁적인 것이 아니며 후보 신청은 받지 않는다.

책을 제출하는 상에 대한 신청서는 협회에서 구할 수 있다. 출판된 책을 위한 모든 상은 영국에서 처음 출판되고 2002년에 출판된 책들이어야 한다.

10.4.6.2 보조금

작가 기금

영국왕립문학기금(The Royal Literal Fund)과 이소벨 달지엘 부인(Mrs. Isobel Dalziel)의 관대한 도움으로 설립되었다. 이것은 영국 출판사가 의뢰한 소설이나 비소설을 번역할 때 (선불에 덧붙여) 연구가 필요하거나 시간을 벌 필요한 작가에게 주는 보조금이다. 신청은 우편으로 접수하며 신청 마감일은 4월 30일과 10월 31일이다.

K. 블런델 기금

40세 이하의 작가들이 다음 책을 준비할 수 있도록 도와주는 보조금이다. 신청자는 최근의 책 한 권을 제출해야 하며 작품 내용은 '존재하는 사회와 경제 기관을 더 잘 이해할 수 있도록 기여'해야 한다. 소설도 포함된다. 신청은 우편으로 접수하며 신청 마감일은 4월 30일과 10월 31일이다.

10.4.6.3 공제 기금

협회의 우발 위험 준비금

단기적으로 재정적인 어려움을 겪는 전문 작가나 재정적으로 힘든 그들의 부양가족에게 주는 보조금이다.

프란시스 헤드 유산

주 수입원이 글쓰기이고, 사고나 질병 등으로 일시적으로 글을 쓸 수 없는 35세 이상의 전문 작가에게 주는 보조금이다.

존 매스필드 기념 기금

갑작스런 재정적 곤란에 빠진 전문 시인이나 그 가족들에게 가끔씩 주는 보조금이다.

공제 기금은 주 수입원이 글쓰기인 작가에게만 주어진다. 신청서는 협회에서 구할 수 있다.

10.4.6.4 번역가협회 상

스콧 몬크리에프 상

문학적 가치와 일반적 관심을 담은 불어 작품을 완역한 번역본에 해마다 주는 상으로 상금은 1,000 파운드이다. 원서는 지난 150년 안에 출판된 것이어야 한다. 번역본은 영국에서 2002년에 처음 출판된 것이어야 한다. 신청 마감일은 200년 12월 20일이다.

슐레겔-티크 상
문학적 가치와 일반적 관심을 담은 독어 작품을 완역한 번역본에 해마다 주는 상으로 상금은 2,200 파운드이다. 원서는 지난 100년 안에 출판된 것이어야 한다. 번역본은 영국에서 2002년에 처음 출판된 것이어야 한다. 이전 마감일은 200년 12월 20일이다.

존 플로리오 상
문학적 가치와 일반적 관심을 담은 이태리어 작품을 완역한 번역본에 2년에 한 번 주는 상으로 상금은 1,000 파운드이다. 원서는 같은 세기에 출판된 것이어야 한다. 번역본은 영국에서 2002년에 처음 출판된 것이어야 한다. 이전 마감일은 2003년 12월 20일이다.

프레미오 발리 인클랑 상
문학적 가치와 일반적 관심을 담은 스페인어 작품을 완역한 번역본에 해마다 주는 상으로 상금은 1,000 파운드이다. 원서는 스페인어로 쓰인 작품이어야 하지만 시대와 장소는 무관하다. 번역본은 영국에서 2002년에 처음 출판된 것이어야 한다. 이전 마감일은 2002년 12월 20일이다.

버나드 쇼 상
문학적 가치와 일반적 관심을 담은 스웨덴어 작품을 완역한 번역본에 3년마다 한 번 주는 상으로 상금은 1,000 파운드이다. 원서는 시대와 상관없다. 번역본은 영국에서 2000~2002년에 처음 출판된 것이어야 한다. 이전 마감일은 2002년 12월 20일이다.

본델 번역 상
문학적 가치와 일반적 관심을 담은 네델란드어와 플라망어 작품을 완역한 영어 번역본에 주는 상으로 상금은 2,000 파운드이다. 원서는 상술된 시기(확정 예정) 동안 영국이나 미국에서 처음 출판된 것이어야 한다. 이전 마감일은 2002년 12월 20일이다.

사사카와 상
문학적 가치와 일반적 관심을 담은 일본어 작품을 완역한 번역본에 주는 상으로 상금은 2,000 파운드이다. 원서는 시대와 무관하다. 번역본은 상술된 시기(확정 예정) 동안 영국에서 처음 출판된 것이어야 한다. 다음 마감일은 확정 예정이다.

칼루스트 굴벤키안 상
시대에 관계없이 포르투갈어 작품에 대한 번역본에 3년마다 주는 상으로 상금은 1,000 파운드이다. 단편소설과 시도 가능하다. 번역본은 2002~2004년에 영국에서 처음 출판된 것이어야 한다. 다음 마감일은 2004년 12월 20일이다.

번역상에 대한 신청 등록은 출판사가 한다. 신청 등록은 원본 3부(복사본도 가능)와 번역본 3부를 'The Awards Secretary at The Society of Authors, 84 Drayton Gardens, London SW10 9SB'로 보내면 된다.

번역가협회에 대한 종합적인 세부사항은 아래에서 얻을 수 있다.

The Translators Association

84 Drayton Gardens

London SW10 9SB

전화 : 020 7373 6642

www.writers.org.uk

11.

용어집

모두 조사한 것은 아니지만 이 목록은 번역을 하고 컴퓨터를 사용할 때 만나는 용어와 약어를 일부 설명해준다.

ambilingualism	2개 국어 구사 능력. 2개 언어를 동등하거나 완벽할 정도로 **실제** 구사하는 능력
ADSL	비대칭 디지털 가입자 회선(Asymmetric Digital Subscriber Line)은 DSL의 한 유형이다. 현존하는 전화선 부호를 두 개로 나누어 하나는 음성용, 다른 하나는 자료용으로 사용한다. ADSL 기술을 이용하면 최고 8Mpbs의 속도로 다운받을 수 있다. 최고

2Mpbs의 속도로 이용 가능하지만 현재 영국에서 가장 인기 있는 서비스는 512Kbps(모뎀보다 약 9배 빠름)의 속도이다. 이것이 '비대칭'인 이유는 업로드(자료 등을 소형 컴퓨터에서 대형 컴퓨터로 전송하는 것) 속도는 모든 제품에 대해 256Kbps여서 다운로드(주컴퓨터에서 그것에 접속된 단말 컴퓨터로 자료 등을 복사하기) 속도와 업로드 속도가 다르기 때문이다.

ASCII
미국정보교환표준부호(American Standard Code for Information Interchange). 이것은 다른 컴퓨터 시스템 간에 자료를 서로 보내고 호환이 가능하도록 해주는 표준컴퓨터문자집합이다. 이 표준부호는 128개의 문자(화면에 나타나는 96개의 소문자와 대문자 및 화면에 나타나지 않는 32개의 제어문자)를 포함한다. 확장된 문자부호는 254개의 문자를 포함하는데, 거기에는 많은 외국어와 기술문자 및 그래픽문자가 포함된다. 두 개의 문자집합을 모두 색인에 실었다.

ASCII format
아스키 형식. 이것은 프로그램에 제공된 향상 기능을 포함하지 않는 파일을 위한 매우 기본적인 형식이다. 파일을 저장하는 방법에 따라 기본적인 아스키 문자집합의 문자만 포함하기도 한다. 파일을 하나의 시스템에서 다른 시스템으로 전달할 때 유용하게 사용되는 형식이다. 자신이 사용하는 워드 프로세싱 프로그램이 제공하는 기능들을 알아보면 도움이 된다.

backup
백업. 컴퓨터 파일의 부가적인 사본으로 보통 플로피

디스크 형태로 저장되며 원본 파일을 사용할 수 없을 때 사용하기 위한 안전 조치이다. 대부분 프로그램이 자동적인 파일 백업 기능을 제공한다.

bilingualism　　　2개 언어 구사 능력. 일상생활에서 2개 언어를 사용하지만 반드시 같은 환경일 필요는 없다. 2개 언어 사용자는 같은 지역에서 두 개의 언어를 사용하지 않아도 된다.

BMP　　　그래픽 형식으로 비트맵(bitmap)의 약자이다. 이것은 비디오 이미지를 표현한다. 픽셀이라 불리는 그림 요소가 컴퓨터 기억장치에 저장된 비트로 표현된다.

bromide　　　인쇄용 판 준비 시 사용되는 단색 인쇄 종이의 전체 복사를 위해 프린터가 사용하는 특허 등록명

bundled software　끼워 팔기 소프트웨어. 패키지 가격으로 하드웨어 시스템과 함께 들어있는 소프트웨어.

cache memory　캐시 기억장치. 컴퓨터의 RAM의 특별히 빠른 구역. RAM에 저장된 가장 흔히 사용되는 정보를 저장하기 위해 사용된다.

CD ROM drive　CD를 사용하는 읽기 전용 광기억장치 기술.

CR-R　　　정보의 읽기 기능이 가능한 CD.

CD-RW　　　정보의 읽기 쓰기 기능이 모두 가능한 CD. 정보의 삭제와 새로 쓰기가 가능하다. CD의 다시쓰기 기능이 가능하다.

CGA　　　컬러 그래픽 배열(Colour Graphics Array). 200×320 픽셀 해상도로 4개의 색상을 동시에 보여주는 PC용

비트맵 디스플레이 어댑터이다.

clock speed 연산속도 연산이 컴퓨터 내부 회로에서 처리되는 속도를 결정하는 마이크로프로세서 내부에 있는 시계의 속도 현재 2003년의 속도는 2GHz를 초과한다.

copy 문구. 특별한 목적으로 사용된 텍스트 양을 표시하는 용어. 예를 들면, 광고 문구.

CompuServe 특허 인터넷 서비스 공급자.

dongle 동글. 사용 인증 소프트웨어 프로그램을 허용하는 컴퓨터에 접속된 하드웨어 장치.

DOS 디스크 운영체제(Disk Operating System). 초기 PC의 '구동 키'이다.

dot matrix printer 점 행렬 프린터. 프린터 헤드가 하나의 문자를 구성하기 위해 작은 핀들의 행렬로 구성된 프린터. 매트리스에 점의 수가 많으면 많을수록 이미지가 더 선명해진다.

downloadable fonts 다운로드 가능 폰트 그 폰트를 사용하기 전에 컴퓨터의 하드 디스크에서 레이저 프린터의 RAM에 보내기 위해 필요한 폰트

dpi 인치당 점 개수(Dots Per Inch). 대부분 표준 잉크젯과 레이저 프린터의 해상도는 600dpi이다. 현재는 1200dpi이다.

DRAM Dynamic Random Access Memory(RAM 참고). 이것은 전하를 저장한 축전지를 사용하는 기억장치 상태를 표시하는 RAM 칩이다.

DTP	탁상출판(Desk Top Publishing).
EGA	향상된 그래픽 배열. 컬러 비트맵된, 640×350 픽셀 해상도로 16개의 색상을 동시에 보여주는 PC용 컬러 비트맵 그래픽 어댑터.
Electronic publishing	전자출판. 물리적 문서 생산의 반대 개념으로 전자나 컴퓨터화 된 문서 생산.
EOF	파일의 끝(End Of File)의 약자. 모든 파일이 전달되었다는 것으로 표시하는데, 모뎀이 파일의 마지막에 이것을 표시한다.
EPS	그래픽 형식.- 밀봉형 포스트스크립트
EPROM	삭제와 프로그램이 가능한 읽기 전용 기억장치(프롬, Erasable Programmable Read Only Memory). 다시 프로그램 할 수 있는 ROM 칩.
FDD	플로피 디스크 드라이브(Floppy Disk Drive).
Field code	필드 코드 필드에 따라 정해진 자료만 입력할 수 있는 미리 정해진 입력 형태. 이것은 문서의 날짜 입력이나 단어 수 및 개별 자료 파일에서 주소 자료만 합병하는 것 등이 될 수 있다.
FIT	국제번역가협회(Federation International des Traduteur).
floppy disk	플로피 디스크 컴퓨터에서 삽입과 제거가 가능한 디스크이다. 정보가 저장된 디스크는 융통성이 있지만 조심스레 취급해야 한다. 플로피 디스크의 용량은 크기와 형식에 따라 360 Kb에서 1.44 Kb까지이다.
floptical disk	플롭티컬 디스크 CD와 형식은 비슷하지만 읽기 쓰

기가 가능한 디스크이다. 표준 형식은 650 MB의 기억장치 용량을 가지며 이를 위한 특별한 드라이브가 컴퓨터에 필요하다. 조합된 CD/플롭티컬 드라이브가 이용 가능하다.

footer 꼬리말. 하나의 문서나 전체 문서의 각 부분의 바닥에 있는 반복 텍스트. 다양한 헤더는 각 단원의 첫 페이지나 이어지는 홀수 및 짝수 페이지에 사용될 수 있다.

fuzzy match 퍼지 대응. 번역 기억장치 시스템이 제공하는 근사한 번역물. 근사치의 정도는 퍼센트로 표시된다. 이런 대응은 받아들여져서 정확한 대응을 생산하기 위해 편집될 수 있다.

galley 교정쇄(校正刷). 프린터가 제공하는 원형 페이지로 인쇄용 판을 만들기 전에 점검용으로 사용된다. (bromide 참고).

generix file 일반 파일. 다른 소프트웨어가 받아들이는 형태로 저장된 컴퓨터 파일.

GB 기가바이트(GigaByte). 장치의 저장 능력. 1GB는 약 십억 바이트(1,073,741,828 바이트) 또는 1,000 메가바이트이다.

grey scale 회색 크기. 하드웨어나 소프트웨어에서 인식되고 재생산되는 회색 농도의 정도. 256개의 회색 크기는 대부분의 단색 그래픽 이미지를 재생산하기에 충분하다.

handshaking	신호 변경하기. 이것은 하나의 전자 장치가 다른 장치로부터 정보를 받아들일 준비가 되었다는 것을 확인하는 방법이다. 팩스 기계와 모뎀에서 사용된다.
hard copy	완성 원고 번역물이나 문서의 인쇄된 원고
hard disk	하드 디스크 컴퓨터에 있는 대용량 기억장치를 제공하는 디스크 보안 목적용 디스크는 컴퓨터에서 제거 가능하다.
Hayes-compatible	헤이즈 호환. 상업용 목적에 어울리는 장비를 표시하기 위해 모뎀에 적용되는 용어. IBM-호환과 유사.
Header	헤더. 하나의 문서나 전체 문서의 각 상단 부분에 있는 반복 텍스트 이 책에서 보듯이 다양한 헤더가 각 장의 첫 페이지와 뒤에 오는 홀수와 짝수 페이지에 사용될 수 있다.
HDD	하드 디스크 드라이버(Hard Disk Driver).
HTML	하이퍼텍스트 생성 언어(Hypertext Markup Language).
IBM-compatible	IBM-호환. 운영체제로 DOS를 사용하는 컴퓨터에 적용되는 일반 용어.
ICR	지능형 문자 인식(Intelligent Character Recognition).
impact printer	충격식 프린터. 인쇄 헤드가 인쇄물을 받는 종이에 기계적 충격을 주어 인쇄하는 프린터. 충격식 프린터는 대개 해상도가 초벌 일에 충분한 초벌 모드(고속)와 고해상도 출력을 위한 양질 모드(저속)에서 작동한다. (점 매트릭스와 NLQ 참고).
inkjet printer	잉크젯 프린터. 종이에 요구되는 문자를 생산하기 위

해 격자 형태의 잉크젯을 뿜어내는 프린터.

IoL	언어학자협회(Institute of Linguists).
ISDN	종합정보통신망(Integrated Services Digital Network).
ITI	통번역협회(Institute of Translation and Interpreting).
justification	자리 맞춤. 텍스트의 몇 줄이 가장자리와 관계하여 배열되는 방법. 텍스트는 오른쪽, 왼쪽, 중앙 또는 전체로 배열될 수 있다. 텍스트가 완전 자리 맞춤을 사용할 때 발생할 수 있는 좁은 칸의 단어들 사이에 넓은 공간이 생기는 것을 피하기 위해 이 책의 장들은 왼쪽 자리 맞춤을 사용하여 배열되었다.
KB	킬로바이트(KiloByte). 장치의 저장 능력. 1 KB는 약 1,000 바이트이다(1,024 바이트)
LAN	지역망(Local Area Network). 고속 케이블로 한정된 지역에서만 정보교환을 하기 위해 공유된 하드웨어 자원과 파일 서버라 불리는 강력한 보조기억장치를 사용하는 컴퓨터 연결망.
language of habitual use	상용 언어. 습관적으로 사용하는 언어로 모국어가 아니어도 된다.
laser printer	레이저 프린터. 요구되는 문자를 만들기 위해 정전 재생산 기술을 사용한 고해상도 프린터. (포스트스크립트 프린터 참고).
LCD	액정 표시 장치(Liquid Crystal Display). 전류가 흐르면 방향을 바뀌는 액정 분자를 사용한 장치.
LED	발광 다이오드(Light Emitting Diode). 전류가 흐르면

빛을 내는 전자 요소

localization 지역화. 지역시장이나 이용자에게 알맞은 형태로 텍스트를 수정하여 발표하는 것.

Macintosh 맥킨토시. 자체 운영시스템을 가지지만 IBM 호환 컴퓨터와는 직접 호환이 되지 않는 컴퓨터 유형.

masthead 발행인란. 이것은 직원, 소유자, 광고, 구독과 같은 세부사항이 나타나는 회보나 잡지의 한 부문이다.

MB 메가바이트(megabyte). 장치의 저장 능력. 1 MB는 약 백만 바이트(1,048,576 바이트)이다. 1 MB는 1000 킬로바이트이다.

Microsoft Windows 마이크로소프트 윈도우즈 맥킨토시와 비슷한 방식으로 PC를 작동하는 윈도우 환경과 유저 인터페이스

MIPS 밉스(Million Instructions Per Second). 초당 백만 명령어. 컴퓨터가 명령을 실행하는 속도를 측정하는 단위. 1 MIP= 1 Million Instructions Per Second.

modem 모듈레이터/디모듈레이터(MOdulator/DEModulator). 전화선으로 보낸 형식을 받아 호환성 있는 장비로 복조된 컴퓨터 파일 정보를 변환하는 장비.

monitor 모니터. 작업 중인 정보를 보여주는 컴퓨터의 한 부분. 스크린으로 불리기도 함.

mouse 마우스 화면에 나타난 포인터를 움직여 파일 처리를 행하는 컴퓨터에 부착된 장치.

natural language 자연 언어. 이것은 자연히 발생한 언어(영어, 불어,

독어 등과 같은 언어)와 구별하기 위해 사용하는 컴퓨터 프로그래밍 언어 용어.

NLQ
거의 문자 품질(Near Letter Quality). 충격식 프린터로 생산한 품질 수준.

OCR
광학 문자 판독기(Optical Character Recognition). 이것은 컴퓨터 소프트웨어를 이용해 인쇄된 텍스트를 인식하는 기술이다. 문자의 글자 모양이 내부 테이블의 지정된 모양과 일치하면 대응하는 아스키 텍스트가 만들어진다.

ODA
사무 문서 구조(Office Document Architecture).

OEM
최초 장비 제조업자(Original Equipment Manufacturer).

on-line
온라인. 컴퓨터에 직접 연결된 프로그램이나 장치. 응용 프로그램을 사용할 때 유용하다.

parallel port
병렬 단자. 프린터와 같은 주변장치에 병렬선을 따라 고속으로 정보를 동시에 전달하는 단자.

pixel
픽셀. 화소(畫素).

postscript printer
포스트스크립트 프린터. 다양한 크기의 폰트를 제공하는 레이저 프린터. 이 책은 휴렛 팩커드 2000C 잉크젯 프린터를 사용해 사진 촬영이 가능한 인쇄 원고를 인쇄했다.

PROM
프로그램 가능 읽기 전용 기억장치(Programmable Read Only Memory). 이름처럼 읽기 전용 기억장치 칩이다.

proof
교정쇄(校正刷). 승인을 받기 위해 제출된 텍스트나

문서의 최종 원고

RAM 랜덤 액세스 메모리(Random Access Memory). 이것은 컴퓨터의 작동 능력을 표시한다.

resolution 해상도. 스캐너나 프린터가 생산하는 최대 점 개수. 해상도가 높으면 높을수록 이미지는 더 선명해진다. 해상도는 대개 인치당 점 개수(dpi)로 표시한다. 현재 대다수 레이저 프린터의 해상도는 600 dpi이다.

RIP 래스터 화상 처리장치(Raster Image Processor).

ROM 읽기 전용 메모리(Read Only Memory). 컴퓨터 주기억장치의 비휘발성 부분.

RSI 반복성 긴장 장애. 똑같은 물리적 행동(예, 키보드 치기)을 연속 반복한 후에 나타나는 장애.

scan checking 스캔 점검. 점검자가 요구된 텍스트가 모두 번역되었고 임의 추출 점검을 통해 품질을 확인하는 점검의 정도

scanner 스캐너. 그래픽이나 텍스트 같은 이미지를 훑어 디지털화하여 워드 프로세싱이나 탁상출판 패키지에 합칠 수 있는 장치.

screen saver 화면 보호 장치. 에너지를 절약하고 모니터 수명을 연장하기 위해 사용하지 않을 때는 컴퓨터 화면을 차단하는 유틸리티.

serial port 직렬접속용 단자. 컴퓨터와 직렬 프린터나 모뎀 같은 주변장치 간에 통신이 동시에 가능하게 해주는 단자.

SGML 표준 범용 마크업 언어(Standard Generalised Markup

Language).

SIMM	단수 인라인 메모리 모듈(Single Inline Memory Module). PC용 RAM 메모리 모듈의 일종.
soft copy	소프트 카피. 컴퓨터 디스크에 제공된 문서. (하드 카피 참조).
software piracy	소프트웨어 저작권 침해. 저작권이 있는 소프트웨어를 불법 복사하거나 사용하는 행위
source language	원천언어. 번역 대상이 되는 언어.
spell checker	철자법 검사기. 단어의 철자를 점검하거나 알 수 없는 문자 그룹을 감지하기 위해 대부분 표준 워드 프로세싱 패키지에 포함된 모듈. 이것은 교정쇄 점검용이 아니다.
Style sheet	서식 시트 워드 프로세싱을 하는 동안 레이아웃의 일관성을 위해 응용할 수 있는 명령어 형식 집합. 문체에 적용된 표제는 문서의 시작에서 자동적으로 내용 목록을 형성하기 위해 사용된다.
SVGA	최고가변그래픽배열(Super Variable Graphics Array).
TA	작가협회 소속의 번역가협회
T switch	T 스위치. 두 개 이상의 출처에서(예, 컴퓨터) 하나의 출력으로 보내기 위해 사용되는 스위치.
target language	목표언어. 번역이 되는 언어.
tagged files	표시문자 파일. 특별한 소프트웨어 프로그램에서 형식을 잡기 위해 표시되거나 '표시문자' 파일.
Toolbar	툴바. 컴퓨터 화면 상단에 표시된 아이콘 집합. 사용

중인 프로그램에 정의된 특별 기능을 불러온다.

translation memory	번역 기억장치(TM). TM에 저장된 정보를 검색하여 새로운 번역물의 적당한 곳에 삽입하면 된다.
turbo	일부 컴퓨터에 제공되는 처리 속도 향상용 선택사항.
virus	컴퓨터의 정보를 파괴하는 바람직하지 않은 컴퓨터 명령 집합. 그 결과는 치명적일 수 있다.
VDU	표시 장치(Visual Display Unit). 컴퓨터 화면이나 모니터에 적용되는 영어.
VGA	비디오 그래픽 배열(Video Graphics Array).
volatile data	휘발성 자료. 소프트웨어 프로그램을 내버려두거나 컴퓨터를 끄면 더 이상 저장되지 않는 데이터.
WYSIWYG	위지위그 보는 것이 얻는 것이다(What You SEE is What You Get). 종이에 프린트될 것을 미리 보여주는 화면 표시. 초기 소프트웨어는 같은 표시를 제공하는 페이지 보기 기능을 가진 위지위그를 직접 제공하지 않았다.

12.

부록

12.1 영국의 번역기관

The Institute of Linguists(언어학자협회)

Saxon House, 48 Southwark Street, London, SE1 1UN, UK.

전화번호 : 020 7940 3100

The Institute of Translation and Interpreting(통번역협회)

Fortuna House, South Fifth Street, Milton Keynes, MK9 2EU, UK

전화번호 : 01908 325250

The Translators Association of the Society of Authors(작가협회소속번역가협회)

84 Drayton Gardens, London, SW10 9SB, UK

전화번호 : 020 7378 6642

Association of Translation Companies(번역회사 협회)
Alexandra House, Alexandra Terrace, Guildford, Surrey, GU1 3DA, UK
전화번호 : 01483 456486 / www.atc.org

번역협회의 종합 인명부와 주소 및 세부사항은 다음 책에 실려 있다.
　　『언어 산업 도해서』 2판, 저자 : Edward J. A.와 Kingscott A. G.,
　　1997년. OS 출판사, 암스테르담.

12.2 채용 경쟁시험
신입 번역가 모집 채용 시험 관한 정보는 다음에서 얻을 수 있다.

The European Community(유럽공동체)
INFO-RECRUITMENT
Recruitment Unit
Commission of the Europaen Communities
rue de la Loi 200
B-1049 Brussels

The United Nations(국제연합)
(유럽에 사는 후보자)
Secretariat Recruitment Section
(영어번역가/요약가를 위한 대회 시험)

Room 266

United Nations Office at Geneva

CH-1211 Geneva 10

Switzerland

(유럽 이외 지역에 사는 후보자)

Recuitment and Placement Division

(영어번역가/요약가를 위한 대회 시험)

Office of Human Resources Management

Room S-2535E

United Nations Secretariat

New York, N. Y. 10017

United States

12.3 추가 독서 제안

아래의 책들은 무난한 방식으로 언급하지 않았는데, 이유는 독자들이 특별한 작가가 아닌 어떤 책인가에 관심이 있다고 생각했기 때문이다.

사업과 마케팅

- 『로이즈 은행 소규모 사업 안내서』, 사라 윌리엄즈, 1999년, 펭귄 북스 출판사, 426 페이지, ISBN 0-14-0127721-B.
- 『닉 로빈슨의 마케팅 도구』, 닉 로빈슨, 1991, 머큐리 북스 출판사, 202 페이지, ISBN1-85252-038-8.
- 『마케팅에 대해 알아야 할 모든 것』, 패트릭 포시스, 1990, 코간 페이

지 출판사, 126 페이지, ISBN 1-85091-945-3.
- ●『전자출판에 관한 전망』, 샌디 레슬러, 1993, PTR 프렌디스 홀 출판
  사, 343 페이지, ISBN 0-13-287491-1.
- ●『습관 조심하기. 유럽의 사업 문화 경영』, 존 몰, 새 판, 1998, 니콜라
  스 브릴리 출판사, 236 페이지, ISBN 1 85788 085-4.

언어와 번역과 통역
- ●『언어 사용 직업들』, 에다 오스타힐드, 코간 페이지 출판사, 9판,
  2002, ISBN 0749437316.

12.4 참고문헌

1. 『문학 번역─ 실전 안내서』, 랜더스, C. E., 2001, 멀티링구얼 매터스 출
   판사.
2. 『통역가의 자원』, 펠란 M., 2001, 멀티링구얼 매터스 출판사.
3. 『언어학자』, 달비, D., 1997, Vol 36, No 5, p.142
4. 『파이낸셜 타임즈』, 스미스, M., 1998, 1월 3주호, p.1
5. 『마케팅 저널』. 패러사만, A. 외, 1985, 서비스 질의 개념 모델과 추
   가 연구를 위한 암시.
6. 『공동 전략』, 안소프, H. I., 1968, 펭귄 출판사, 하몬즈워스
7. 『업무 절차와 품질과 품질 확인』, 사무엘슨브라운 G. F., 1996,
   『번역가 핸드북』, 오웬즈 R. A. 편집, ASLIB 출판사, p.110
8. 「번역물 발표를 위한 명세서」, BS 4755: 1971.
9. 「사본 준비 및 교정」, BS 5261: 2부: 1976.
10. 「문서화─ 번역물 발표」, ISO 2384-1977 (E).

12.4.1 아스키 표준 문자 집합

특수 문자는 Alt 키와 (숫자 키패드에 있는) 암호 번호를 동시에 누르면
구할 수 있다.

아스키 번호	문자	아스키 번호	문자	아스키 번호	문자
033	!	065	A	097	a
034	"	066	B	098	b
035	#	067	C	099	c
036	$	068	D	100	d
037	%	069	E	101	e
038	&	070	F	102	f
039	'	071	G	103	g
040	(	072	H	104	h
041	)	073	I	105	i
042	*	074	J	106	j
043	+	075	K	107	k
044	,	076	L	108	l
045	−	077	M	109	m
046	.	078	N	110	n
047	/	079	O	111	o
048	0	080	P	112	p
049	1	081	Q	113	q
050	2	082	R	114	r
051	3	083	S	115	s
052	4	084	T	116	t
053	5	085	U	117	u
054	6	086	V	118	v
055	7	087	W	119	w
056	8	088	X	120	x
057	9	089	Y	121	y
058	:	090	Z	122	z
059	;	091	[	123	{
060	⟨	092	\	124		
061	=	093	]	125	}
062	⟩	094	^	126	~
063	?	095	＿		
064	@	096	ˋ		

아스키 번호	문자	아스키 번호	문자	아스키 번호	문자
129	ü	171	½	213	Õ
130	é	172	¼	214	Ö
131	â	173	¡	215	×
132	ä	174	«	216	Ø
133	à	175	»	217	Ù
134	å	176	°	218	Ú
135	ç	177	±	219	Û
136	ê	178	²	220	Ü
137	ë	179	³	221	Ý
138	è	180	´	222	þ
139	ï	181	μ	223	ß
140	î	182	¶	224	a
141	ì	183	·	225	ß
142	Ä	184	¸	226	G
143	Å	185	¹	227	p
144	É	186	º	228	S
145	æ	187	»	229	s
146	Æ	188	¼	230	m
147	ô	189	½	231	t
148	ö	190	¾	232	F
149	ò	191	¿	233	Q
150	û	192	À	234	W
151	ù	193	Á	235	d
152	¯	194	Â	236	¥
153	Ö	195	Ã	237	f
154	Ü	196	Ä	238	e
155	¢	197	Å	239	Ç
156	£	198	Æ	240	°
157	¥	199	Ç	241	±
158	¯	200	È	242	³
159	f	201	É	243	£
160	á	202	Ê	244	ó
161	í	203	Ë	245	õ
162	ó	204	Ì	246	¸
163	ú	205	Í	247	»
164	ñ	206	Î	248	°
165	Ñ	207	Ï	249	x
166	ª	208	Ð	250	x
167	º	209	Ñ	251	Ö
168	¿	210	Ò	252	
169	¯	211	Ó	253	²
170	Ø	212	Ô	254	n

12.5 교정과 편집 시 텍스트에 표시하기

사용되는 모든 기본 교정 부호를 설명하는 영국표준이 있다. 이름은 「원고 준비와 교정」, BS 5261: 2부: 1976 이다. 영국표준협회의 친절한 허락 아래 표준의 발췌를 실었다. 완전한 표준 원고는 다음에서 얻을 수 있다.

주소 :   389 Chiswick High Road, London, W4 4AL, United Kingdom
전화번호 : +44 (0)20 8996 9000 / www.bsi-global.com

일반

명령어 설명	텍스트에 표시	여백에 표시	주석
교정의 끝	없음	/	각 교정 후에 표시
변경 없음	변경 없음 표시로 문자 아래에 _ _ _ _ _ 를 표시	⊘	
정확성이 의심되면 번역가에게 알림	의심되는 단어에 원으로 동그라미를 침	⨀	상술된 표시 대신 'OK?' 표시도 가능

삭제, 삽입, 대체

명령어 설명	텍스트에 표시	여백에 표시	주석
여백에 암시된 문제를 텍스트에 삽입.	⋏	⋏ 뒤에 새로운 문제가 옴	
다이아몬드 안의 문자로 확인된 추가 문제를 삽입	⋏	⋏ 뒤에, 예를 들면 ◇A◇를 표시	추가 문제가 여백에 쓰기 어렵고 추가 공간이 필요하면 ◇A◇를 사용

삭제, 삽입, 대체 (계속)

명령어 설명	텍스트에 표시	여백에 표시	주석
삭제	개별 문자일 때 / 표시 또는 단어나 단어의 일부일 때 ├──────┤ 로 표시	![삭제 기호]	
삭제하고 마침	개별 문자일 때 $\mathcal{I}$ 표시 또는 단어나 단어의 일부이면 로 표시		
한 문자를 대체하거나 둘 이상의 문자를 대체	개별 문자일 때 / 표시 또는 단어나 단어의 일부일 때 ├──────┤ 로 표시	새로운 문자나 단어	
대문자로 변경	변경할 문자 아래에 표시	≡	공간이 없으면 대신 변경할 문자에 동그라미를 침
굵은 글자로 변경	변경할 문자 아래에 ∿∿∿ 표시	∿∿	
대문자를 소문자로 변경	변경할 문자에 동그라미를 침	≠	
위첨자 문자로 대체하거나 삽입	문자에 / 표시 또는 요구되는 곳에 ⋏ 표시	문자 아래 표시 예를 들면,	
아래첨자 문자로 대체하거나 삽입	문자에 / 표시 또는 요구되는 곳에 ⋏ 표시	문자 위에 ⋏ 표시 예를 들면,	
마침표나 소수점으로 대체하거나 삽입	문자에 / 표시 또는 요구되는 곳에 ⋏ 표시	⊙	

위의 명령어는 다른 구두 문자의 대체나 삭제에도 적용될 수 있다.

위치와 간격

명령어 설명	텍스트에 표시	여백에 표시	주석
새로운 단락 시작			
(새로운 단락이 아닌) 단락 계속			
문자나 단어 자리 바꾸기	문자나 단어 사이에 표시. 필요하면 번호 표시		
중앙에	중앙에 올 문제에 괄호를 침		
들여쓰기			여백에 들여쓰기 양을 표시함
들여쓰기 취소			
문제를 오른쪽으로 상술한 거리만큼 옮기기	오른쪽으로 옮길 문제에 괄호를 침		필요하면 정확한 크기를 표시함
문제를 왼쪽으로 상술한 거리만큼 옮기기	왼쪽으로 옮길 문제에 괄호를 침		필요하면 정확한 크기를 표시함
문자나 단어나 행을 다음 행이나 칸이나 페이지로 옮김			텍스트의 표시는 문제를 넘기기 위해 둘러싼 다음 여백으로 쭉 나감
문자나 단어나 행을 이전 행이나 칸이나 페이지로 옮김			텍스트의 표시는 문제를 넘기기 위해 둘러싼 다음 여백으로 쭉 나감
문제를 표시된 위치로 옮기기	문제를 옮기기 위해 둘러싼 다음 새로운 위치를 표시함		문제를 옮길 정확한 자리 표시
수직 정렬 교정	‖	‖	

위치와 간격 (계속)

명령어 설명	텍스트에 표시	여백에 표시	주석
수평 정렬 교정	잘못 정렬된 문자의 위아래에 ‿ 표시를 한 줄씩 그음	═	여백의 표시는 관련 행의 위·아래와 수평이 되게 맞춤
문자나 단어의 간격을 줄이거나 없애기	연 결	⊂⊃	
문자 사이에 여백 삽입	적용 문자 사이에 | 표시	Y	필요하면 삽입될 여백 크기 표시함
단어 사이에 여백 삽입	적용 단어 사이에 Y 표시	Y	필요하면 삽입될 여백 크기 표시함
문자 사이의 여백 줄이기	적용 문자 사이에 | 표시	⊤	필요하면 줄일 여백 크기 표시함
단어 사이의 여백 줄이기	적용 문자 사이에 ⊤ 표시	⊤	필요하면 줄일 여백 크기 표시함
문자나 단어 간의 간격 같게 하기	적용 문자나 단어 사이에 | 표시	⋉	
표준 행간 여백 줄이기	칸 연결 행의 각 면에 ( ) 표시		텍스트의 표시가 여백으로 쭉 나감
행이나 단락 간의 여백 삽입	또는		필요하면 삽입할 여백 크기 표시함
행이나 단락 간의 여백 줄이기	또는		필요하면 줄이는 양의 크기 표시함

아래는 일반적인 실수와 관련된 교정 부호 및 교정된 텍스트를 포함한 텍스트의 예이다.

이 텍스트는 영어를 일상적으로 쓰지 않는 사람에 의해 영어로 번역된 소책자를 직접 복사한 것이다

[ ] **OUR ~~DELIVERY PROGRAM~~** *RANGE OF SERVICES/*

∧ U/

INJECTION MOLDING TOOLS
All ~~kinds for thermo and~~ ~~duroplastic~~. *↦ types of thermoplastics and thermosetting resins/*

FORGING TOOLS
All ~~kinds~~ forging die. *↦ types of/*

PUNCHING TOOLS
All ~~kinds~~ cutting, punching, *↦ types of/* bending, forming and stamping tools.

EXTRU~~DING~~ TOOLS
Nozzles for tubes and foil. *↦ SION/*

AUXIL~~I~~ARY TOOLS
Jigs and fixtures. */ L I/*

PRESSING AND CASTING TOOLS
For rubber, polyurethan~~e~~ *∧ e/* structur~~e~~ foam, and li~~g~~t alloys. */ al/ ∧ h/*

SPECIAL MACHINES
According to customer's specifications.

PROTO~~/~~PRODUCTION
Prototypes for ~~mechanical~~ *∧ TYPE/ /δ/* industry as well as plastic and wooden patterns. *↦ the engineering/*

SUB~~/~~CONTRACTING
Small and medium batches based upon ~~universal mechanical production~~. *∧ -/* *↦ a broad range of production equipment./*

OUR RANGE OF SERVICES

INJECTION MOULDING TOOLS	For all types of thermoplastics and thermosetting resins.
FORGING TOOLS	All types of forging die.
PUNCHING TOOLS	Cutting, punching, bending, shaping and stamping tools.
EXTRUSION TOOLS	Dies for tubes and foil.
AUXILIARY TOOLS	Jigs and fixtures.
PRESS AND CASTING TOOLS	Tools for rubber, polyurethane, structural foam and light alloys.
SPECIAL MACHINES	According to customer specifications.
PROTOTYPE PRODUCTION	Prototypes for the engineering industry, as well as plastic and wooden patterns.
SUB-CONTRACTING	Small and medium-sized batches based on a broad range of production equipment.

이것은 번역가가 텍스트를 검열할 때 만나는 어려움들 중 좋은 예이다. 원천언어인 노르웨이어를 다행히 번역했지만 그렇지 않았다면 작가가 의도한 것을 번역하기 어려웠을 것이다. 그렇다 해도 작가가 의도한 것을 듣기 위해 작가에게 물어보는 것도 유용하다.

13.

색인

역자 후기

이 책은 제프리 사무엘슨-브라운(Geoffrey Samuelsson-Brown)이 쓴 『번역자들을 위한 실천 지침』(*A Practical Guide for Translators*) 제 4 개정판 (Multilingual Matters, 2004)을 우리말로 옮긴 것이다. 저자 제프리 사무엘슨-브라운(Geoffrey Samuelsson-Brown)은 영국의 서리 대학교 학부와 대학원 과정에서 번역학을 가르친 바 있고, 국제적인 인지도를 지니고 국내외 학회에 많은 논문을 발표한 전문 번역가이다. 저자는 언어학 연구소(the Institute of Linguists)와 번역 및 통역 연구소(the Institute of Translation and Interpreting)의 연구원이며, 스웨덴 직업번역가협회(the Swedish Association of Professional Translators)의 회원이기도 하다. 또한 그는 끊임없는 자기개발의 일환으로 2001년에는 중소형 사업의 감사 기술이라는 타이틀로 전략경영과 국제사업, 경영 연구기획에 관한 MBA과정을 마쳤다.

번역 작업은 창조적이지만 자동적으로 이루어지는 과정은 결코 아니다. 대부분의 경우 원저자가 쓴 원천 텍스트가 모든 것을 명백하게 밝히고 있지 않기 때문에 번역가가 원천 텍스트를 해석하고 편집하는 기술을 터득해야만 한다. 그리고 원저자가 말하고 싶은 바를 정확하게 이해하여 목표 언어로 분명히 표현할 수 있는 능력을 배양해야 한다. 따라서 번역가로서 갖추어야 할 중요한 두 가지 자격은 평소 사용하는 언어인 목표 언어로 유창하게 표현하는 능력과 번역 중인 원천 텍스트에 대한 완전한 이해이다. 여기에다 전문가로서 문제를 파악하는 능력을 더하면 금상첨화다.

이 책은 지난 몇 년간의 발전을 토대로 번역가라는 직업을 주시하면서, 번역수행자와 번역서비스 구매자 모두를 독려하여 번역이라는 것이 단지 돈을 받고 언어를 제조하는 일이 아닌 고도의 숙련된 전문직으로 보고 있다. 이 책의 내용은 주로 번역시장에서 실무번역을 해본 경험이 전혀 없거나 아주 적은 초보자들을 위한 것이다. 저자는 번역가가 되는 일과 관련된 모든 방면에서 포괄적인 조언을 하고 있는데, 주로 프리랜서로 일하고 싶어 하는 사람들을 위한 조언을 제공하는 동시에, 회사 전속번역가에게는 업무와 시간을 효율적으로 편성할 수 있게끔 지도한다.

이 책은 번역에 필요한 장비의 구입에서부터 고객을 확보하기까지 번역가로서 일을 시작하는 방법에 대해 알려주며, 최초 문의에서부터 완성된 번역물의 전달에 이르기까지 번역의 전 과정에 대하여 논의하고 있다. 또한 번역 의뢰사항의 검토, 업무 할당, 근거자료의 조사와 활용, 완성품의 전달 같은 일들을 어떻게 실행해야 하는지에 대한 유의사항을 알려주며, 어디서 추가로 자문을 구하고 직업적인 접촉을 할 수 있는지도 알려준다. 그런 면에서 이 책은 학생이나 초보 번역가가 번역이라는 '실제' 세계에 대한 통찰력을 가지도록 유도하고 있다. 따라서 이 책은 번역에 관심이 있고 미래에 뛰어난 실력을 갖춘 전문 번역가가 되고 싶어 하는 이들에게 많은 도움이 될 것으로 본다.

마지막으로 본 번역서는 부산대학교 영어영문학과 대학원 BK21 영상산업 번역전문인력 양성사업단의 총서 시리즈의 일부로 발간되었으며, 책의 출판을 맡아준 도서출판 동인 이성모 사장님과 편집부 여러분에게 감사드린다. 또한 이 번역서가 출간되기까지 많은 수고를 아끼지 않은 대학원생 이숙자 선생에게도 감사의 마음을 전한다.

저자 소개

제프리 사무엘슨브라운(Geoffrey Samuelsson-Brown)은 전문 번역가이자 업무상담자로서 번역의 실무적이고 기술적인 면에 대해 영국 서리 대학의 학부와 대학원 과정에서 광범위하게 강의를 한 바 있으며, 국제적인 인지도를 지니고 국내외 학회에서 많은 논문을 발표하였다. 그는 언어학 연구소(the Institute of Linguists) 및 통번역협회(the Institute of Translation and Interpreting)의 특별회원이자 스웨덴 전문번역가협회(the Swedish Association of Professional Translators)의 회원이기도 하다. 또한 그는 끊임없는 자기개발의 일환으로 2001년에는 중소형 사업의 기술감사라는 타이틀로 전략경영과 국제사업 및 경영 연구기획에 관한 MBA과정을 마쳤다.

역자 배만호(裵萬鎬)

부산대학교 문리과대학 영어영문학과 졸업 (1981. 2)
미국 Univ. of Central Missouri 대학원 영문과 수료 (1987. 8)
부산대학교 영어영문학과 대학원 박사과정 수료 (1993. 8 문학박사)
미국 Duke University 영문학과 객원교수 (2004~2005)
현재 부산대학교 영어영문학과 교수로 재직 중이며 주된 관심 분야는 현대 영미소설이다.
연락처: 부산대학교 인문대학 영어영문학과 / mh1406@pusan.ac.kr
- 저서 · 역서
  『현대 문학이론 입문』(공역) (2001, 시유시)
  『프랑스 중위의 여자』(편저) (2001, 신아사)
  『20세기 영국소설의 이해(II)』(공저) (2006, 동인)
  『번역교육: 이론과 실제』(공역) (2010, 동인)

번역자들을 위한 실천 지침

발행일 • 2010년 12월 20일
저자 • Geoffrey Samuelsson-Brown/역자 • 배만호
발행인 • 이성모/발행처 • 도서출판 동인/등록 • 제1-1599호
주소 • 서울시 종로구 명륜동2가 아남주상복합아파트 118호
TEL • (02) 765-7145, 55/FAX • (02) 765-7165/E-mail • dongin60@chol.com
Homepage • donginbook.co.kr

ISBN 978-89-5506-461-2
정가 20,000원